JAVIER DORADO PORRAS
(Ed.)

TERRORISMO, JUSTICIA TRANSICIONAL Y GRUPOS VULNERABLES

JAVIER DORADO PORRAS
(Ed.)

TERRORISMO, JUSTICIA TRANSICIONAL Y GRUPOS VULNERABLES

José Manuel Rodríguez Uribes
Julio Herráiz España
Javier de Lucas Martín
Agustín José Menéndez
Cristian Correa
Catalina Díaz Gómez
Felipe Gómez Isa

Instituto de Derechos Humanos
"Bartolomé de las Casas"
Universidad Carlos III de Madrid

HURI-AGE
Consolider-Ingenio 2010

DYKINSON

Editorial DYKINSON, S.L. Meléndez Valdés, 61 - 28015 Madrid
Teléfono (+34) 91 544 28 46 - (+34) 91 544 28 69

e-mail: info@dykinson.com
http://www.dykinson.es
http://www.dykinson.com

Consejo editorial: véase www.dykinson.com/quienessomos

ISBN: 978-84-9031-922-2
Depósito Legal: M-7361-2014

ÍNDICE

PRÓLOGO

Javier Dorado Porras
Profesor Titular de Filosofía del Derecho de la Universidad Carlos III de Madrid

Los días 4 y 5 de mayo de 2011, el Instituto Universitario de Derechos Humanos "Bartolomé de las Casas" organizó en la Universidad Carlos III el Seminario sobre "Terrorismo, Justicia Transicional y Grupos vulnerables". Dicho seminario fue uno de los resultados de un proyecto sobre justicia transicional para la creación y consolidación de grupos de investigación financiado por la Comunidad de Madrid, del que yo fui el investigador responsable (Proyecto CCG10-UC3M/HUM-5640), y del proyecto del Plan Nacional "Los Derechos humanos en el siglo XXI: Retos y desafíos al estado de derecho global", cuyo investigador responsable es Francisco Javier Ansuátegui. Además, contó con la ayuda de una acción complementaria tipo A (para la realización de congresos, seminarios y jornadas) del Ministerio de Ciencia e Innovación (Ref. DER2011-14142-E) que ha sido utilizada para la edición y publicación de las ponencias que tuvieron lugar en el mismo. Me gustaría aprovechar, por cierto, para confesar que el amplio retraso en la publicación de este trabajo se ha debido a múltiples circunstancias imputables, en la mayoría de los casos, a quien suscribe estas líneas introductorias.

La escasez de medios materiales y económicos a la que las universidades públicas, en general, y el propio Instituto Universitario de Derechos Humanos "Bartolomé de las Casas" de la Universidad Carlos III, en particular, se ha visto sometido en estos últimos años, nos llevó a intentar darle a dicho seminario un enfoque plural, que permitiera, de una sola vez, tratar diferentes temáticas, claramente interconectadas, y que formaban parte de los intereses y las líneas de acción del Instituto. Así, finalmente, decidimos centrar dicho seminario en los temas de terrorismo, justicia transicional y grupos vulnerables.

Estos temas, por una parte, resultaban claramente conectados con diferentes líneas de investigación del Instituto Universitario de Derechos Humanos "Bartolomé de las Casas" de la Universidad Carlos III de Madrid. La cuestión del terrorismo es, de hecho, el elemento central de la Cátedra "Antonio Beristáin" de Estudios sobre el Terrorismo y sus Víctimas, mientras que la Cátedra UNESCO de Derechos Humanos y Violencia y el laboratorio HURI-AGE Consolider-Ingenio 2010 "Norberto Bobbio" sobre Igualdad y no-discriminación justificaban la preocupación por la justicia transicional y los grupos vulnerables.

Además, desde un punto de vista de los contenidos, su importancia resultaba evidente. Las graves violaciones a los derechos humanos que miles y miles de personas han sufrido en el pasado y siguen sufriendo aún hoy, como consecuencia de actos terroristas y contra-terroristas, de la represión de gobiernos totalitarios o dictatoriales, de las situaciones de conflictos armados -tanto internos como internacionales- o de las situaciones de opresión sufridas por pueblos originarios a consecuencia del proceso de colonización, deben formar parte del núcleo central de intereses de cualquier centro dedicado a la investigación, la docencia o la divulgación de la cultura de los derechos humanos. En este sentido, su interés resultaba obvio para nosotros, más aún si, como fue el caso, este tipo de situaciones se enfocaban, de forma especial, en aquéllos grupos vulnerables que, precisamente por esa situación de vulnerabilidad, son más proclives a sufrir dichas violaciones y/o a no encontrar remedio a las mismas. El seminario fue bastante exitoso, no solamente por el número de personas que asistieron al mismo, sino, sobre todo, por la alta calidad de las ponencias que ahora ven la luz.

Los capítulos sobre terrorismo se inician con el trabajo a cargo de José Manuel Rodríguez Uribes (Profesor Titular de Filosofía del Derecho de la Universidad Carlos III de Madrid y Director General de Apoyo a Víctimas del terrorismo del Ministerio de Interior del Gobierno de España de 2005 a 2011) sobre "El terrorismo y sus víctimas", centrado en la definición del terrorismo y en la consideración de las víctimas de actos terroristas como víctimas de violaciones de derechos humanos, y que concluye con un análisis del modelo español de reconocimiento y atención a las mismas. Este trabajo se ve complementado por el aportado por Julio Herráiz España (Subdirector General de Asuntos Internacionales de Terrorismo del Ministerio de Asuntos Exteriores y Cooperación del Gobierno de España) sobre "La estrategia de Naciones Unidas en la lucha contra el terrorismo", así como por el capítulo de Javier de Lucas (Catedrático de Filosofía del Derecho de la Universidad de Valencia y Presidente del Comité Español de Ayuda al Refugiado) sobre "Estrategia contra-terrorista y minorías religiosas", que se sitúa *al otro lado*, y nos advierte de los peligros de las políticas o medidas contraterroristas, y su representación simbólica, frente al terrorismo de inspiración fundamentalista religiosa en el ámbito de la gestión de la diversidad cultural. Finalmente, el capítulo de Agustín José Menéndez (Profesor Contratado Doctor de Filosofía del Derecho de la Universidad de León) pone fin a la parte dedicada específicamente al terrorismo con su trabajo "Los derechos a la libertad e integridad personal en el *brave new constitutionalism* de Bush II y Obama", en el que se realiza un riguroso análisis y crítica de la mutación constitucional producida por las políticas contraterroristas de los gobiernos estadounidenses post 11-S.

En cuanto a la justicia transicional, encontramos primero el trabajo de Cristian Correa (Asociado Senior del Centro Internacional para la Justicia Transicional. Unidad de Reparaciones) titulado "Verdad, justicia y reparación: los grupos vulnerables y la justicia transicional", en el que, de forma más genérica, se hace un repaso al papel de la justicia transicional respecto de los grupos vulnerables. Posteriormente, y para cerrar la publicación, encontramos dos trabajos que se centran en dos grupos especialmente vulnerables en el ámbito de la justicia transicional: las mujeres y los pueblos indígenas.

De esta forma, el trabajo de Catalina Díaz (Profesora de la Universidad del Rosario-Colombia) sobre "La reparación de las mujeres víctimas: una oportunidad de transformación" tiene como hilo conductor la importancia de los movimientos feministas en el posicionamiento de la justicia de género dentro de la agenda global de la construcción, negociación y mantenimiento de la paz y, en general, dentro de la justicia transicional y del Derecho Internacional y responde a la pregunta de si la reparación debida a las mujeres víctimas de violencia en contextos de violaciones masivas y sistemáticas a los derechos humanos puede verse como una oportunidad para subvertir patrones de género que tienden a ser opresivos y de subordinación. Por último, el capítulo de Felipe Gómez Isa (Profesor Titular de Derecho Internacional Público de la Universidad de Deusto) titulado “El derecho de los pueblos indígenas a la reparación por injusticias históricas: el caso de Guatemala”, analiza el progresivo reconocimiento de este derecho en el ámbito internacional, centrándose finalmente en el caso concreto de Guatemala.

Para terminar, quisiera dar las gracias a todos los miembros del Instituto de Derechos Humanos “Bartolomé de las Casas” de la Universidad Carlos III de Madrid por su ayuda en las labores de organización del seminario, y de modo especial a quienes, junto a mí, formaron parte del comité organizador del mismo, Maria Eugenia Rodríguez Palop y Luís Lloredo Alix.

Fregenal de la Sierra, julio de 2013

EL TERRORISMO Y SUS VÍCTIMAS

José Manuel Rodríguez Uribes
Director General de Apoyo a Víctimas del Terrorismo del Ministerio de Interior (2005-2011)
Universidad Carlos III de Madrid

CONSIDERACIONES PREVIAS

Reflexionar sobre las víctimas del terrorismo, tal y como se me encarga por los organizadores de este seminario sobre Terrorismo, Justicia Transicional y Grupos Vulnerables, exige algunas consideraciones previas que precisen el alcance de mi intervención y que sitúen el contenido de mis palabras. Procuraré hablar desde la experiencia de mi responsabilidad en el Ministerio del Interior del Gobierno de España desde el año 2006 y antes en el Alto Comisionado de Apoyo a Víctimas del Terrorismo, dependiente de Presidencia del Gobierno, desde diciembre de 2004, con Gregorio Peces-Barba, pero también tratando de hacer un ejercicio analítico y valorativo dado el contexto académico en el que se celebra este seminario, con profesores y estudiantes de posgrado. En este sentido, haré un esfuerzo de aproximación al concepto de víctima que exigirá también y con anterioridad definir suficientemente el fenómeno terrorista[1]. Por supuesto, aunque algunas de las consideraciones que haga serán susceptibles de generalizarse, sobre todo en lo relativo a las nociones de víctima y de terrorismo, y ésta es mi voluntad, las cuestiones más concretas se referirán a las víctimas del terrorismo en España, a partir de nuestro modelo normativo de reconocimiento, uno de los más avanzados del mundo, y de la experiencia vivida, sobre todo en los últimos años, con un protagonismo social y político de aquéllas y de sus colectivos repre-

---

[1] Sobre el terrorismo y sus víctimas puede verse RODRÍGUEZ URIBES, J.M., *Las victimas del terrorismo en España*, Dykinson, Madrid, 2013.

sentativos sin parangón y sin precedentes. Pero antes afrontaremos los aspectos más descriptivos y las cuestiones conceptuales, por ese orden: terrorismo y víctimas (del terrorismo).

Hay que tener en cuenta que "víctima del terrorismo" es una expresión particularmente polisémica. Las razones no son tanto semánticas sino políticas, jurídicas e incluso emotivas o sentimentales. Y la vaguedad de su significado deriva tanto del primer término, "víctima", como del segundo, "terrorismo", especialmente oscuro y sometido a "fronteras inseguras y a tácticas de enmascaramiento", como ha señalado Antonio Elorza[2]. Voy a referirme ahora, de forma muy panorámica y aproximativa, al primero de ellos (víctima), asumiendo de entrada la imposibilidad de llegar a una noción cerrada, unívoca o definitiva.

El Diccionario María Moliner de la lengua define "víctima" como: "1.- Persona o animal que se sacrifica a los dioses. 2.- Persona o animal que sufre daño o resulta perjudicado por cualquier acción o suceso (…)". Dejando a un lado la referencia a los animales, poco pertinente en una cuestión como el terrorismo, la condición de víctima es evidente que se vincula a la idea de "sacrificio" o en su caso de "daño" o de "perjuicio". En el caso del terrorismo veremos que la referencia al sacrificio es muy apropiada en relación con las víctimas directas que son vistas como "medios" en la búsqueda (violenta) de ciertos fines y que en este sentido son "seres inocentes", objetivamente y con independencia de su condición moral subjetiva, pero también las de daño y perjuicio en orden a la justificación de su reconocimiento y sobre todo de su reparación. Pero vayamos por partes.

La primera consideración que debemos hacer deriva de la reflexión de partida. Si víctima del terrorismo es un concepto que expresa diferentes concepciones, con distinto sentido y alcance, es fundamental explicitar el punto de vista que adoptemos.

Así, podemos adoptar un **punto de vista político**, y desde esta óptica es habitual referirse a las víctimas del terrorismo en un sentido amplio, como el conjunto de los ciudadanos, en efecto más inocentes que héroes como ha recordado Walzer, que se ven afectados por la amenaza y la acción terrorista en cualquiera de sus formas. Porque el terrorismo, como veremos, no sólo se dirige contra las personas concretas a las que golpea con su acción violenta, sino que pretende también (y esto es lo que le distingue de otros delitos violentos o del crimen organizado) destruir

---

2 ELORZA, A., "La estela del terror", en *El País*, 25 de agosto de 2011, p. 25.

conscientemente el sistema constitucional, pluralista y democrático vigente, generando terror *so pretexto* de ensoñaciones étnico-nacionalistas, "revolucionarias", religiosas o "culturales". Dicho de otro modo: "los terroristas no sólo devalúan a los individuos a quienes matan sino también al grupo al que pertenecen los individuos. Muestran la intención política de destruir, desplazar o subordinar a esas personas en tanto que individuos, y a ese "pueblo" en tanto que colectivo"[3]. Por eso, políticamente no es inadecuado hablar del conjunto de los ciudadanos de una democracia como "víctimas del terrorismo", o de una parte de ellos si tienen una identidad propia diferenciada y se les ataca por ello, sin perjuicio de las víctimas directas y concretas, de carne y hueso, que lo son *stricto sensu*.

Otro **punto de vista es el jurídico**, legal o jurisprudencial, es decir, el que deriva de las normas de reconocimiento a las víctimas del terrorismo o de las sentencias penales condenatorias de los terroristas (o de otras resoluciones judiciales), respectivamente. Víctima del terrorismo, desde esta óptica, se corresponde con quien es identificado como tal por una u otra vía. Asesinados, secuestrados, heridos (físicos y/o psíquicos) o supervivientes de actos calificados jurídicamente como terroristas suelen tener, en distinto grado (la noción de daño aquí es decisiva) este reconocimiento y en el caso de los fallecidos también sus familiares más próximos (herederos unas veces, personas designadas nominalmente otras) en tanto que destinatarios de las indemnizaciones, prestaciones o ayudas en concepto de compensación.

Por último, existe otra posibilidad de aproximación a la noción, más fáctica o empírica que normativa, digamos desde un **punto de vista sociológico**, usado también habitualmente por periodistas, y es por ejemplo la que realiza José María Benegas en su Diccionario de Terrorismo: "Víctimas del terrorismo –escribe– son aquellas personas que se han visto afectadas por las acciones terroristas. Se incluyen no solo los muertos en atentados terroristas sino también las personas heridas con secuelas físicas o psíquicas, las que son extorsionadas o amenazadas por el terrorismo, y los familiares, allegados y amigos de estas personas"[4].

Hechas estas primeras consideraciones, a continuación resulta necesario centrarse en la noción de "terrorismo" (no hablamos de la víctima en general sino de la víctima del terrorismo) y más allá, para ampliar

---

[3] WALZER, M., *Terrorismo y guerra justa*, traducción de Tomás Fernández y Beatriz Eguibar, Katz editores, Madrid, 2008. pp. 16-17.

[4] BENEGAS, J. M., *Diccionario de Terrorismo*, ed. Espasa, Madrid, 2004, p. 590.

la mirada, de su definición jurídico-penal, interna o internacional[5]. No pretendo, por supuesto, ofrecer un concepto seguro, cerrado, completo o indiscutido dado que se trata de un fenómeno que se ha transformado a lo largo de su historia, que también permite diferentes perspectivas de análisis y cuya identificación se encuentra profundamente politizada sobre todo en relación con la valoración que merece cada caso (legitimidad, proporcionalidad de la violencia empleada, etc) y con lo que denominaremos terrorismo como fin o terrorismo en sentido estricto o propio[6]. Unos apuntes sobre el alcance de la condición de víctima del terrorismo en España cerrarán esta intervención (ahora estas líneas) que no pretende otra cosa que una aproximación a la cuestión, en absoluto concluyente ni sistemática, en clave por tanto de reflexión, de tentativa o de notas.

I. ¿QUÉ TERRORISMO?

El terrorismo se ha convertido en uno de los flagelos globales de la humanidad, más por sus riesgos cualitativos para la seguridad (el terror irracional y generalizado que provoca), por las cuestiones en juego (los derechos humanos en la lucha antiterrorista) y por los efectos políticos mundiales desestabilizadores que suele generar, que por su daño cuantitativo directo (muchas más personas mueren, por ejemplo, en accidentes de tráfico). Probablemente, por las especiales razones señaladas, junto a las hambrunas y la pobreza en general, el cambio climático[7] y las sempiternas guerras y conflictos no resueltos o mal resueltos es hoy uno de los problemas y de los desafíos más serios del Planeta a medio y largo plazo. Y digo del Planeta y no solo de Occidente porque es en Oriente donde genera mayor número de víctimas aunque los atentados con mayor

[5] Pueden verse desde esta última perspectiva los trabajos de RAMÓN CHORNET, C., *Terrorismo y respuesta de fuerza en el marco del Derecho Internacional*, Tirant lo Blanch, Valencia, 1992, o el más reciente en la misma editorial de VACAS FERNÁNDEZ, F., *El terrorismo como crimen internacional. Definición, naturaleza y consecuencias jurídicas internacionales para las personas*, con prólogo de José M. Rodríguez Uribes, Tirant lo Blanch, Valencia, 2011.

[6] Sobre el terrorismo en sentido propio puede verse mi trabajo "Sobre el terrorismo y sus victimas", *Derechos y Libertades*, Época II, nº 27, 2012, pp. 242 y ss.

[7] Causa futura a su vez, en la tesis pesimista y posiblemente realista de Harald Welzer, de violencia, también en forma de terrorismo. Vid. WELZER, H., *Guerras climáticas. Por qué mataremos (y nos matarán) en el siglo XXI*, trad. De Alejandra Obermeier, Katz Editores, Buenos Aires, 2010, en especial pp. 145 y ss.

impacto mediático, porque sentimos que nos afectan más directamente, sean los producidos en nuestro ámbito propio, geopolítico y cultural.

Hoy el terrorismo, aunque no es un fenómeno reciente, sí lo es, en perspectiva histórica, en su carácter global y transnacional. Los atentados de 11 de septiembre de 2001 contra el World Trade Center y el Pentágono en EEUU, cuyo decimotercer aniversario recordamos este año, o los de Madrid de 11 de marzo de 2004 y Londres en julio de 2005, y su carácter masivo e indiscriminado, significaron en nuestra conciencia colectiva la plasmación de un peligro universal. Desde entonces, el terrorismo ya no es esencialmente (o no solo) una práctica violenta "antisistema" (de extrema izquierda, o de extrema derecha como se ha visto con el atentado de 2011 en Oslo y Utøya) ni únicamente una de las "tácticas revolucionarias" sugeridas por Bakunin, contra el poder establecido o contra personalidades concretas, por muy desestabilizador que llegue a ser como en efecto lo fue en el origen de la primera Guerra Mundial. Tampoco se identifica sólo con movimientos, en el ámbito interno de los Estados, revolucionarios y guerrillas, una suerte de "guerra subversiva" como los llamó Cosyns-Verhaegen en 1964, o con grupos separatistas como ETA en España, hoy todos cada vez más anacrónicos, ni con acciones específicas y aisladas contra aeronaves, embarcaciones o personas concretas, numerosas en los años 70-80 del siglo pasado, ni tampoco se reduce a sus nuevas modalidades como el llamado "narcoterrorismo", que es "crimen y olvido" por utilizar el título de la novela de Crosthwaite[8], especialmente en México y antes en Colombia, por mucha importancia que tenga desde el punto de vista de la intensidad de la violencia que practica; este último caso **es el terrorismo como medio** (referido a los recursos y no a los fines, al menos no de forma consciente y deliberada), utilizado también por mafias y crimen organizado, o por la nueva "piratería" en el océano Índico; coincide con la definición amplia de terrorismo que ofrece Michael Walzer cuando se refiere a éste como "asesinato aleatorio de personas inocentes impulsado por la esperanza de producir un temor generalizado"[9], sin más[10], aunque no será ésta la definición

---

[8] CROSTHWAITE, L. H., *Tijuana: crimen y olvido*, Tusquets editores, México, 2010.

[9] WALZER, M., *Terrorismo y guerra justa*, cit., p. 9.

[10] Podemos remontarnos en este sentido y también en su acepción "como método" al Terror jacobino, al "método revolucionario o violento" durante la Revolución Francesa, o al *Terror blanco* de los contrarrevolucionarios, algo más que mero terrorismo como método por su carácter reaccionario y antiilustrado, denunciados ambos por Burke o por Constant, o ya en el siglo XX, en la identificación de Trotsky, el que lleva al comunismo con la revolución bolchevique, convertido en Terror (del o desde el Estado) con Stalin. Existen

de terrorismo que manejemos en estas páginas, al menos no en su sentido más propio, porque olvida su componente "política" (en sentido amplio) y, en concreto, antidemocrática y antiliberal (también en sentido amplio).

Hoy, el terrorismo en sentido estricto o propio, manteniendo siempre su carácter *político*, incorpora, con el precedente decisivo del 11-S, una nueva modalidad que lo transforma en relación con lo que llamamos indistintamente terrorismo internacional (que ya no es únicamente el de los años 70-80 del siglo XX) o terrorismo *islamista* o *yihadista*, a partir de Al Qaeda, y es precisamente su carácter de amenaza global y con pretensión de universalidad; un desafío directo a la civilización o a la humanidad (o a la civilización como humanidad) y no solo al Estado o a Estados particulares como con el terrorismo histórico, interno o como método. Con una morfología compleja, casi *líquida*, distinta en todo caso a la del terrorismo clásico, se presenta como un riesgo más incierto, generador por tanto de más terror, que actúa y que puede actuar en cualquier lugar de la Tierra aunque haya zonas más castigadas, que suele provocar muerte y destrucción (muchas veces a partir de la del propio terrorista) de forma masiva e indiscriminada y que se dirige no solo contra las estructuras del poder de los Estados sino contra los valores de paz, libertad y pluralismo; contra los derechos humanos, el Estado de Derecho y la democracia, en definitiva. **Es el terrorismo como fin** (referido a los propósitos aunque incluye necesariamente el terrorismo como medio o la deshumanización de los instrumentos): hoteles, estaciones de tren o de metro, aviones, embajadas y edificios oficiales (también de la ONU), escuelas, centros comerciales y mercados son algunos de los lugares elegidos, objeto de una violencia fanática que no repara en nada ni en nadie, incluyendo entre sus víctimas, la mayor parte de las veces, a civiles. Del terrorismo selectivo, de los "magnicidios" históricos, de la violencia anarquista e individualista de finales del siglo XIX y principios del XX en Europa, contra el poder instituido, democrático o no, contra el Estado en suma (por eso el terrorismo es *político* siempre, por lo que pretende destruir y por lo que "propone", como subrayó el desaparecido Wilkinson) hemos pasado a un terrorismo indiscriminado contra la (difusa, más extensa pero también más heterodoxa y menos uniforme de

---

algunas obras dedicadas a la historia, o a los orígenes, del terrorismo. Puede verse, por ejemplo, LAQUEUR, W., *Una historia del terrorismo*, Ed. Paidós, Barcelona, 2003; CARR, C., *Las lecciones del terror. Orígenes históricos del terrorismo internacional*, Ediciones B, Barcelona, 2002. O, más recientemente, AVILÉS, J. (y otros), *El nacimiento del terrorismo en occidente: anarquía, nihilismo y violencia revolucionaria*, ed. Siglo XXI, Madrid, 2008.

lo que solemos afirmar[11]) civilización occidental, buscando su sustitución por una concepción del mundo extraída del Islam en su versión más extrema[12], y aunque la civilización no es sólo la civilización occidental, sin civilización Occidental no hay civilización. Del terrorismo como método al terrorismo como fin, al terrorismo como Todo, *definitivo* en expresión de Stern, sin posibilidades "constructivas" de éxito por su carácter totalizante, en este sentido fin en sí mismo.

No es de extrañar por todo lo dicho que algunos líderes mundiales occidentales, que no habían asumido como sagrada e indiscutible la máxima kantiana acerca de la inaceptabilidad de someter los medios al fin, es decir, que no habían interiorizado en sus discursos y prácticas políticas y jurídicas la cultura de los derechos humanos, impulsaran tras el 11-S lo que ellos mismos llamaron Guerra Total contra un Terror igualmente Total, esa "guerra sin fin" en expresión Walter Laqueur. Para ello, los derechos humanos precisamente y, de entre estos, las garantías procesales, debían ceder, si era menester, si las circunstancias lo exigían. La guerra sucia internacional, la "preventiva" guerra de Irak, la práctica de la tortura o las cárceles secretas, con Guantánamo como paradigma, fueron algunas de sus manifestaciones más patológicas. **Es el terrorismo como coartada** que hace realidad el aforismo de Nietzsche: *quien con monstruos lucha, cuide de no convertirse a su vez en monstruo*. La violencia desde los Estados para combatir el terrorismo volvía así a hacerse explícita, directa y visible, incluso brutal, invasiva, guiada por impulsos y no por principios, cuando en la tradición occidental se había venido imponiendo, después de la Segunda Guerra Mundial y la terrible experiencia del Holocausto, una violencia institucionalizada, posheroica como la ha calificado gráficamente Welzer, sometida a reglas, compromisos, cautelas y restricciones, de buena fe o por vergüenza; limitada en todo caso, procurando evitar la fuerza bruta, practicándola ya a regañadientes y como última opción; una violencia sometida al rito de las normas y ya sabemos con Coetzee que "los rituales se inventan de hecho para hacer

---

[11] El atentado ultracatólico de Oslo y Utøya de julio de 2011 es un claro ejemplo de la heterogeneidad de la civilización occidental, atacada también desde dentro en sus desviaciones más fanáticas y radicales. Si el terrorismo islamista o *yihadista* pretende acabar con el conjunto de la civilización occidental, este tipo de terrorismo, extremando algunos de los contenidos que han conformado la historia de aquélla (por ejemplo el cristianismo) pretende destruir otros como la secularización, la laicidad o la socialdemocracia.

[12] BOKO HARAM, que en hausa significa "la educación occidental es pecaminosa", secta radical terrorista que opera en Nigeria, representa, literalmente, esta idea.

más llevaderos los momentos difíciles, delicados"[13]. Es verdad que hay un riesgo de perversión de esta violencia contenida de los Estados en lo que Welzer ha llamado la *violencia delegada*. "Una de las características principales de la violencia tal y como la ejerce Occidente –escribe Welzer– consiste en su esfuerzo por delegarla lo más posible: a compañías privadas de seguridad y violencia o, en el caso de la seguridad fronteriza, en el hecho de que las fronteras se desplacen hacia fuera, hacia países dependientes en lo político y lo económico. Los esfuerzos realizados en materias de políticas de seguridad por capturar a los criminales antes de que lleguen a cometer los crímenes, es decir, por adelantarse a los hechos, también se inscriben en este proceso que lleva a que las acciones violentas sean cada vez más indirectas"[14]. Es la sustitución de la guerra convencional, de invasión y no digamos de exterminio, por la más sutil *inteligencia*, policial o militar que puede evitar esa perversión de la violencia indirecta que denuncia Welzer mediante la cooperación internacional, en particular con los países más pobres. No es sólo una cuestión de método, sino de principios siempre que estos, en efecto, no se tuerzan favoreciendo esa violencia delegada, cínica, que mira para otro lado o que endosa exclusivamente a los países del Tercer Mundo la responsabilidad de contener el terrorismo, aislándolos y ahondando por consiguiente en las desigualdades, en la pobreza y en la escasez, caldo de cultivo de la violencia, también terrorista.

De todos modos, en este constante movimiento pendular de la historia, de acción-reacción, o de convivencia de las reglas con la tentación constante por violarlas, junto a la recuperación de la guerra *tout court* como forma de violencia estatal contra el terrorismo tras el 11-S hasta 2004, aparecía, de la mano de Naciones Unidas, otra dimensión, todavía con escasa eficacia, en el lado positivo de la estrategia antiterrorista. Me refiero a sus decisiones impulsando Operaciones de Paz y de Seguridad, peligrosas e inciertas pero legítimas (particularmente en Afganistán), apoyando iniciativas como la Alianza de Civilizaciones (con protagonismo español) o, sobre todo, con su nueva mirada, que también arranca a partir de los atentados del 11-S, sobre las víctimas, más humana y en clave de derechos. Quizá el corolario de esto último sea el I Simposio

[13] COETZEE, J. M., *Desgracia*, traducción de Miguel Martínez-Lage, Mondadori, Barcelona, 2009, p. 19.

[14] WELZER, H.:,*Guerras climáticas. Por qué mataremos (y nos matarán) en el siglo XXI*, cit., p. 15.

sobre víctimas del terrorismo celebrado en Nueva York en septiembre de 2008, también con una presencia significativa de España, de su Gobierno y de algunas de las asociaciones de víctimas más representativas de nuestro país, en el que tuve el honor de participar. Son, en definitiva, las paradojas, incluso contradicciones, de Occidente, también en relación con la violencia y la seguridad: promotor de los derechos humanos en el Mundo a partir del tránsito a la modernidad como nos recordó tantas veces reiteradamente Peces-Barba, al tiempo que su necesidad y justificación derivaba en buena medida de prácticas de explotación, de imperialismo y de violencia de ese mismo mundo "civilizado"; violencia indirecta hoy, frente a la fuerza bruta de antaño o de los años posteriores a 2001, en la creencia maquiavélica de que, a veces, *hay que hacer un mal en aras de un bien mayor*; una violencia indirecta solo moralmente mejor, lo acabo de subrayar, si va acompañada de solidaridad y cooperación. Desde otra óptica: abandono a su suerte de los derechos de los victimarios tras el 11-S al tiempo que se reforzaron los de las víctimas cuando esto podría/debía haberse hecho sin ceder un ápice de aquello, ese garantismo que nos debe retratar como civilización y que nos da legitimidad moral en el combate contra el terrorismo.

Desde el punto de vista de los sujetos, podemos también ver algunas de esas diferencias entre el terrorismo en sentido estricto o propio vinculado a lo que vengo denominando terrorismo como fin (que incluye los medios violentos) y el crimen organizado u otros delitos especialmente violentos. Es la diferencia entre el terrorista, *abertazle*, talibán, ultracatólico, antisistema, anarquista, revolucionario etc., y el sicario, el mercenario o el delincuente común, el primero como agente "político" o "ideológico" fanatizado, el segundo como "privado" que utiliza la violencia (incluso el terrorismo como medio) para saldar cuentas o controlar mercados ilegales de drogas o de armas, por ejemplo. El primero con la pretensión de imponer una visión del mundo[15]; el segundo con la más particular de resolver mediante la fuerza un conflicto de naturaleza fundamentalmente privada, económica o incluso doméstica, en lo que es, sin más, una suerte de ajuste de cuentas, un caso de venganza particular a veces a gran escala o una lucha por el poder o la hegemonía entre grupos mafiosos organizados.

---

[15] Como Merry, la hija del sueco, el personaje principal de *Pastoral Americana*, de Philip Roth, 2ª edición, Debolsillo, traducción de Jordi Fibla, Barcelona, 2010.

Es verdad que con este vínculo "político" el concepto de terrorismo como fin sólo puede darse en sociedades abiertas y democráticas o en Estados intervenidos bajo mandato de Naciones Unidas y al amparo de la legalidad internacional. Es el carácter antidemocrático y antiliberal en sentido amplio que señalaba al principio de estas páginas. En dictaduras, Estados totalitarios, fallidos u ocupados ilegal o ilegítimamente el terror como instrumento contra el Poder seguramente constituye otro tipo de violencia, relacionada con la guerra tradicional (incluso civil), o con movimientos de resistencia, de insurgencia, o de liberación nacional, más o menos justificados según los casos.

Soy consciente de que toda esta interpretación presupone, de un lado, romper con el dogma clásico de los derechos humanos como límites frente a la acción del Estado, *y solo del Estado* en lo que hay de reconocimiento especial a las víctimas, como veremos, incluso frente a otras víctimas, sin cercenar en todo caso los derechos de los victimarios; y de otro, situar el terrorismo sólo en sociedades democráticas y en Estados de Derecho o en Estados sometidos a la legalidad internacional, actuando precisamente contra ellos. Pero creo que, en efecto, se trata de un dogma, el primero, justificado únicamente en su contexto histórico y teorético (el tránsito a la Modernidad, el surgimiento del Estado como Estado Absoluto y las teorías contractualistas) pero que hoy no tiene sentido en su segunda parte: *y sólo del Estado*. Y en relación con la segunda implicación que sostengo, que sólo el terrorismo se da en democracia o en Estados constitucionales o en situaciones de intervención internacional amparadas por Naciones Unidas, ésta engancha, desde el punto de vista de su justificación, con las teorías acerca de la legitimidad del tiranicidio y del derecho de resistencia. No es terrorismo como fin, terrorismo en sentido estricto por consiguiente, aunque pueda darse el terrorismo como método, la violencia utilizada, más o menos justificada o proporcional según los casos, en sociedades no democráticas, contra dictaduras o contra Estados totalitarios, fallidos u ocupados ilegalmente sin la cobertura del Derecho internacional. Esta exclusión de estos modos de violencia de la categoría de terrorismo pretende también evitar (y denunciar) el abuso de estos regímenes cuando califican a los que les combaten como "terroristas". Así, "terrorista" fue, para la Alemania de Hitler, la Resistencia o, para la España de Franco, "los de los montes", o los "Tupamaros" en el Uruguay, o para la Argentina de Videla "Los Montoneros", o la oposición en Chile para Pinochet o incluso Trotski lo fue según Stalin; y en nuestros días, lo fueron los rebeldes de la llamada *primavera árabe* para Gadafi y para cada uno de los dictadores de la zona. Es otra manifestación del "terrorismo como coartada"; es el **Terror** de los Estados totalitarios y de las Dictaduras combatido por una violencia que solo puede ser calificada como **terrorista** por el método pero no por los fines que persigue.

Tampoco el *terrorismo de Estado*, el Terror sin ulteriores especificaciones, episodio permanente de toda *experiencia totalitaria* en la comprensión de Todorov o de Walzer, es, a mi juicio, terrorismo *stricto sensu*. No sólo o no tanto por la dificultad semántica más allá de su uso vulgar o periodístico, ni porque el terrorismo sea un modo de violencia precisamente *contra* los Estados (con las características señaladas) y no *de* los Estados, sino porque **el terrorismo** propiamente dicho **exige**, a mi juicio (en la estipulación que vengo defendiendo), **la acción violenta de bandas, grupos o individuos "privados" (aunque tengan apoyo ideológico, logístico o financiero en Estados) que actúan contra el Estado (democrático y liberal, en sentido amplio) con voluntad de subvertir o destruir el sistema constitucional de convivencia**. Las (sin) razones pueden ser políticas *stricto sensu* (separatistas o revolucionarias), religiosas o etno-céntricas pero la clave es que se trata de agentes, más o menos organizados, de naturaleza privada, que utilizan la violencia precisamente para satisfacer esas pretensiones. En este sentido, los Estados que utilizan la violencia de forma injustificada y/o desproporcionada no hacen **terrorismo** aunque provoquen **terror**, por utilizar de forma distintiva, como Caro Baroja, esta dicotomía; un terror generado mediante violaciones de derechos humanos *tout court*, selectivas (asesinatos políticos y torturas) o masivas (desapariciones, delitos de *lesa humanidad*), con el Holocausto de la Alemania Nazi como paradigma del Horror[16].

Así, el terrorismo en sentido estricto o propio (como fin y no solo como instrumento) exige, en la definición asumida en estas páginas, lo siguiente: violencia política ilegítima como señaló Crenshaw, de individuos u organizaciones, con vocación de aterrorizar y que se dirige en última instancia contra el Estado democrático en sentido amplio (al menos *decente* en la expresión discutida y discutible de Rawls, "regímenes de tolerancia" en la de Walzer) y sus bases normativas de convivencia (paz y seguridad, en primer término, pero también derechos humanos y regla

---

[16] Por el contrario, y de acuerdo con la definición de terrorismo defendida en estas páginas, antes de 1933, las numerosas acciones violentas del Partido Nazi, todavía fuera del poder, sí pueden ser calificadas como terroristas, en las dos acepciones, como método y también como fin, o en sentido estricto o propio.

democrática al final) aunque provoque víctimas directas, civiles o no y su pretensión última, como sucede con el terrorismo de corte islamista, sea destruir la civilización occidental en su conjunto.

En suma, el terrorismo hoy es, en su versión globalizada a partir de Al Qaeda, un desafío a la civilización y a la humanidad, y en su versión más particular, un desafío a los Estados democráticos y de Derecho[17], incluso por la vía de los hechos aunque no se tenga un "ideario" alternativo como sucede con el narcoterrorismo, un tipo de violencia tan intensa y con método terrorista que socava, si no es combatido con éxito, las bases más elementales de una convivencia posible y mínimamente ordenada.

El significado y el alcance de la condición de víctima que a continuación abordaré estará condicionada, por consiguiente, por esta definición de terrorismo aunque en la práctica de los Estados y en concreto de España pueda darse, como veremos, una extensión a otras situaciones de victimización asimilables.

II. ¿QUÉ VÍCTIMAS?

1. Las víctimas del terrorismo como víctimas de violaciones de Derechos Humanos

A continuación trataré de justificar una *toma de posición* que adelante más arriba y que puede resumirse en la siguiente tesis: las víctimas del terrorismo son víctimas de violaciones de derechos humanos. El estatus normativo fortalecido de las víctimas del terrorismo, especialmente a partir del 11-S, encuentra en esta idea su mejor fundamento.

Para cualquier estudioso del tema, desde la filosofía jurídica, la teoría de los derechos o el derecho internacional, es sabido que no es una afirmación ni evidente, ni pacífica, ni irrelevante, en todos los órdenes. Quizá, el menos discutible, lo que no suele ser habitual, sea el relativo a su justificación racional e incluso a su fundamento moral toda vez que los bienes dañados por la acción terrorista son, hoy, genuinos derechos

[17] Por poner dos ejemplos representativos, aunque hay muchos en la historia, de esta idea de desafío al Estado, recuérdese el caso Aldo Moro con las Brigadas Rojas en Italia, o el de Miguel Angel Blanco con ETA en España. Vid. sobre el primero la magnífica recreación que hace SCIASCIA, L, *El caso Moro*, traducción de Juan Manuel Salmerón, Tusquets, Barcelona, 2010.

humanos: vida, libertad, seguridad, integridad física y, en cierto sentido, propiedad. Así lo entendió Naciones Unidas en la *Resolución sobre protección de los derechos humanos y las libertades fundamentales en la lucha contra el terrorismo*, de diciembre de 2005[18], tras los atentados de Nueva York, Madrid y Londres.

En efecto, la tesis que sostiene que las víctimas del terrorismo son víctimas de violaciones de derechos humanos ni es pacífica, ni ha sido obvia históricamente, ni es irrelevante desde el punto de vista normativo, sobre todo jurídicamente.

El inconveniente mayor de nuestra tesis está vinculado con el paradigma político y jurídico desde el que se construye la idea de los derechos humanos en Occidente y en el tránsito a la Modernidad, es decir, en sus orígenes. Tiene que ver, si se quiere, no tanto con el fundamento sino con el concepto, o mejor, con la concepción de los derechos humanos que defendamos. Porque, en efecto, éstos nacen en Europa y en Norte-América, primero como ideal moral y político y después como instrumento jurídico, para limitar la acción del Estado y *sólo la acción del Estado*; para proteger al individuo frente al Estado y *sólo frente al Estado*. Seguir sosteniendo esto hoy, a comienzos del siglo XXI, es un sin sentido y/o un prejuicio ideológico liberal que responde a lo que Elías Díaz acertadamente denominó el *síndrome de la maldad estatal*. Es decir: es un sin sentido porque es evidente que los potenciales enemigos de los derechos humanos no son sólo los Estados; bien al contrario, cuando éstos son sociales (o del bienestar) democráticos y garantistas, cuando gozan de legitimidad de origen y de legitimidad de ejercicio, suelen ser sus mejores aliados aunque no sean infalibles. En estos cuatro siglos de evolución de los derechos, desde los orígenes de la modernidad, los Estados han ido interiorizando progresivamente (modelo inglés) o fruto de revoluciones violentas (modelo americano y continental europeo) los derechos humanos, con mayor o menor alcance[19]. El racionalismo, la secularización, el republicanismo, el liberalismo, el socialismo, el feminismo y la democracia, entre otros factores, movimientos ideológicos y filosóficos han ido dejando una huella decisiva que sirve en unos casos de

---

[18] A/RES/60/58, *Protección de los derechos humanos y las libertades fundamentales en la lucha contra el terrorismo*, de 16 de diciembre de 2005.

[19] Vid. PECES-BARBA, G., "Tránsito a la Modernidad y derechos fundamentales", en PECES-BARBA, G. (y otros), *Historia de los derechos fundamentales. Tomo I. Tránsito a la Modernidad. Siglos XVI y XVII*, Dykinson, Madrid, 1998, pp. 15-263.

dique de contención frente a la arbitrariedad y el abuso de poder y en otros de estímulos normativos hacia la igualdad, el progreso y la solidaridad[20].

Y es un prejuicio ideológico también por la otra implicación, porque muchas veces esconde una pretensión interesada apoyada en la falaz, cuando se presenta en términos simplistas y absolutos, *bondad de la sociedad.* En la descripción del hombre natural como un ser profundamente egoísta y dañino para sus semejantes que formulara Hobbes, o en la denuncia *rusoniana* contra la civilización no corregida por el contrato social, en la *parábola del banquete* de Malthus o en el darwinismo social asumido, con entusiasmo o como hecho inevitable, por el liberalismo económico, se esconden modelos de sociedad profundamente indeseables que necesitan, precisamente, del Derecho y del Estado democrático para que dejen de serlo. Nuestra experiencia de los últimos años a partir de la crisis financiera que se inicia en EEUU es una buen ejemplo de lo que acabo de decir. Puede decirse si se prefiere de una forma más prudente: ni la sociedad civil, entendida ésta en un sentido amplio (grupos sociales, individuos y mercado, hoy sobre todo financiero y especulativo, etc.) es tan bondadosa, ni los Estados, en concreto los Estados democráticos y de Derecho, son tan malvados.

Soy consciente, con todo, de que la mayoría de los Estados de los que componen la denominada Comunidad Internacional siguen siendo un auténtico peligro para los derechos más básicos de las personas y no sólo en el Tercer Mundo: la vigencia de la pena de muerte en muchos países desarrollados, la práctica de la tortura como instrumento para averiguar la verdad o como contenido de la pena, por no hablar de los trastornos climáticos, las guerras o, ya en los que llamamos eufemísticamente *países en desarrollo,* las hambrunas y la pobreza, son ejemplos que no nos permiten *lanzar las campanas al vuelo* sobre el estado de los derechos en el mundo (66 años después de la Declaración Universal) y sobre todo de la responsabilidad de los Estados, particularmente de los más poderosos. La *lucha por los derechos* que proclamó Ihering en el siglo XIX sigue siendo necesaria aunque hayamos avanzado desde entonces, particularmente en nuestro entorno geopolítico. Hay que favorecer la democracia y las garantías del Estado de Derecho allí donde no existen, eso sí, sin imposiciones violentas contraproducentes (como cuando se utiliza *terrorismo como coartada*), y profundizar en ellas donde ya las tenemos.

---

[20] Ibídem.

Sólo así universalizaremos de forma efectiva los derechos humanos y aseguraremos una paz mundial duradera y justa.

Sin embargo, precisamente el fenómeno que nos ocupa, el terrorismo, sobre todo en su versión internacional, y su pretensión de permanencia, nos debe hacer reconsiderar, al menos parcialmente, nuestra comprensión de los derechos humanos, no tanto en relación con los victimarios sino respecto a las víctimas. Así lo ha sostenido también recientemente Félix Vacas[21]. Esto supone ver a las víctimas como sujetos específicos de derechos en lo que sería una nueva concreción de lo que Norberto Bobbio llamó *procesos de especificación de los derechos humanos*, encaje más adecuado a mi juicio, por su comprensión secularizada, que el de los *derechos victimales* de Antonio Beristain. Para ello es fundamental romper con algunas ideas preconcebidas, a saber:

a) No sólo los Estados pueden dañar los derechos básicos de las personas. La tesis tradicional que los ha visto como los únicos agentes potenciales contra los derechos es, como hemos adelantado, una tesis histórica, que tiene una explicación basada en el origen de los derechos y en su enemigo natural en el marco de las doctrinas contractualistas: el naciente Estado Absoluto. La cesión de parte de nuestra libertad natural al Estado para que éste garantizara nuestra seguridad y después una distribución igualitaria o cuando menos solidaria de los bienes y recursos, exigía vigilar al vigilante y ponerle límites, y los derechos humanos son el mejor instrumento para hacerlo. Hoy es evidente que también los particulares pueden dañar nuestra libertad, violentar nuestros derechos, y el terrorismo es un claro ejemplo, particularmente peligroso, en este sentido. Son particulares que actúan contra los Estados infringiendo daño a sus ciudadanos, en su vida, en su libertad y en sus propiedades, al tiempo que afectan al valor previo, sustento de los derechos: la seguridad.

b) Que no tenga sentido hablar de "terrorismo de Estado" y sí de violaciones de derechos humanos por parte de los Estados (es el Terror practicado por los Estados, totalitarios por definición) no significa que el terrorismo en sentido propio no sea una forma de violar derechos humanos. No hay una implicación lógica entre una y otra afirmación.

c) *A fortiori,* el apoyo a las víctimas del terrorismo no se basa en la caridad voluntaria, en el deber moral de misericordia, sino en la solida-

[21] VACAS FERNÁNDEZ, F., *El terrorismo como crimen internacional*, cit., pp. 269 y ss.

ridad, en la existencia de genuinas obligaciones jurídicas por parte de los Estados; y esto es así precisamente porque las víctimas son sujetos de derechos y no el mal inevitable y colateral de la acción terrorista privada que sólo puede ser reparada a través de la justicia contra los victimarios y la caridad graciosa de la sociedad. Esto justifica, por ejemplo, que el Estado, como construcción jurídica y política de la sociedad, asuma *obligatoria* aunque subsidiariamente (cuando el condenado por terrorismo es insolvente) la responsabilidad civil derivada del delito.

d) No sólo las violaciones de derechos humanos practicadas por los Estados merecen las notas de imprescriptibilidad o los enjuiciamientos en tribunales de derechos humanos por crímenes contra la humanidad. También las acciones terroristas, cuando el fenómeno terrorista tiene vocación de permanencia y cuando aquéllas son particularmente graves, debieran participar de esas notas, como se hizo en la reciente reforma del Código penal español de 2010, lo que nos debería llevar a remover todos los obstáculos políticos y jurídicos (sobre todo en el ámbito del Derecho Internacional) para que pudiera avanzarse en la consideración de estos delitos como delitos contra la humanidad. No parece descabellado pensar que *debilitada* la concepción tradicional de la guerra (aunque no la intensidad de su violencia), el terrorismo internacional se presente como una de las formas de violencia principal de nuestro tiempo, particularmente peligrosa; no sólo por su carácter muchas veces indiscriminado, sino por su, en buena medida, imprevisibilidad espacial afectando, como he anticipado, al valor primario de toda sociedad o grupo humano mínimamente organizado: la seguridad (jurídica). Hoy *el terror del terrorismo*, valga la expresión, es uno de las amenazas y enemigos principales de la seguridad como condición necesaria (aunque insuficiente) de cualquier organización social mínimamente ordenada y justa.

Por todo esto, la Resolución de diciembre de 2005, de la Asamblea General de la ONU, sobre *Protección de los derechos humanos y las libertades fundamentales en la lucha contra el terrorismo,* no olvida "(reafirmar) que los actos, métodos y prácticas terroristas en todas sus formas y manifestaciones, son actividades orientadas a la destrucción de los derechos humanos, las libertades fundamentales y la democracia, amenazan la integridad territorial y la seguridad de los Estados y desestabilizan a los gobiernos legítimamente constituidos, y que la comunidad internacional debe tomar las medidas necesarias para intensificar su cooperación a fin de prevenir y combatir el terrorismo"[22].

Implicaciones concretas de esta perspectiva que proyecta los derechos humanos también sobre las víctimas son, en el plano universal, la propuesta, con el liderazgo de España, del Fondo complementario de solidaridad con las víctimas, la necesidad de su máxima visibilidad como testimonio de vida deslegitimador del terrorismo (I Simposio sobre Víctimas del Terrorismo de la ONU, septiembre de 2008), o, en nuestro ámbito interno, el capítulo que el relator de Derechos Humanos de Naciones Unidas dedicó a las víctimas del terrorismo en su informe sobre la situación de los derechos en España o la aprobación del Plan de Derechos Humanos por el Gobierno de España (diciembre de 2008– en el 60 aniversario de la Declaración Universal–) que incluye a las víctimas del terrorismo y compromete al Gobierno a:

MEDIDA 1.- Asegurar una política de protección integral de la víctima y de su entorno más próximo, promoviendo las siguientes acciones:

a) Elaboración de un proyecto de ley que se remitirá al parlamento y que garantizará un tratamiento específico e integral para las víctimas del terrorismo y sus familias.

b) Apoyo institucional, asistencial y material a través, fundamentalmente, de la Dirección General de Apoyo a Víctimas del Terrorismo dependiente del Ministerio del Interior, así como de los Ministerios de la Presidencia, Educación y asuntos sociales o Hacienda.

c) Colaboración y cooperación con los colectivos representativos de víctimas (Asociaciones y Fundaciones) y en particular con la Fundación Víctimas del Terrorismo.

d) Mejoramiento del apoyo psicológico para el tratamiento del estrés postraumático.

MEDIDA 2.- Reforzar el estatus de la víctima del terrorismo en el proceso penal, de acuerdo con los estándares establecidos en nuestro derecho interno o europeo para las víctimas de delitos violentos y de orden sexual, promoviendo en todo caso las siguientes acciones:

a) Mejoramiento de los mecanismos de información y comunicación a través de la oficina de atención a víctimas dependiente del Ministerio

---

[22] A/RES/60/58, *Protección de los derechos humanos y las libertades fundamentales en la lucha contra el terrorismo*, de 16 de diciembre de 2005.

de Justicia, con sede en la Audiencia Nacional y del Fiscal Especial para Víctimas.

b) Consolidación de los programas de acompañamiento judicial y de preparación psico-social desarrollados desde la Dirección General de Apoyo a Víctimas del Terrorismo del Ministerio del Interior, tanto durante la celebración del juicio, como, en el caso de las personas heridas, en su visita a los médicos forenses.

MEDIDA 3.- Tratar adecuadamente las distintas situaciones de victimización, en particular la de los españoles que sufran atentados en el extranjero.

MEDIDA 4.- Reconocer moral y políticamente a las personas acosadas por el terrorismo, particularmente en el País Vasco y Navarra.

MEDIDA 5.- Apoyar al movimiento asociativo de las víctimas del terrorismo, tanto a nivel nacional como internacional, para contribuir a su visibilidad y reconocimiento.

MEDIDA 6.- Velar por la dignidad, el honor y la memoria de las víctimas, así como por la justicia efectiva hacia los victimarios.

2. Víctimas del Terrorismo y otras víctimas: El modelo español. Un apunte[23]

El modelo español de reconocimiento y atención a las víctimas del terrorismo se ha construido progresiva y específicamente desde los inicios de la democracia en la década de los 70 del siglo pasado. Es progresivo porque responde a una evolución en etapas, desde la negación inicial de la víctima al reconocimiento pleno de sus derechos. Y es específico porque no ofrece una respuesta general, común o igual para todas las víctimas de delitos violentos, concediendo especial relevancia a las de los delitos de terrorismo. Una y otra característica, progresividad y especificidad, obedecen a la particular experiencia española, sobre todo en relación con la banda ETA. Veamos:

Progresividad: En efecto, son cuatro las etapas que definen esta evolución:

---

[23] Con mayor profundidad, pueden verse los capítulos 4 y 5 de RODRÍGUEZ URIBES, J.M., *Las víctimas del terrorismo en España*, cit., pp. 137-216.

1.- **Los *años de plomo* o de negación de las víctimas**: Se corresponde básicamente con la década de los años setenta del siglo pasado. El terrorismo de ETA, pero también de otros grupos extremistas, causaban decenas de muertes todos los años, en aumento conforme avanzaba la transición hacia la democracia. Las víctimas no eran atendidas de forma adecuada, o incluso no eran atendidas, y se producía lo que los especialistas llaman doble victimización.

2.- **El aumento de la conciencia colectiva, la compasión o la sensibilidad hacia las víctimas**: Se sitúa básicamente a mediados de la década de los 80 coincidiendo con los atentados indiscriminados de la banda ETA y con la percepción compartida de que el terrorismo es un mal que puede afectar a cualquiera, que todos somos objetivos potenciales del fanatismo violento que lo inspira, en el marco ya de una sociedad democrática muy consolidada.

3.- **La solidaridad con las víctimas**: Es el resultado de la constatación anterior y la respuesta normativa del Estado hacia las víctimas. Comienza a finales de los 80 y principios de los 90 con los primeros decretos de pensiones extraordinarias, cuyo corolario es la ley de solidaridad de 1999, aprobada por unanimidad en el Congreso y en el Senado.

4.- **El tiempo de los derechos de las víctimas**: Se corresponde con esta primera década del siglo XXI y muy especialmente con estos últimos años tras el atentado islamista de 11 de marzo de 2004. En este tiempo se crea la Fundación Víctimas del Terrorismo, la oficina de víctimas del Gobierno Vasco, el Alto Comisionado del Gobierno de España encarnado en uno de los padres de la Constitución, Gregorio Peces-Barba, la primera Dirección General a partir de 2006 en el Ministerio del Interior y los colectivos de víctimas, plurales y numerosos, adquieren una presencia pública constante y potente como nunca antes en su historia.

En suma:

I.- El modelo español de atención a las víctimas del terrorismo aparece estrechamente vinculado al sistema democrático. Aunque existe algún antecedente, las primeras respuestas normativas continuadas se impulsan en los albores de la década de los 80 del siglo pasado, a partir de 1979. Varias leyes y decretos leyes recorren esos años reconociendo ayudas económicas paras las víctimas y sus familias. Destacan asimismo las normativas de pensiones extraordinarias por terrorismo de 1987 y 1992 (para el régimen de clases pasivas) y de 1990, 92 y 94 (para el régimen de seguridad social). Estas pensiones hoy siguen siendo el soporte económico fundamental de los heridos por terrorismo y de las familias (viudas e hijos principalmente) de los fallecidos. Tiene carácter vitalicio, son compatibles con el trabajo, no tributan a Hacienda, se aseguran unos mínimos relevantes y se actualizan progresivamente.

II.- En 1996 y 1999 se promulgan respectivamente dos leyes vigentes hasta 2011. La primera, Ley 13/1996, de 30 de diciembre, de Medidas Fiscales y del Orden Social, recoge el régimen ordinario de indemnizaciones y la segunda, Ley 32/1999, de 8 de octubre, de Solidaridad con las víctimas del terrorismo, el régimen extraordinario y de reconocimiento. La ley 13/1996 sistematizaba y actualizaba para el futuro una primera indemnización vinculada a dicho régimen ordinario. La Ley 32/1999, aseguraba una nueva indemnización vinculada en su caso a la responsabilidad civil por el delito fijada en una sentencia penal, asegurando en todo caso que las víctimas del terrorismo percibieran las indemnizaciones a las que tenían derecho aún en el supuesto de que los victimarios no fueran detenidos o los condenados por terrorismo insolventes.

III.- A partir de 2004, el sistema se completa con un incremento del apoyo institucional y social a las víctimas del terrorismo que sin duda ha supuesto un salto cualitativo en su atención y reconocimiento. El corolario ha sido la aprobación en septiembre de 2011 de la Proposición de Ley de Reconocimiento y Apoyo Integral a las Víctimas del Terrorismo[24] que incrementa sensiblemente las indemnizaciones, tiene en sus beneficios carácter retroactivo, consagra el valor moral de la memoria de las víctimas, consolida su estatus en el proceso penal y asegura su atención integral.

Especificidad: En efecto, en España las víctimas del terrorismo tienen, frente a otras víctimas de delitos violentos, un trato diferenciado sobre todo en orden a la reparación. Dicho de otro modo, jurídicamente el legislador español no ha optado por una respuesta única, generalista y uniforme para todo tipo de víctimas de delitos violentos como sucede en otros países, como por ejemplo en Alemania. Así, en España, las víctimas del terrorismo tienen un tratamiento propio y distintivo, como lo tienen las víctimas de otros delitos violentos llamados comunes (asesinatos y violaciones), las de la dictadura franquista o las de la violencia de género, llamada también "terrorismo machista", no solo por el terror que

24 Desarrollada mediante Real Decreto 671/2013, de 6 de septiembre.

genera, ni por la intensidad del daño cuantitativamente superior hoy en España a la del terrorismo, sino por el fanatismo común de su autor. "Un hombre mata a su mujer y se suicida" suele ser la secuencia lógica de este modo de violencia durante tantos años oculta y hoy visible y presente en nuestra sociedad abierta y de derechos. La etimología del fanatismo es obviamente distinta pero no las consecuencias aunque la muerte no sea indiscriminada, sino, precisamente, discriminada y selectiva.

Naturalmente, esta opción del legislador de ofrecer respuestas diferentes e independientes tiene sus inconvenientes y también sus ventajas; de un lado, puede generar agravios comparativos no siempre justificables; pero, de otra, puede permitir respuestas normativas e institucionales adecuadas a las particularidades de cada grupo. Por ejemplo, las exigencias de memoria, como memoria histórica y pública, son propias de las víctimas de la dictadura y de las del terrorismo, pero seguramente no lo son de las de género o de los delitos violentos comunes, en donde el olvido juega un papel principal, sobre todo en orden a la recuperación psicológica de la víctima. La memoria aquí es, en todo caso, personal, familiar, privada, aunque a todos nos concierne y no es delito privado. En las víctimas del terrorismo y del franquismo, la memoria es fundamental en varios sentidos: como compromiso o toma de partido con los que han sufrido, por tanto como reparación moral y política, como Justicia con las víctimas, frente a la historia de lo que efectivamente sucedió que debe ser, de acuerdo con Todorov, científica, descriptiva y en ese sentido lo más neutral posible; la memoria también debe responder a la exigencia de no repetición: el recuerdo como vacuna contra la reincidencia, como lección de tolerancia y de respeto hacia el diferente, etc.

En particular, en relación con las víctimas del terrorismo, que son las que nos ocupan en este trabajo, otra particularidad define el modelo y es la aplicación generosa aunque no infinita, en relación con su reconocimiento, de la filosofía del *como si*, en buena medida por la *vis atractiva* que deriva de su mejor estatus. Porque víctimas del terrorismo son en España hoy las víctimas de ETA, las del *terrorismo yihadista* (11-M de 2004 y restaurante *El Descanso* de 1985), las de los Grapo, las de grupos de extrema derecha como la Triple A o el Batallón Vasco Español, de grupos parapoliciales como los GAL, pero también las del proceso de descolonización del antiguo Sáhara español o las producidas en Operaciones de Paz y Seguridad en el exterior. En suma: casi 1400 víctimas mortales y varios miles de heridos físicos y/o psicológicos. No son consideradas víctimas del terrorismo, sin embargo, las víctimas de la piratería en el Índico o las derivadas de acciones policiales en acto de servicio, que tienen también su respuesta específica de acuerdo con el Código penal y otras normas jurídicas.

Este carácter específico en el tratamiento de las víctimas del terrorismo frente a otras víctimas también se proyecta sobre el ámbito especial de reconocimiento. Así hoy en España, en particular tras la Ley de Reconocimiento y Apoyo Integral a las víctimas del terrorismo, no queda ninguna situación de victimización por terrorismo de septiembre de 2011 que no tenga respuesta en esos ámbitos. En la actualidad, no solo en relación con las víctimas que sufren atentados en España con independencia de su nacionalidad, sino con las que los sufren en el espacio de la UE de acuerdo con la Directiva de diciembre de 2004, o con las que son víctimas fuera de España por actos terroristas cometidos por *bandas españolas* (vg. ETA en el sur de Francia) o que se dirigen contra "intereses españoles" en el exterior, así como, desde la entrada en vigor de la nueva ley, cualquier español que en cualquier parte del mundo y con independencia de los motivos de su estancia o viaje (negocios, estudios, placer, residencia) sufra un acto terrorista, siempre que no respondan en el ámbito de la reparación ni los victimarios ni, subsidiariamente, el Estado donde se ha producido.

El mejor estatus de las víctimas del terrorismo frente a otras víctimas deriva también del reconocimiento en los últimos años y en especial con la Ley de 2011 de nuevos derechos sociales, de más apoyos en el ámbito psicológico, en el proceso penal, con programas de acompañamiento, visitas domiciliarias y atención especial a grandes heridos; también en el ámbito de la formación y el empleo, con la Escuela Taller, en el de la vivienda o triplicando las subvenciones a asociaciones y fundaciones desde 2005 respecto a la década anterior.

Pero seguramente el signo más relevante, en el ámbito de la reparación, de este tiempo de los derechos que define la situación de las víctimas del terrorismo hoy en España sea el programa de localización de víctimas implementado por el Ministerio del Interior a partir de 2006. Supondrá, cuando esté concluido, que ninguna víctima del terrorismo en España, identificada como tal en una sentencia firme, quede sin su compensación y, *a fortiori*, sin el reconocimiento y la atención que merece. El programa se crea en 2006, apoyado por la abogacía del Estado y la Audiencia Nacional. Hasta el 31 de diciembre de 2011 se habían estudiado 841 sentencias desde 1979, la mayoría del periodo 1995-2005, lo que ha supuesto identificar a 870 víctimas directas (heridos, viudas y huérfanos por terrorismo), el 85% de la banda terrorista ETA, que no habían sido informadas nunca de sus derechos por no estar personadas en las causas penales. A esa fecha, casi 300 de estas víctimas ya habían sido indemnizadas y atendidas, después de un proceso de localización muchas veces difícil y complejo. El coste final del programa, cuando se concluya, será de algo más de 4 millones de euros aunque lo más importante es que no quedará en España ninguna víctima por terrorismo sin reparar, ninguna persona que haya sufrido un acto terrorista definido como tal por la Audiencia Nacional sin la compensación y el apoyo establecido por una decisión judicial. Es, en suma, el mejor ejemplo de la proactividad de la Administración en materia de víctimas del terrorismo, en el marco de esta última etapa, expresión última de la *imprescriptibilidad* de los derechos de las víctimas hoy en España.

En el ámbito de la justicia y de la memoria, tampoco son escasas ni menores las novedades de los últimos años que refuerzan el estatus y la consideración de las víctimas del terrorismo en nuestro país. Desde la reforma del código penal de 2010 que consagra la imprescriptibilidad de los delitos de terrorismo más graves, a la aplicación sistemática de las penas accesorias de alejamiento desde 2005, pasando por la tipificación del "delito de humillación" a las víctimas o la mejora de su condición y de su papel en el proceso penal. No es menos importante en el mismo sentido la personación del Estado español, por primera vez, en una causa por terrorismo en el extranjero que afecta a españoles miembros de los cuerpos y fuerzas de seguridad del Estado (atentado contra dos guardias civiles en Capbretón –Francia–), el desbloqueo de las indemnizaciones para las víctimas cuando el terrorista condenado es solvente, o la atención personalizada y discreta para los amenazados en situación de necesidad, básicamente exconcejales del PSE-PSOE, del PP, pero también del PNV.

En suma, espero que entre todos consolidemos definitivamente este tiempo de los derechos de las víctimas que es una manera de expresar que son nuestras víctimas, personas inocentes que merecen nuestra solidaridad y que nunca merecieron el daño sufrido, tan irracional como injustificado. Y para esto es fundamental que nadie se apropie de su buen nombre y de su memoria y que aseguremos su pluralismo, signo de la democracia que representan, sin ulteriores calificativos, frente a la barbarie, la sin razón y el fanatismo.

BIBLIOGRAFÍA

A/RES/60/58, *Protección de los derechos humanos y las libertades fundamentales en la lucha contra el terrorismo*, de 16 de diciembre de 2005.

AVILÉS, J. (y otros), *El nacimiento del terrorismo en occidente: anarquía, nihilismo y violencia revolucionaria*, Siglo XXI, Madrid, 2008.

BENEGAS, J. Mª., *Diccionario de Terrorismo*, ed. Espasa, Madrid, 2004.

CARR, C., *Las lecciones del terror. Orígenes históricos del terrorismo internacional*, Ediciones B, Barcelona, 2002.

COETZEE, J. M., *Desgracia*, traducción de Miguel Martínez-Lage, Mondadori, Barcelona, 2009.

CROSTHWAITE, L. H., *Tijuana: crimen y olvido*, Tusquets editores, México, 2010.

ELORZA, A., "La estela del terror", en *El País*, 25 de agosto de 2011.

LAQUEUR, W., *Una historia del terrorismo*, Ed. Paidós, Barcelona, 2003.

PECES-BARBA, G., "Tránsito a la Modernidad y derechos fundamentales", en PECES-BARBA, G. (y otros), *Historia de los derechos fundamentales. Tomo I. Tránsito a la Modernidad. Siglos XVI y XVII*, Dykinson, Madrid, 1998.

RAMÓN CHORNET, C., *Terrorismo y respuesta de fuerza en el marco del Derecho Internacional*, Tirant lo Blanch, Valencia, 1992.

RODRÍGUEZ URIBES, J.M., "Sobre el terrorismo y sus victimas", *Derechos y Libertades*, nº 27, 2012, pp. 241-266.

RODRÍGUEZ URIBES, J.M., *Las victimas del terrorismo en España*, Dykinson, Madrid, 2013.

ROTH, P., *Pastoral Americana*, trad. de Jordi Fibla, Debolsillo, Barcelona, 2010.

SCIASCIA, L., *El caso Moro*, traducción de Juan Manuel Salmerón, Tusquets, Barcelona, 2010.

VACAS FERNÁNDEZ, F., *El terrorismo como crimen internacional. Definición, naturaleza y consecuencias jurídicas internacionales para las personas*, con prólogo de José M. Rodríguez Uribes, Valencia, 2011.

WALZER, M., *Terrorismo y guerra justa*, traducción de Tomás Fernández y Beatriz Eguibar, Katz editores, Madrid, 2008.

WELZER, H., *Guerras climáticas. Por qué mataremos (y nos matarán) en el siglo XXI*, trad. de Alejandra Obermeier, Katz Editores, Buenos Aires, 2010.

NORMATIVA BÁSICA SOBRE VÍCTIMAS DEL TERRORISMO EN ESPAÑA

NORMATIVA VIGENTE

Ley 29/2011, de reconocimiento y protección integral a las víctimas del terrorismo.

Real Decreto 671/2013, de 6 de diciembre, por el que aprueba el Reglamento de la Ley 29/2011, de 22 de septiembre, de Reconocimiento y Protección Integral a la víctimas del terrorismo

NORMATIVA HISTÓRICA

Normativa de Régimen Ordinario de Indemnizaciones

Ley 13/1996, de 30 de diciembre, de Medidas fiscales, administrativas y del orden social. (B.O.E 31/12/96).

Ley 26/2009, de 23 de diciembre, de Presupuestos Generales del Estado para el año 2010. (BOE num 309, de 24 de diciembre de 2009).

Real Decreto 288/2003, de 7 de marzo, por el que se aprueba el Reglamento de ayudas y resarcimientos a las víctimas de delitos de terrorismo. (B.O.E. 17/03/03).

Normativa de Régimen Extraordinario de Indemnizaciones_

Ley 32/1999, de 8 de octubre, de Solidaridad con las víctimas del terrorismo. (B.O.E. 9/10/99).

Ley 26/2009, de 23 de diciembre, de Presupuestos Generales del Estado para el año 2010. (BOE núm. 309, de 24 de diciembre de 2009).

Real Decreto 1912/1999, de 17 de diciembre por el que se aprueba el reglamento de ejecución de la Ley 32/1999, de 8 de octubre, de Solidaridad con las Víctimas del Terrorismo. (B.O.E. 22/12/99).

Normativa de Régimen Ordinario y Extraordinario de Indemnizaciones

Ley 26/2009, de 23 de diciembre, de Presupuestos Generales del Estado para el año 2010. (BOE núm. 309, de 24 de diciembre de 2009).

Real Decreto 199/2006, de 17 de febrero, por el que se modifica el Reglamento de ayudas a las víctimas de delitos violentos y contra la libertad sexual, aprobado por Real Decreto 738/1997, de 23 de mayo.

Reglamento de ejecución de la Ley 32/1999, de 8 de octubre, de solidaridad con las víctimas del terrorismo, aprobado por el Real Decreto 1912/1999, de 17 de diciembre, y el Reglamento de ayudas y resarcimientos a las víctimas de delitos de terrorismo, aprobado por Real Decreto 288/2003, de 7 de marzo.

Baremos de Valoración de Lesiones Permanentes No Invalidantes

Cuantías de las indemnizaciones por baremo de las lesiones, mutilaciones y deformidades de carácter definitivo y no invalidante, causadas por accidentes de trabajo y enfermedades profesionales de la seguridad social.

Clasificación y Valoración de Secuelas

Sistema para la valoración de los daños y perjuicios causados a las personas en accidentes de circulación) del Anexo al Real Decreto-Legislativo 8/2004, de 29 de octubre, por el que se aprueba el texto refundido de la Ley de responsabilidad civil y seguro en la circulación de vehículos a motor (B.O.E. de 5 de noviembre de 2004).

Resolución de 22 de febrero de 1999, de la Dirección General de Seguros, por la que se da publicidad a las cuantías de las indemnizaciones por muerte, lesiones permanentes e incapacidad temporal que resultarán de aplicar durante 1999 el sistema para valoración de los daños y perjuicios causados a las personas en accidentes de circulación. (BOE n. 55 de 5/3/1999).

Normativa sobre Organización

Real Decreto 553/2004, de 17 de abril, por el que se reestructuran los departamentos ministeriales.

Real Decreto 1599/2004, de 2 de julio, por el que se desarrolla la estructura orgánica básica del Ministerio del Interior.

Real Decreto 2317/2004, de 17 de diciembre, por el que se crea el Alto Comisionado de Apoyo a las Víctimas del Terrorismo.

Real Decreto 1571/2007, de 30 de noviembre, por el que se desarrolla la estructura orgánica básica del Ministerio del Interior.

Órden Int/2662/2004, de 29 de julio, por la que se regulan los ficheros de datos de carácter personal relativos a afectados por atentados terroristas cuya gestión corresponde al Ministerio del Interior.

LA ESTRATEGIA GLOBAL DE NACIONES UNIDAS EN LA LUCHA CONTRA EL TERRORISMO

JULIO HERRÁIZ ESPAÑA
Subdirector General de Asuntos Internacionales de Terrorismo
Ministerio de Asuntos Exteriores y Cooperación

Agradezco mucho a la Universidad Carlos III y al Instituto de Derechos Humanos "Bartolomé de las Casas" por habernos invitado aquí esta mañana para tratar un tema global tan candente como es el terrorismo. Debo confesar que su encaje conceptual no resulta del todo fácil en el marco específico de un seminario sobre justicia transicional y grupos vulnerables, aunque sólo sea porque, muchas veces, nos encontramos con hechos terroristas que pueden confundirse con conflictos armados, bajo el manto de una cierta nebulosa jurídica y política.

El terrorismo en todo caso es un crimen que hay que tratar desde el punto de vista del derecho penal, y enmarcarlo en un contexto de persecución y de cooperación internacional acorde con esta naturaleza.

El derecho que regula los conflictos armados, que es el Derecho Internacional Humanitario, prohíbe expresamente los actos de terrorismo, pero en realidad nosotros contemplamos la lucha contra este fenómeno en tiempo de paz. Por tanto, no como un crimen de guerra (lo que, sin embargo, podría resultar siempre también posible, llegado el caso), sino como un crimen que habrá que perseguir a través de los sistemas ordinarios de justicia penal.

El problema es complejo, porque la comunidad internacional lleva más de diez años en un debate existencial sobre el concepto de terrorismo en el seno de la Comisión de Asuntos Legales de la Asamblea General de

Naciones Unidas para llegar a un consenso sobre un Convenio general contra el terrorismo.

Los países de la Organización de la Conferencia Islámica siguen insistiendo que las acciones de los "luchadores por la libertad" de los movimientos de libre autodeterminación no incurren en terrorismo. Tampoco es pacífica la definición de terrorismo cometido por fuerzas armadas en el ejercicio de un conflicto armado o en tiempo de paz, o el terrorismo de estado. Se mantienen en todo caso las reuniones semestrales en Nueva York para intentar avanzar en este Convenio, cuyo retraso sigue revelando las discrepancias existentes.

En todo caso, el terrorismo es un fenómeno y, como tal fenómeno, no puede ser objetivo de un conflicto armado generalizado contra él. La famosa "guerra contra el terror", es decir, establecer un conflicto armado permanente frente al terrorismo, lleva siempre a peligrosas y equívocas consecuencias. Lo que sí puede ocurrir a veces es que acciones diseñadas en la lucha contra el terrorismo se conviertan en conflictos armados estables, como en Afganistán, que, como tales, deberán ser regulados por el Derecho Internacional Humanitario de las Convenciones de Ginebra.

En todo caso el proyecto de artículo 2 del Convenio general que se está negociando desde hace más de diez años propone un concepto de terrorismo sobre las acciones que producen muerte o lesiones graves, o graves daños materiales, realizados para intimidar o crear un estado de terror en una población, o bien obligar a un estado o a una organización internacional a hacer o no hacer algo. Se incluye el componente político de forzar una acción con finalidad política, aunque es evidente también que nunca podremos considerar al delito de terrorismo como un delito político en su habitual condición de exento de la obligación de extradición en los convenios internacionales.

Otras definiciones parciales o "sectoriales" de terrorismo, pero que nos permiten una fiel y casi completa aproximación jurídica si las consideramos todas acumuladas en su conjunto, son las que nos brindan los 18 Convenios internacionales que definen múltiples tipos penales concretos de terrorismo. Esperamos que el Convenio global nos permita consolidar una categoría general y definitiva, con el consiguiente gran valor político de consenso de la comunidad internacional que ello implicará.

Afortunadamente, y de momento, disponemos de un consenso político universal no menos importante, que logramos obtener –por cierto, con un notable protagonismo diplomático de España en el proceso de negociaciones– mediante la Estrategia Global de Naciones Unidas contra el terrorismo de 2006, que ordena por primera vez, de manera integral y coherente, la necesidad de medidas nacionales y de cooperación internacional contra este flagelo.

La Estrategia de 2006, que vamos a repasar mientras incluyo algunas ilustraciones conexas, y comentarios y propuestas más personales, nos ofrece cuatro pilares de actuación:

1) En primer lugar señala la necesidad de neutralizar las condiciones que facilitan la expansión del terrorismo. Esto nos podría llevar a un debate peligroso, que sería el de aceptar "causas profundas" que justificarían o legitimarían el terrorismo, pero la Estrategia deja claro que no hay justificación posible para esta lacra. Existen condiciones, como dice su versión inglesa, "conducive to", es decir, conducentes a esa expansión, como los conflictos no resueltos, el choque de culturas o civilizaciones, la pobreza, exclusiones y marginaciones diversas, el paro juvenil, y la falta de "buen gobierno" en general, o la falta de respeto a los derechos humanos y al estado de derecho. No se tratan como "causas" que "justifiquen" al terrorismo, sino como creadoras de una atmósfera favorable para su fomento.

Es muy interesante también comprobar que es precisamente en este apartado cuando la Estrategia habla de la "deshumanización" de las víctimas del terrorismo como factor de expansión del terrorismo, es decir, el terrorismo se vale de la banalización de la vida humana para poder legitimarse y justificarse. De ahí la importancia de proteger a las víctimas (estaremos "recordando" que el terrorismo es cruel y absolutamente ilegítimo), además, por supuesto, de que debamos protegerlas por un imperativo elemental de justicia, de reparación y de sentido común.

Nos planteamos una pregunta sencilla, pero de muy difícil respuesta: ¿por qué nos odian?, ¿cuál es la razón última por la que la violencia terrorista puede manifestarse de modo tan abominable y tan gratuito frente a otras alternativas civilizadas de discrepancia? Existen teorías que van perfilando una cierta aproximación técnica en la lucha contra el extremismo violento, pero debemos seguir reflexionando y aprendiendo mucho más sobre los procesos de radicalización, las acciones de los "lobos solitarios", las situaciones de exclusión, el poder de reclutamiento en Internet, etc.

Hemos de saber contar con la sociedad civil y las comunidades locales. Nos hemos planteado la debida formación de los líderes religiosos, aunque no solamente dedicada a la formación de imanes islámicos. Hay que evitar identificar al terrorismo con una religión concreta, porque es un fenómeno que adopta variadas formas y manifestaciones. El verdadero Islam, y el verdadero cristianismo, son religiones de paz y tolerancia. Por otro lado, podríamos recordar la existencia de líderes religiosos cristianos, algunos por ejemplo bien conocidos en Estados Unidos que han recomendado la quema de Coranes y que sin duda serían buenos candidatos para una formación que permitiera moderar sus doctrinas extremistas.

Debemos mejorar las técnicas contra la radicalización en las prisiones, el apoyo a entidades "moderadas y moderadoras" de la sociedad civil, el fomento del asociacionismo juvenil, y la "utilización" de terroristas arrepentidos como medio de transmisión de las "contra-narrativas" del terrorismo.

Sobre las soluciones para las condiciones que fomentan el terrorismo, podemos señalar medidas como la integración de minorías de ciertas comunidades en ámbitos occidentales, las diásporas concentradas en barrios o en zonas marginales, el intercambio educativo a través de contactos de grupos, el fomento de la tolerancia de los textos escolares, y en general todo lo que nos aporta la Alianza de Civilizaciones, iniciativa de Naciones Unidas muchas veces muy mal comprendida, porque es un proyecto al que se le exige mucho y que no siempre está en condiciones de aportar resultados visibles e inmediatos, pero que dispone de unos principios políticos de fomento del diálogo, la tolerancia y el pluralismo que son intachables, con cuatro vertientes en juventud, educación, migraciones y medios de comunicación. Antes que criticar el fondo de los objetivos de la Alianza, lo que hay que hacer es que sea eficaz con la cooperación constructiva de todos.

Existen técnicas que van apareciendo en el ámbito europeo, como por ejemplo el denominado "control de policía comunitaria", donde la policía y las comunidades de base, los vecinos, el ciudadano de a pie, a través de una interacción constructiva de comunicación, pueden conocer los elementos que se van marginando del sistema y que pueden ir creando células progresivamente radicalizadas, con una colaboración mutua y de confianza entre ciudadanos y poderes públicos.

Debemos explorar nuevas técnicas de diplomacia pública que nos permitan por ejemplo difundir en el mundo, con la adecuada eficacia mediática, que Occidente mantiene una generosa cooperación al desarrollo, tantas veces ignorada, que disponemos de unos sistemas democráticos que funcionan adecuadamente como medio de convivencia, y que pretendemos genuinamente la solución pacífica de conflictos. Que creemos en el poder transformador del diálogo, y que nuestro proyecto democrático y de derechos humanos merece la pena.

Hay que aprender a desprestigiar el terrorismo y disolver la imagen a veces romántica o carismática del terrorista como "guerrillero". Hay que conocer el desafío de Internet, que es un arma y un enemigo al mismo tiempo, porque es una herramienta de radicalización y de coordinación de los terroristas, pero también es sin duda un buen medio para difundir mensajes contra el terrorismo. Esta es una ciencia en constante evolución, y casi en tiempo real estamos intentando descubrir y aplicar ahora mismo las mejores técnicas en este campo.

2) El segundo pilar de la Estrategia de Naciones Unidas se dedica a las medidas más "materiales" de prevención y lucha contra los actos terroristas.

En primer lugar hay que aplicar el principio general de justicia penal, es decir, extraditar o procesar al terrorista, idealmente mediante una asistencia judicial mutua a través de convenios internacionales, bilaterales o multilaterales.

En septiembre de 2001, pocos días después de los atentados del 11-S, el Consejo de Seguridad aprobó la Resolución 1373, que desde entonces enumera los principales campos policiales y judiciales de acción para luchar contra el terrorismo.

Se ha establecido asimismo el Grupo de Acción Financiera (GAFI), que ha creado recomendaciones especiales para controlar cuentas de bancos, transferencias irregulares o sospechosas de dinero y medios de lucha contra la financiación del terrorismo, con un sistema de evaluación mutua de los estados sobre el grado de cumplimiento que alcanzan sobre estas obligaciones.

Se incluye la lucha contra el uso por terroristas de armas químicas, biológicas, radiológicas o nucleares, para lo que contamos con la resolución 1540 del Consejo de Seguridad.

Otro Comité específico del Consejo de Seguridad de Naciones Unidas se dedica al control de la financiación de Al Qaida y los talibanes a través de un sistema de listados y sanciones que en todo caso hay que armonizar con el derecho a la protección judicial efectiva, lo que nos remite a un debate permanente sobre las garantías procesales y la lucha contra el terrorismo en relación con la protección de datos, la presunción de inocencia, etc.

Sabemos que en algunos países la cooperación entre cuerpos de policía, seguridad e inteligencia a veces está sometida a dificultades burocráticas de coordinación, cuando no a algunas disfunciones de celos o corporativismo. Muchas veces vemos en el mundo que hay más confianza entre cuerpos de seguridad que son "del mismo equipo" entre dos países diferentes, que dentro de dos cuerpos diferentes dentro del mismo país.

El componente político y de confianza de la cooperación, aunque lógicamente no esté reglamentado en la letra de los tratados internacionales, resulta esencial en la lucha contra el terrorismo. En la Unión Europea por ejemplo, y aunque contamos con algunos órganos comunes de análisis de amenazas, la cooperación de los servicios de inteligencia está en manos de los estados y sólo consta como una intención programática en los textos. Si ello ocurre en una Organización que es un modelo de integración, podemos imaginar lo importante que resulta en otros ámbitos menos avanzados el disponer de confianza política para estos fines.

La persecución jurídica del terrorismo en el Tribunal Penal Internacional no es posible porque el Estatuto de Roma no lo incluye como delito específico incluido en su mandato, aunque sí podría incorporarse si lo consideramos en casos de grandes atentados como un delito de lesa humanidad, que el Tribunal sí conoce, además de los delitos de guerra y genocidio. Habría un largo debate jurídico que establecer sobre esta cuestión, que me limito aquí a citar y dejar encima de la mesa.

Las cuestiones de investigación y desarrollo tecnológico son importantes, porque los terroristas están sofisticando permanentemente sus técnicas para superar nuestros medios de lucha. Debemos mejorar la detección y el control de explosivos, la protección del transporte terrestre, marítimo y aéreo, los escáneres, la protección de eventos masivos, de nuestros sistemas cibernéticos e infraestructuras estratégicas básicas. La reciente amenaza desde Yemen en aviones portando explosivos camuflados en cartuchos de tinta de impresoras nos acaba de recordar de nuevo que el desafío tecnológico es de gran envergadura.

3) El tercer pilar de la Estrategia solicita reforzar las capacidades de los estados y el papel de Naciones Unidas.

Antes señalábamos la Resolución 1373 del Consejo de Seguridad, que se crea en septiembre de 2001, y cuya aplicación por los estados está asistida por un Comité especial, el Comité contra el Terrorismo, cuya Dirección Ejecutiva (CTED) dedica visitas específicas de asistencia técnica para crear recomendaciones en estados débiles o más vulnerables.

Propone proyectos que ejecutarán tanto los estados donantes de forma bilateral, como las propias Naciones Unidas con sus propias entidades.

El órgano encargado de ayudar a los estados a aplicar la Estrategia global de las Naciones Unidas es un "Equipo de aplicación" específico (el denominado CTITF), que dispone de grupos de trabajo dedicados a la lucha contra el terrorismo en Internet, el control de fronteras, las víctimas, la financiación, el terrorismo nuclear, biológico, químico y bacteriológico, la prevención de conflictos y el respeto a los derechos humanos. El Equipo coordina a 31 entidades de las Naciones Unidas vinculadas de una u otra manera, según sus distintas y variadas competencias, en la lucha contra el terrorismo. Se plantea por tanto el gran desafío de racionalizar y estructurar los esfuerzos de todas ellas y de los estados miembros de una manera coherente, coordinada y complementaria, que son las tres "C" que hemos identificado como condiciones para una lucha eficaz.

Lo cierto es que, inevitablemente, seguimos descubriendo lagunas y duplicaciones de acción en muchas intervenciones. Hemos de procurar un resultado final integral, objetivo que persigue Naciones Unidas y el Equipo de aplicación de la Estrategia con una interesante iniciativa especial denominada "Acción Integral" contra el terrorismo (I-ACT), por el momento en dos países piloto como Nigeria y Burkina Faso, y que esperamos pueda extenderse a otros ámbitos.

No voy a enumerar la larga lista de organismos de Naciones Unidas y de organizaciones internacionales implicados en esta materia, pero no querría dejar de destacar a la Oficina de las Naciones Unidas contra la Droga y el Delito (ONUDD) en una serie que abarcaría desde el Consejo de Europa y la Unión Europea, hasta la Unión Africana, la OSCE, ASEAN, OEA, CEI y la OTAN, entre otras.

4) El cuarto y último pilar de la Estrategia incide en la necesidad de respetar los derechos humanos y el estado de derecho en la lucha contra el terrorismo.

La lucha contra el terrorismo y el respeto a esos principios no son contradictorios, sino que se complementan y refuerzan mutuamente. Hay que respetar las reglas, porque, de lo contrario, además de traicionar nuestros principios democráticos más básicos, estaríamos fomentando, como reacción, el terrorismo, la radicalización y el reclutamiento. Existe el peligro, la tentación y la trampa de creer que una acción eficiente contra el terrorismo requiere de algunos "atajos", pero no debemos incurrir en este grave error. Si ha habido algún factor que ha favorecido con especial énfasis la radicalización y reclutamiento en los últimos años, han sido, por ejemplo, y entre otras, las imágenes que han dado la vuelta al mundo de conocidos establecimientos penitenciarios en determinados países. Y no podemos atentar contra nuestra propia sustancia civilizada basada en el estado de derecho, fundamento último de nuestra superioridad frente a los terroristas.

Quisiera también referirme brevemente a la Estrategia de la Unión Europea de 2005 contra el terrorismo, donde se establecen cuatro conceptos de acción.

1) Prevención del reclutamiento y la radicalización y otras condiciones generales.

2) Protección, con medios de control como el sistema de visados de Schengen, sistemas de información y de control de fronteras.

3) Persecución, mediante equipos conjuntos de investigación y la Orden Europea de Detención, que sustituye de alguna manera a la extradición, sobre la que el Consejo de Europa había sido pionero con el Convenio de 1957. La cooperación policial, judicial y de fronteras exteriores se realiza con instituciones eficaces y sofisticadas como Europol, Eurojust y Frontex, modelos de acción sin duda para otros ámbitos mundiales.

4) Y en cuarto lugar, la capacidad de reacción tras un ataque terrorista. Hay que establecer estrategias para categorías potencialmente muy peligrosas, como un ataque químico, radiológico, nuclear o bacteriológico, para lo que vamos perfilando respuestas europeas basadas en el principio de solidaridad del artículo 222 del Tratado de la Unión Europea.

En relaciones exteriores, la Unión Europea mantiene acciones especiales con Estados Unidos a través de acuerdos para el respeto de los derechos humanos, la seguridad aérea y el control de la financiación del terrorismo. Estamos negociando un sistema para intercambiar los nombres de los pasajeros de los viajes aéreos, para lo que la protección de datos resulta muy importante. La Unión Europea también proyecta su cooperación en zonas sensibles como Yemen, Afganistán y Pakistán, el Sudeste Asiático, Asia Central y el Sahel.

Acabamos de diseñar una estrategia de la Unión Europea particularmente adecuada para el Sahel a través de una acción integrada de lucha contra el terrorismo que incluye seguridad y desarrollo. Es una estrategia de inversiones, de programas económicos y sociales, de empleo juvenil, de creación de capacidades para la sociedad, además de apoyar los sectores de justicia y de seguridad. Queremos ayudar a desarrollar por ejemplo el Norte de Mali, donde la administración del Estado está apenas presente en enormes extensiones de desierto, y donde los terroristas pretenden encontrar refugio seguro.

Cabe señalar que el terrorismo en el Sahel está en manos de una de las franquicias de Al Qaida como es AQMI, Al Qaida en el Magreb Islámico, y tiene lugar en una región que no alberga una población particularmente radicalizada en términos yihadistas. El Islam del Sahel es de tradición sufí, moderada y en absoluto proclive al integrismo violento. Sin embargo, observamos en la zona una creciente influencia de conexiones complejas con tráficos ilícitos de armas, drogas, personas y vehículos, de modo que el terrorismo en la zona, que incluye como sabemos secuestros de ciudadanos occidentales, ha de ser acometido desde una perspectiva que abarque la totalidad de estos fenómenos.

Finalmente, querría mencionar otra vez a las víctimas del terrorismo, porque, aunque no sería posible mejorar la brillante exposición de José Manuel Rodríguez Uribes que acabamos de escuchar sobre ese tema, sí querría incidir de nuevo en el hecho de que las víctimas del terrorismo pueden ser un eficaz instrumento de lucha contra el terrorismo. La deslegitimación de los terroristas que se deriva de la difusión de su sufrimiento y sus testimonios tiene que saber proyectarse adecuadamente en campañas nacionales e internacionales de concienciación social. La humanización de la víctima debe ser el mejor mensaje ante el mundo contra este crimen injustificable.

Queremos introducir en el plano internacional el punto de vista de los derechos humanos de la víctima, y hemos iniciado ese proceso en el Consejo de Derechos Humanos de Ginebra, donde estamos procurando poco a poco que se tenga en cuenta la protección y asistencia de la víctima como una obligación del estado en el marco de la protección básica debida a los derechos humanos de los ciudadanos. El asunto no es sencillo, porque el régimen jurídico internacional de los derechos humanos sólo prevé a los estados como sujetos activos de la violación, mientras que el terrorismo es cometido normalmente por elementos o grupos no estatales.

Queremos también introducir a las víctimas en el mandato del Relator Especial de Naciones Unidas que vigila el comportamiento de los estados en la protección de los derechos humanos en la lucha contra el terrorismo. Nos gustaría mucho que algún día, ese Relator, en el catálogo de objetivos de su vigilancia, fiscalice también cómo los estados cumplen sus obligaciones de asistencia, protección, reconocimiento, memoria, justicia etc., que tienen con las víctimas del terrorismo. Hoy existe una asimetría poco comprensible, porque sólo se vigila el comportamiento de los estados con los terroristas, aspecto ciertamente imprescindible, pero también sin duda incompleto porque falta la otra parte de esa trágica ecuación.

No tenemos tiempo para describir casos geográficos más específicos de este fenómeno tan complejo como es el terrorismo, porque se manifiesta de forma muy diferente en zonas del mundo con características propias, pero quizás en el debate podamos matizar más cosas.

ESTRATEGIA CONTRA-TERRORISTA Y MINORÍAS RELIGOSAS

JAVIER DE LUCAS MARTÍN
Universitat de València

INTRODUCCIÓN

Una razón de elemental cortesía obliga a reconocer que, no siendo mi especialidad los estudios de terrorismo, debo abordar la cuestión propuesta desde otra perspectiva que podrá quizá considerarse tangencial. Se trata de la experiencia en el estudio de problemas relacionados con la gestión de la diversidad cultural y también la repercusión de esa gestión en políticas públicas, en primer lugar en el ámbito de la gestión más concreta de la inmigración. El objeto de mi contribución será, por tanto, la relación entre las políticas o las medidas contraterroristas y un tipo particular de grupos vulnerables, las minorías religiosas. Sin embargo, creo necesario puntualizar de inmediato que, por mucho que se trata de la visión dominante en nuestro contexto[1], sería reductivo limitarse a discutir

---

[1] Y resulta aún más inevitable hacerlo hoy, cuando estamos todos aún bajo el shock de la operación de las fuerzas especiales de los EEUU que ha terminado en ejecución de Ben Laden y que, pese a la retórica eficaz del presidente Obama *–justice been done–*, ha negado la promesa de Bush: capturarlo y ponerlo a disposición de la justicia. Es curiosa la imporesión de déjà vu. Una impresión que viene de la ficción, porque ya habíamos visto esta operación en dos episodios formidables de la conocida serie *The West Wing* (*El ala oeste de la Casa Blanca*), en los que el *presidente Bartlet* afrontaba un supuesto similar. También, por supuesto de una forma mucho más maniquea y *pro domo sua*, a lo largo de la trama de otra serie protagonizada por un moderno héroe norteamericano, el espía Jack Bauer, de *24 horas* o *24 horas Crono*. Ambos dos personajes han sido invocados a propósito de lo que acabamos de vivir. Es fácil hacer demagogia. No lo pretendo. Pero lo cierto es que no "se ha hecho justicia". No ignoro que la opción de llevar a Ben Laden ante los tribunales

cómo se puede realizar una política contraterrorista frente al terrorismo de inspiración fundamentalista religiosa, se tome cualquiera de los grupos religiosos que actúan desde semejante inspiración, pues, como resulta conocido, este nexo no es patrimonio exclusivo del islam salafista o wahabita. Junto a ese punto de vista, es necesario también tener en cuenta el efecto de estigmatización o, más claramente, de criminalización, que ha producido en relación con determinadas minorías religiosas la estrategia de "guerra contra el terror" surgida como respuesta frente a los ataques de 11 de septiembre de 20011 y de los posteriores en Madrid, Londres o Bali. Y no menos importante es considerar cómo esa estrategia contraterrorista proporciona una coartada para políticas abiertamente contrarias a los derechos humanos de esos grupos (de sus individuos), en aras de la razón de Estado y sobre todo bajo el impulso de gobiernos de escasa calidad democrática en países como Egipto o Siria, Iraq o Arabia Saudí, pero también en la Federación Rusa, en Pakistán, incluso en India, etc.

En definitiva, es preciso tener en cuenta también la perspectiva de los fundamentalismos como *pretexto* (más que como objetivo) en la política antiterrorista, sobre todo cuando hablamos de Estados no democráticos y/o de Estados confesionales (también Israel), que entienden toda disidencia visible (como la que encarnan los grupos caracterizados por marcadores primarios de identidad: naciones sin estado, raza, lengua, también la religión) como el más grave riesgo de atentado a la unidad y homogeneidad del Estado, bajo la coartada demagógica del apoyo de la mayoría, del respaldo de la cohesión e identidad mayoritaria, invocado desde países islámicos no democráticos, pero también desde países no islámicos (India, América Latina y Central vs teología de la liberación y grupos cristianos evangelistas, China, etc)[2]. Es el viejo recurso al discurso

---

comportaba riesgos, pero lo que aconseja el pragmatismo tiene poco que ver con el respeto a las exigencias básicas del Estado de Derecho que, al fin y al cabo, es lo que nos diferencia en la lucha con los terroristas. Sé que es muy fácil decir desde una tribuna académica que lo que hay que hacer es actuar conforme a Derecho. Pero es lo que debemos sostener, por más difícil que sea mantener la defensa de la legalidad en la lucha contra el terrorismo.

2 Ello sin negar que el fanatismo religioso tiene una deriva asesina casi inevitable: por ejemplo, en Pakistán, hemos asistido a casos como los del ministro pakistaní Shabbaz Bhattin asesinado en marzo de 2011, o del gobernador de Punjab Salman Tasir asesinado en enero de 2011 o la persecución de la campesina cristiana Asia Bibi… Del mismo modo, las leyes antiblasfemia, las leyes de registro religioso para obtener documentación de identidad (en Egipto y Azerbaiyan, pero también en Serbia), la imposición de la moral de la sharia por ley, etc, son en definitiva, las reacciones típicas de los <terrorismos de Estado>, avaladas por el imperativo de la razón de Estado y con la complicidad de Occidente, que ve imprescindible

del miedo, a la estrategia del "pánico moral", un proceso de referencia a temores más definidos, dramatizados, simplificados, apoyados en medias verdades y falsedades estadísticas y agitados mediante los medios de los que disponen los nuevos agitadores morales, en una estrategia demagógica que acelera la ostentación del agresor externo (o interno) para lograr "integración", como ha explicado el clásico Jean Delumeau[3]. En suma, las minorías religiosas se ven hoy atrapadas entre la mala reputación de las sectas[4] y la obsesión por el "peligro islamista", sobre todo tras el 11-S.

Por otra parte, no se deben olvidar las lecciones de Tocqueville, Mill, Durkheim y Weber sobre la caracterización de la modernidad por procesos de diferenciación combinados con la racionalidad. El Estado nacional, como explicó entre otros Giddens[5], es una moderna máquina centralizadora capaz de albergar la diversidad religiosa (incluso la extrema: religión a la carta, New Age...) gracias a su capacidad de incrementar el control mediante la racionalización y la burocracia. Todo ello nos obliga a examinar la conexión entre fundamentalismo religioso y violencia terrorista desde los dos ángulos.

Dividiré mi exposición en tres apartados: en el primero trataré de recordar que la vinculación entre fundamentalismo religioso y terrorismo no es una novedad contemporánea sino que, por el contrario, remite a precedentes que, por cierto, no hunden sus raíces en determinadas interpretaciones del Corán, sino en el cristianismo, por no remontarse a otros antecedentes en el mundo clásico. Por eso, me referiré a los orígenes de la tradición de la violencia sagrada en la cultura judeocristiana.

En segundo término, como ya he evocado, recordaré las consecuencias, al menos algunas consecuencias, de la estrategia de guerra contra el terrorismo sobre el estatuto actual y sobre la situación de las minorías religiosas, para lo que me basaré en el *Informe sobre el estado mundial*

---

esa labor de gendarmes que llevan a cabo dichos regímenes ahí donde se incuba la amenaza terrorista, es decir, *in partibus infidelium*, si se me permite el retruécano.

3 Cfr. DELAMEAU, J., *La Peur en Occident, XIVe-XVIIIe Siècles*, Fayard, Paris, 1978 (hay traducción castellana, *El miedo en occidente*, Madrid, Taurus, 2002; reedición en 2012) y *Le Péché et la Peur. La Culpabilisation en Occident (XIIIe-XVIIIe Siècles)*, Fayard, Paris, 1983.

4 No ignoro la difícil delimitación entre iglesias, religiones y sectas, que depende de la legislación de cada país: por ejemplo la condición de iglesia o secta de la denominada "Iglesia de la cienciología", cambia de Francia a España.

5 GIDDENS, A., *Nation, State and Violence*, University of California Press, Berkeley, 1985.

de las minorías y de los pueblos indígenas, que cada año edita la ONG *Minority Rights Group International*[6], que, como señala su director Mark Lattimer en su edición de 2010, advierte de estos problemas y de sus consecuencias: muchas comunidades que han sufrido discriminación racial durante siglos sufren ahora discriminación religiosa, pues la intolerancia religiosa es hoy la nueva cara del racismo y la xenofobia. Ello se acrecienta como consecuencia de la estrategia contra el terror, por ejemplo en Iraq, en Pakistán o en India (atentado de Mumbay de 2008), incluso con un efecto rebote. Las medidas antiterroristas incluyen crecientemente el "perfil religioso": es una presunción que ha criminalizado a los que profesan versiones radicales (puristas, que no extremistas, fundamentalistas) del Islam. Porque conviene precisar que la ortodoxia, el purismo, no necesariamente degenera en lo que recordaré como violencia sagrada, como nos enseña la experiencia de otras confesiones: judaísmo y cristianismo, pero también hinduismo.

En ese contexto, me referiré a la construcción contemporánea del fobotipo del terrorista vinculado a la condición de fiel de una minoría religiosa, una construcción que ha llevado a cabo con enorme eficacia la industria cinematográfica (en sentido amplio: cine y televisión) de Hollywood. No lo considero una cuestión menor. Al contrario, me parece muy relevante porque explica cómo se construye el imaginario colectivo sobre el vínculo entre políticas antiterroristas y amenazas que provienen de grupos minoritarios religiosos. Por eso voy a referirme sí al cine y a la televisión, y también a los videojuegos. Los medios como el cine y televisión no son solo industria de entretenimiento, no son solo un formidable negocio, sino también vehículos de mensajes, son representaciones sobre la lucha antiterrorista frente a lo que podríamos llamar el terrorismo de origen religioso, que se quiere vincular a los grupos religiosos que son minoritarios, no a las grandes religiones.

Finalmente, terminaré con una modesta contribución propositiva, con una referencia a dos principios de justicia que me parecen importantes en el debate sobre medidas contraterroristas y diversidad religiosa o minorías religiosas.

6 Cfr. *Minority Rights Group International:* http://www.minorityrights.org/. En ese website pueden consultarse periódicamente *State of the World Minorities*, en http://www.minorityrights.org/990/state-of-the-worlds-minorities/state-of-the-worlds-minorities.html

I. FUNDAMENTALISMO RELIGIOSO Y TERRORISMO: LA VIOLENCIA *SAGRADA*

Quisiera recordar algunas observaciones sobre el origen del vínculo entre fanatismo o fundamentalismo religioso y terrorismo, que permite hablar de <violencia sagrada>, aunque me gustaría resaltar que, en mi opinión, no es sólo el fanatismo religioso el que dispara esta espiral de violencia que abrazan algunos individuos pertenecientes a minorías religiosas. Tan importante o más –como advirtiera claramente Frantz Fanon[7]–, es la respuesta violenta escogida por los humillados y ofendidos, los desamparados de la tierra, las víctimas de la globalización, que no encuentran reconocimiento, respeto, ni redistribución más que en las comunidades religiosas, sean *umma*, sinagoga, iglesia o secta.

Es un error común el pensar que el vínculo entre fundamentalismo religioso y violencia política, o, dicho de otro modo, la violencia sagrada como fuente de estrategia y amenaza terrorista, esté vinculada exclusivamente al ámbito contemporáneo. Nada más lejos de lo cierto. Es una tradición que recorre prácticamente toda la historia de la humanidad y que cruza –más que religiones– concepciones religiosas muy distintas, entre las cuales se encuentra el cristianismo. Sin perjuicio de otros antecedentes remotos, que nos llevan a los sicarios, los *thoungs*, los *hassasins* –vinculados a la leyenda del "viejo de la montaña"– e incluso el propio Jesús, que sufre esa acusación, quizá el vínculo más interesante se halle en las teorías milenaristas vinculadas al *joaquinismo*[8], es decir, la doctrina que se atribuye a Joaquín de Fiore –teoría de los ciclos de la historia, nostalgia del futuro prometedor, de ese paraíso que ha de llegar con el advenimiento del reino de los espirituales, los pequeños, los *fraticelli*– y que influye en

---

[7] FANON, F., *Les damnés de la terre*, François Maspero, París, 1961(hay traducción española, *Los condenados de la tierra*, Fondo de cultura Económica, México, 1983).

[8] Se trata de una versión de la teoría de ciclos en la historia y de una interpretación del texto del Apocalipsis sobre el advenimiento del Mesías redentor y el fin de los tiempos, ligado al "reino de los espirituales", los *pequeños*, los *fraticelli.* El título de la obra es *Concordia Veteris* et *novi testamenti* y resume la historia en un ciclo de ciclos, de tres épocas, la del padre, la del hijo y la del espíritu santo. Tres épocas que tienen tres principios de justicia a los que corresponden tres lógicas históricas y que desde un tiempo de felicidad perdido, el paraíso perdido, el comienzo de esa primera época, deben conducir a través de una lucha y de un periodo de sufrimiento a la restauración de una sociedad ideal. Sobre la influencia de Joaquín de Fiore, cfr. DE LUBAC, H., *La posteridad espiritual de Joaquin de Fiore*, Encuentro, Madrid, 1989.

personajes como Savonarola (siglo XIII), Thomas Müntzer (siglo XVI), o los milenaristas ingleses siglo (XVII). En esa concepción de Joaquín di Fiore hay algunos elementos paradójicamente coincidentes con manifestaciones o concepciones de violencia sagrada que están detrás hoy de los grupos salafistas, de la versión wahabita del Islam.

Como decía, el monje Joaquín de Fiore[9], que vive en el siglo XII (muere en 1202 al comienzo del XIII), está en el origen de las teorías milenaristas. Su obra, un texto pionero en cierto modo en la filosofía de la historia, se adelanta a las tesis de Vico o Montesquieu sobre la historia como suerte de ciclos, sólo comparable quizá a la monumental *Muqqadihmah* de Ibn-Khaldún. En cierto sentido supone un ejemplo de pensamiento utópico, naturalmente, y obliga a una reflexión sobre la noción de progreso que arranca precisamente de esta visión de Joaquín de Fiore, aunque luego será manipulada por el liberalismo económico.

Lo que nos interesa de Joaquín de Fiore, a nuestros efectos, es la tesis de que hay que hacer posible el advenimiento del milenio de la felicidad: ese milenio va a llegar, pero debemos trabajar por él y el signo de ese milenio es el triunfo de los pequeños, de los humildes, de los humillados y ofendidos[10]. De lo que se trata es de coadyuvar, mediante la violencia purificadora, a esa transformación del mundo: la violencia sagrada se justifica en aras del cumplimiento de un fin que se impone por encima de cualquier otro[11]. Y ese es el punto en común que tiene la ideología milenarista, sobre todo en condiciones difíciles, con concepciones salafistas

9 Sobre Joaquín de Fiore, el joaquinismo y el milenarismo, deben consultarse los ensayos de BALLESTEROS, J., "La violencia, hoy: sus tipos, sus orígenes", en VV.AA., *Etica y política en la sociedad democrática*, Espasa, Madrid, 1980; del mismo autor, *Repensar la paz,* EUNSA, Pamplona, 2006, 98-100.

10 Como ha explicado en clave literaria Umberto Eco en su magnífica *El nombre de la Rosa*, hay que situar la reflexión de Fiore en el contexto de la pugna entre dos concepciones del cristianismo, la concepción de los dominicos y la concepción franciscana, que suponen dos modelos de iglesia, de comunidad cristiana. La primera concepción en la que impera el dogma, el sistema moral, la jerarquía y el ideal monárquico absoluto. La segunda, una concepción que es la de los *Fraticelli*, la de san Francisco de Asís, en la que lo importante es la comunión con los demás, el respeto a los demás que incluye el respeto a la naturaleza, la libertad que da la pobreza, lo que conecta con otras concepciones del mundo de carácter religioso. Esa concepción del poder propia de los *Fraticelli*, los pequeños, y de su capacidad de transformación del mundo, es la que se convierte en la ideología milenarista. Para acelerar ese advenimiento es para lo que se recurrirá a la violencia.

11 Cabe recordar el lema de Simón de Montfort en su *cruzada* contra a los cátaros: "matadlos a todos, que Dios reconocerá a los suyos".

o wahabitas que hoy están detrás de algunos de los grupos de carácter terrorista que se reclaman de filiación religiosa islámica. O sea, por encima de las inmensas diferencias hay dos puntos en común: una ideología total que cifra la realidad y el fin de la vida más allá de este mundo, lo que quiere decir que este mundo es accidental o accesorio. Segundo, una ideología global en la que la condición humana no es valiosa, porque lo que vale es la finalidad y por lo tanto lo sagrado es el cumplimiento de esa doctrina, de esa concepción, y no la vida de cada uno de nosotros, menos todavía si somos infieles. En realidad, como enseña Dostoievski en *Biesi* (*Demonios*), y Camus en *Los inocentes*, nadie es inocente desde esa perspectiva. No es que estén locos en esa concepción del mundo, no es que se sea un fanático frente al infiel, es una concepción que en el fondo aboca todo ideal de felicidad a la construcción de un mundo a su vez ideal, que justifica sacrificar las vidas de los otros y la propia.

Pero la violencia sacral, como explicara muy bien Girard[12], tiene una relación estrecha con la teoría del *buc émissaire*. En países islámicos no democráticos, pero también en países no islámicos, por ejemplo India, en algunos países de América Latina y Central, desde luego en China y podríamos seguir, se puede estudiar con claridad cómo se crea esa nueva versión de lo que el sicoanálisis social había llamado el agresor externo y Girard denominara teoría del chivo expiatorio, para justificar la propia función de monopolio de la violencia y de atribución de la seguridad.

Por supuesto, insisto, no quiero negar que exista ese vínculo entre la violencia sacral, –entre determinadas concepciones ideológicas de lo sagrado si me permiten decirlo así– y la estrategia terrorista. No quiero relativizar su capacidad de amenaza. Pensemos en lo que nos enseña la historia reciente de un país clave por muchos conceptos, precisamente a propósito de la estrategia contra el tipo de terrorismo del que hablamos, Pakistán: baste pensar por ejemplo en los asesinatos en enero de 2011 del gobernador del Punjab en Pakistán y del primer ministro en minorías religiosas, el católico Shahbaz Bhatti que fue asesinado en marzo de 2011 y sus asesinos llevados a hombros por una masa que se manifestaba a favor de ellos y a favor del cumplimiento de un supuesto decreto divino que ni siquiera era una fatwa, sino el cumplimiento de una legislación que precisamente ese gobernador y ese ministro intentaban derogar, la legislación antiblasfemia, lo que por cierto es un asunto de enorme interés

[12] GIRARD, R., *Le bouc émissaire*, Grasset Paris, 1982 (hay traducción española de Joaquín Jordá, *El chivo expiatorio*, en Anagrama, Barcelona, 1986).

cuando se habla de diálogo de civilizaciones. Hay un empeño en el que parecen coincidir no solo grupos minoritarios religiosos sino incluso grandes iglesias, las organizaciones de grandes religiones, en que se lleve al código penal el delito de blasfemia contra las manifestaciones religiosas. La falta de respeto o la agresión a la identidad religiosa sigue siendo un ilícito penal, pero el delito de blasfemia es otra cosa. Lo que le pasa a la campesina cristiana pakistaní Asia Bibi que es rea de la leyes antiblasfemia, es suficientemente elocuente. El hecho de que, del otro lado, en los Estados en los que se percibe que hay minorías religiosas que pueden estar detrás del terrorismo, se hayan tomado medidas que están relativizando el estatuto, debilitando el respeto a las libertades de las minorías religiosas, es algo que el informe al que me he referido antes de *Minority Rigths Group International* deja muy claro. Lo dejan muy claro también especialistas como Philip Jenkins, que han explicado esos procedimientos legales (por ejemplo las leyes de registro religioso sin las que no se da una identidad) como ejemplo de creación del pánico moral[13]. Todavía en este momento en Egipto, pero también en Azerbaiyán y en Serbia, existe este tipo de disposiciones legales que someten, condicionan, la obtención de documentos de identidad a la inscripción en registros religioso, y en el caso, naturalmente, de países en los que no se admiten más que una o dos confesiones, todo aquel que es de otra, no puede tener acceso al registro religioso y por lo tanto tampoco puede tener identidad, lo que apunta directamente contra minorías religiosas. La verdad es que esas minorías hoy, como consecuencia de esta estrategia surgida de los terribles atentados que internacionalizan la amenaza del terrorismo desde 2001 y 2004 y también en Bali (por no pensar que eso solo ha pasado aquí, hay que recordarlo), ha derivado en la adopción de medidas concretas que atrapan a las minorías religiosas entre la mala reputación de la secta y la obsesión por el peligro de la violencia terrorista vinculada al islamismo así en términos generales. Eso es lo que ha pasado por ejemplo en India a raíz del atentado de Mumbai y se está generalizando un tipo de medida policial adoptada incluso con carácter internacional que es el trazado de perfiles religiosos; es decir la utilización de perfiles religiosos en el marco de una política de prevención.

Uno de los peores riesgos de la estrategia antiterrorista es precisamente el de incurrir en las medidas preventivas, en la línea de lo que el

---

[13] Cfr. JENKINS, P., *Intimate Enemies: Moral Panics in Contemporary Great Britain*, Aldine de Gruyter, Nueva York. 1992.

delirio de uno de los grandes de la ciencia ficción, Phillip K. Dick, trazó al crear su idea de la policía preventiva frente al *precrimen* , un concepto con el que Dick anticipó la estrategia de lucha contra el terrorismo en términos de "guerra preventiva", que en el fondo resucitaría viejas nociones penales que creíamos abandonadas acerca del perfil innato del criminal, como la que sostenía por otra parte el célebre Lombroso. Habría algunos factores que permitirían sostener de alguien que "va ir por mal camino", y uno de ellos sería la pertenencia a una minoría religiosa *sospechosa*. Sin embargo, la criminalización de una concepción religiosa radical por el mero hecho de existir como tal, es un paso indebido. Naturalmente que puede ser un indicio relevante a la hora de identificar la posibilidad de conflicto social, pero no desde el punto de vista de automatizar la respuesta penal y desencadenarla. Todo ello sin ignorar, como ya se ha dicho, la advertencia sobre la que insisten de manera diferente Durkheim y Weber, cuando explican que la modernidad se constituye mediante procesos de diferenciación combinados con la racionalidad, pero no siempre racionalmente. Y ahí es donde juega el sentimiento religioso que, además, entre otras funciones de carácter social o colectivo, tienen una función de interacción, de reconocimiento y de respeto entre los miembros de esa comunidad, que se repliegan en esa comunidad, en la medida en que no encuentran en el Estado ni reconocimiento, ni respeto, ni redistribución o, lo que todavía es peor, cuando encima el Estado había sido creado sobre la promesa y las expectativas de reconocimiento, respeto y redistribución, que se frustran casi de inmediato. Es la experiencia de buena parte de las revoluciones anticoloniales, en particular en el mundo árabe. Una parte de los dramas que han provocado la recuperación, el repliegue de entidades primarias de carácter religioso radical no solo en los países de confesión musulmana mayoritaria, pero desde luego en esos, es el fracaso de los procesos revolucionarios que en el proceso de descolonización prometieron a todas esas poblaciones respeto, reconocimiento y redistribución de las riquezas y luego volvieron la espalda. La consecuencia es que la población adopta una desvinculación respecto a ese proceso de racionalidad que representa el Estado. Es lo que, según Sami Naïr, explica en buena medida la revolución de los jazmines, la revolución en Túnez, que sería sobre todo una lucha por la dignidad, frente a la *hogra*, el menosprecio. Y aquí me permito evocar un segundo punto de discusión y es el desafío de la democracia plural inclusiva desde el punto de vista del reconocimiento de las minorías religiosas en nuestros Estados contemporáneos, sobre todo en el contexto de lucha antiterrorista. Se ha dicho reiteradamente que parte de la estrategia de lucha de carácter más bien preventivo contra la violencia sagrada consistiría en formar a los imanes para tratar de hacer frente a la ideología wahabí o salafista. Pero no se entiende muy bien cómo pueden luchar contra eso con los fondos que financia la propia ideología wahabí: Si vamos a formar imanes en España con los fondos que concede Arabia Saudí, que es un socio muy importante de España por muchas razones, dudo que vayamos a formar imanes que no se eduquen en la ideología wahabita.

En todo caso, creo importante insistir en ese riesgo del impacto de la estrategia de guerra antiterrorista sobre las minorías religiosas, una estigmatización sobre todo en la medida en que la minoría sea relevante y visible, porque se convierte en un sujeto a tratar como manera de mostrar que se controla y se da seguridad, en la medida en que se parte del principio de que, en cuanto que tal minoría y sobre todo si esa minoría es extraña a nuestra sociedad (y por eso el foco en minorías islámicas, en países básicamente de filiación cristiana donde la tradición social y la cultura social aunque haya un proceso de laicización está fuertemente impregnada del cristianismo).

II. LA ESTRATEGIA DE GUERRA ANTITERRORISTA Y SU REPRESENTACIÓN SIMBÓLICA: ALGUNAS CONSECUENCIAS PARA LAS MINORÍAS RELIGIOSAS

Es un lugar común en el debate sobre terrorismo[14] la existencia de una antítesis entre la noción de "guerra contra el terrorismo" y la exigencia de lealtad a los principios del Estado de Derecho. Porque la guerra, por definición, desde la Carta fundacional de las Naciones Unidas, es un ilícito y por lo tanto no es compatible con el Derecho. Ya sé que hay una tradición importante de *ius in bello*, e incluso una tradición aún anterior de *ius ad bellum*, pero lo cierto es que lo que impone el Derecho Internacional desde la Carta, es la prohibición del recurso a la guerra por considerarlo injustificable, y desde luego en esa prohibición va incluido –a mi juicio– ese oxímoron de la guerra justa, *malgré tout,* es decir, mal

[14] Me permito la remisión al examen de ese debate en RAMÓN CHORNET, C., y DE LUCAS, J., *Querella pacis perpetua. Una reivindicación del Derecho internacional*, Publicaciones de la Universidad de Valencia, Valencia, 2003.

que les pese a algunos filósofos, incluso notables, como Michael Walzer, que se empeñan en resucitarla[15].

No hay tal. Lo que puede admitirse en Derecho es la legítima defensa, una respuesta adecuada frente una amenaza terrible, como la del terrorismo internacional. Por eso comparto la afirmación de que los terroristas pueden ser calificados, hoy, de piratas y por ello se puede recuperar aquella vieja definición que surgió precisamente en el inicio del Derecho Internacional. En efecto, en el nacimiento mismo del Derecho Internacional encontramos la caracterización (no exenta de contradicciones) de los piratas como "enemigos del género humano", *hostes humani generis*, porque son la mayor amenaza para un principio básico del Derecho Internacional de Grotius (no tanto para el que nace de Vitoria y Suárez), que es el libre comercio. Grocio, trabaja, no lo olvidemos, como abogado de la Compañía de las Indias. El problema es el traslado de esa noción sin tener en cuenta la evolución de la cultura jurídica. Es decir, cabe admitir que hay una especie de amenaza común para todos, para la civilización, para la humanidad, que es la que representa el terrorismo y así puede ser calificado de nuevo en esos términos de *hostes humani generis*. Pero eso no vale para justificar que estemos en una *guerra justa* contra el terrorismo, lo que significaría la posibilidad de aplicar un Derecho de excepción, el *ius ad bellum*, aun con el límite del *ius in bello*. Y aún menos para sostener que en esa especie de causa sagrada en defensa de la civilización (recuerden que Bush estuvo tentado de denominar "cruzada" a su respuesta bélica en Afganistán), los seres humanos que son los terroristas pierden su condición de humanos, de forma análoga a lo que propone el criticado *Derecho penal del enemigo*. Aquí, como he adelantado, se plantea en varios sentidos un dilema moral básico ya ilustrado por Dostoievski y por Camus. Para la concepción nazi del derecho penal del enemigo, el enemigo es alguien tan ajeno a nuestra visión del mundo que tiene una incapacidad, si me permiten decirlo así, cognitiva, epistemológica –y por lo tanto deontológica– para conocer nuestros valores y compartirlos. Y por lo tanto, a alguien que es tan extraño a nosotros no le podemos hacer disfrutar de las ventajas de nuestro sistema jurídico, porque no lo comparte. Por lo tanto, frente a él se crea otro orden jurídico en el que no valen las nociones de garantismo, no valen los principios de

[15] Cfr. WALZER, M., *Terrorismo y guerra justa*, Katz Barpal Editores, Buenos Aires/ Madrid, 2008. En contra, por todos, REMIRO BROTONS, A., *Derecho internacional*, MacGraw Hill, Madrid, 1997, p. 1073 y ss.

presunción de inocencia, no valen las reglas habituales del Derecho. La cuestión es si, frente a los terroristas que, efectivamente, en cierto sentido son enemigos del género humano, porque no comparten los principios de civilización básicos, vale otro tipo de reglas, las suspensión de todas las reglas de Derecho, vale la guerra y no la lucha contra el terrorismo bajo el imperio de la ley, del Derecho.

Pues bien, en gran medida hemos asistido al deslizamiento de la estrategia antiterrorista por esa pendiente resbaladiza que ha llevado a situar a grupos enteros de seres humanos como enemigos de la humanidad por mor de su identificación con una concepción religiosa identificada como incompatible con la democracia y los derechos humanos: ni siquiera el islam fundamentalista, sino el Islam. Y el problema es que por esa pendiente no se ha deslizado solo la administración norteamericana. No hacían falta los papeles de WikiLeaks para saber hasta qué punto buena parte de los países de la Unión Europea tienen responsabilidades en esa estrategia no respetuosa de los principios básicos del Estado de Derecho. Hay un famoso discurso de la antigua Secretaria de Estado de la administración Bush, Condoleeza Rice, en un consejo de la OTAN en Bruselas, en el que empezó diciendo a sus socios europeos: "Quiero recordarles que pesa sobre nosotros un gorila de cien libras", haciendo referencia al hecho de que todos los Estados que forman parte de esa estrategia de lucha contra esos enemigos de la humanidad tenían que compartir un problema y era que ante su opinión pública tendría un coste la revelación de determinados elementos de esa estrategia que luego fueron difundidos en al menos dos informes del Parlamento Europeo, al menos mucho antes de los papeles de WikiLeaks. En la misma línea se ha dicho, a propósito de la captura y muerte de Ben Laden que Guantánamo sirvió para algo, porque efectivamente por la documentación que hemos ido conociendo, se deduce que uno de los detenidos en Guantánamo está en el origen del seguimiento que después de dos años dio lugar a la identificación de los mensajeros que llevaron a su vez a identificar dónde estaba Ben Laden. Lo cierto es que nada puede justificar ese vacío jurídico de los detenidos en Guantánamo: aceptar Guantánamo tal y como existe, es aceptar un lugar de no-derecho, de suspensión de los derechos y eso es completamente injustificable, no ya para un profesor de Derecho, sino para cualquier ciudadano.

Dicho lo anterior, me parece claro que, aunque haya que hablar del vínculo entre terrorismo y minorías religiosas, hay que hablar también de las consecuencias de la estrategia antiterrorista sobre las minorías religiosas y en particular sobre algunas minorías religiosas. No quiero negar la primera parte. No quiero negar que existe ese vínculo, no quiero negar que existe la violencia sagrada como concepción que está detrás históricamente, como una constante de manifestaciones que contemporáneamente llamamos terrorista y antes llamábamos de otra manera. Y, por cierto, en algún momento cabría detenerse en el hecho de que ese vínculo entre violencia sagrada y los fundamentalismos, no ha sido considerado como un objetivo de una política antiterrorista cuando hablamos de estados confesionales, como Israel o Arabia Saudí, que ulitizan sensu contrario la misma lógica y cuando nos referimos a la República de Irán.

Hablemos, en todo caso, acerca de las consecuencias que sobre la situación de minorías religiosas ha tenido, ha podido tener, el despliegue de la estrategia de *guerra contra el terror* surgida de los ataques execrables que todos recordamos, más aún en España y que se ha desplegado entre otras cosas en ese ansia frustrante de "identificar objetivos", porque no hay guerra sin enemigo y el problema de esta guerra es que el enemigo, como se ha dicho hasta la saciedad, es un tópico, es vaporoso, porque no sólo es que es difícil de identificar personal e individualmente, si no que no se consigue identificar bien cuáles son los enemigos. La propia concepción de Al Qaeda como una "franquicia", explica en buena medida ciertas dificultades. Frente a eso, se ha intentado concentrar la respuesta para cumplir con una función, que es hacer ostensibles resultados ante sus consumidores, que somos los ciudadanos a los que nos protegen. En esa necesidad de mostrar resultados, desgraciadamente se ha cedido a ese imperativo de inmediatez que provoca no solo la precipitación sino también la simplificación del análisis de la propia estrategia y, consecuentemente, conduce a daños de particular importancia. Yo creo que no hace falta glosar por extenso sus consecuencias, en términos de políticas abiertamente contrarias a principios elementales de respeto de los derechos humanos de los individuos, pero también de los individuos en cuanto pertenecientes a grupos focalizados en ese discurso simplista como el enemigo, que hay que mostrar en aras también de la tranquilidad: estamos luchando contra este, esta es la amenaza y por lo tanto si yo lo neutralizo ofrezco seguridad. Esa lógica, ese discurso, se ha producido con mayor poder devastador en países de tradición no democrática, utilizados entre otras funciones para la estrategia de cárceles clandestinas y la práctica de la tortura, de la pena de muerte y si no lisa y llanamente del asesinato, un elenco en el que se encuentran buena parte de los países teóricamente aliados en esta guerra:

Jordania, Siria, Iraq y, desde luego, Arabia Saudí. Por supuesto que también la Federación Rusa, Pakistán o India. Pero el caso de Arabia Saudí es particularmente importante. Hay que tener en cuenta, cuando hablamos de Estados no democráticos, que entienden toda disidencia visible (como la que encarnan los grupos que tienen identificación por marcadores primarios ostensibles: lengua, nacionalidad y religión) como una amenaza, como una amenaza para la cohesión social y como una amenaza, por tanto, para la supervivencia del Estado, con la coartada demagógica del apoyo de la mayoría a la que se le están lanzando continuamente mensajes a través de la prensa, la radio, el cine y la televisión.

Por lo demás, sería interesante un estudio de los mensajes de los programas de televisión y de las películas que difunden una ideología política absolutamente simplista y maniquea, llena de fáciles soluciones, en las que se exalta el principio de "acabar con el terrorismo a cualquier precio", al mismo tiempo que se denigra a aquel que alguna vez ha intentado utilizar ese principio si es que no es de los nuestros. Y aquí me permitiré tratar de explicar los argumentos de la justificación de este discurso de guerra contra el terrorismo a través de su presentación en el cine y la TV de la industria norteamericana, que considero particularmente significativos. Cine y la televisión son en este momento, más que la prensa, el medio a través del cual se transmiten las representaciones del universo simbólico y por tanto, los argumentos justificativos de un determinado trato o respuesta en relación con el mencionado vínculo entre terrorismo y fundamentalismo religioso, del que deriva un modelo de trato hacia minorías religiosas a las que se identifica a su vez con esa modalidad de "fanatismo". Así, sobre el papel de Arabia Saudi en la estrategia antiterrorista frente al fundamentalismo islámico, sobre su carácter ambivalente, que hace del reino saudí más que amistad peligrosa, aliado extremadamente contaminante, podríamos comenzar con una película relativamente reciente que, *malgré soi*, explica ese papel: se trata de la película de Peter Berg *The Kingdom* (*La sombra del reino*, 2007), donde el reino saudí es efectivamente el sujeto de la ambivalencia: de un lado, pieza clave de los aliados en la política antiterrorista y, al mismo tiempo, Arabia Saudí es quien paga en todo el mundo (y desde luego en la Unión Europea y también en España) la mayor parte de las mezquitas y de los imanes de inspiración o de lealtad wahabita[16]. *La sombra del*

[16] Una de las dos grandes asociaciones islámicas que existen en nuestro país (la FEERI) tiene esa vinculación y, además, tiene una presencia importante como interlocutor del Estado,

reino tiene una representación de esa dualidad distinta y además hay una trasformación en la actitud de los agentes antiterroristas norteamericanos de la CIA –junto a los bomberos y policías de Nueva York, nuevos "héroes" norteamericanos– que se desplazan para averiguar un atentado antiamericano cometido en territorio saudí. Unos años antes, en 1998, la contradicción fue presentada en términos del tópico debate entre libertad y seguridad en el film de Edward Zick, *The Siege* (*Estado de sitio*), donde se oponen dos actores que son estrellas de la industria, Bruce Willis y Denzel Washington, junto a Annette Bening, que representa el papel de la agente secreto antiterrorista engañada por sus contactos en una célula terrorista islamista. Ese film reproduce con no poco acierto la ambigüedad de esa lucha, una lucha en la que la comprensión de la identidad religiosa del "fanático", que es la amenaza que subyace a la trama, es particularmente interesante.

Mucho más clara, aunque no está vinculada a la perspectiva del terrorismo de origen religioso, es *Siriana*, una película dirigida por Stephen Gagan en 2005, protagonizada e inspirada por George Clooney y enormemente crítica con la estrategia norteamericana, aunque trágica en su diagnóstico. Esa visión crítica sobre las razones y las consecuencias de la estrategia norteamericana de la guerra contra el terror vinculado al fundamentalismo islámico y sus consecuencias sobre la propia población civil norteamericana, sobre el patriota norteamericano-tipo, inspira un film de Paul Haggis en 2007, *In the Valley of Elah* (*En el valle de Elah*). Es también crítica con la razón de la presencia bélica de los EEUU en Afganistán la película de Robert Redford, *Lions for Lambs* (*Leones por corderos*), de 2008. Ambas menos complacientes, en todo caso, que el film de Ridley Scott *The Body of Lies* (*Red de mentiras*, del mismo año 2008). Y, por supuesto, la versión contraria también se ha difundido: es verdad que Kathryn Bigelow ha demostrado su capacidad técnica y lo hace de nuevo en concreto en *The Hurt Locker* (*En Tierra hostil*), la película con la que ganó el Oscar como mejor director en 2008 y que, desde una toma de posición de aparente descreimiento, no hace otra

naturalmente –entre otras cosas– porque hay una dificultad enorme en encontrar interlocutor en las confesiones teóricamente no institucionalizadas como es el caso del Islam. Eso pasa también con los imanes vinculados a la disciplina de ese *comendador de los creyentes* que es el rey de Marruecos que, al mismo tiempo, es el soberano de la segunda comunidad inmigrante más importante en nuestro país (la primera extracomunitaria), que son los marroquíes y respecto a los cuales, naturalmente, el papel de los imanes es particularmente importante.

cosa que justificar una interpretación de la guerra contra el terrorista eminentemente maniquea: donde los buenos son americanos descreídos, pero americanos que están en Irak para la paz. Con menos sutileza, es la misma posición que encontramos en la película de Paul Greengrass, protagonizada por Matt Damon, *The Green zone* (*Distrito protegido*, 2010), situada en Bagdad. La película más interesante entre las recientes, es, sin embargo, en mi opinión, la británica *We are four lions*, dirigida por Chris Morris en 2010, una sátira iconoclasta que no deja títere con cabeza a propósito de todos los tópicos que planean en este debate.

III. ¿CÓMO ACTUAR? UN TEST DE PRINCIPIOS

Termino con la referencia a dos principios de justicia que pueden orientar nuestras decisiones (difíciles, incluso trágicas) a la hora de gestionar la política antiterrorista y en particular, cuando se ha de hacer frente a las dificultades que derivan del terrorismo inspirado en minorías que invocan ideologías religiosas de carácter fundamentalista.

El primero es un principio político, conocido y suficientemente abstracto como para ser interpretado como se quiera, pero dentro de unos límites razonables: un principio que encontramos sobre todo en John Stuart Mill y Tocqueville. Se trata de que la democracia se mide por su capacidad para albergar la disidencia o si se prefiere, su capacidad para no criminalizar cualquier disidencia. Y es que el reto que tiene la democracia, hoy más que nunca, es el del pluralismo inclusivo, porque nuestras sociedades son y van a ser cada vez más sociedades plurales. Ese desafío comporta evidentemente retos en términos de cohesión social, pero entiendo que las democracias no sobrevivirán si no es como democracias plurales e inclusivas, en las que hay espacio para el pluralismo en serio, no el de las preferencias secundarias.

Como corolario a este principio, aun consciente de que introduzco con ello aún más polémica en el debate, me atrevo a proponer que la única manera de gestionar con arreglo a este principio el fenómeno de la pluralidad religiosa y las minorías religiosas implica también una política de laicidad. Es decir, no sólo no creo que la multiconfesionalidad sea la opción adecuada para gestionar los conflictos derivados de la creciente diversidad o pluralidad religiosa, sino que me parece aún menos aconsejable para afrontar el desafío del terrorismo de origen fundamentalista. Aunque es cierto que el riesgo de la política de laicidad es la ignorancia del poder del hecho religioso, la falta del respeto al fenómeno religioso, de forma que no basta con afirmar la laicidad para decir que ya está todo hecho.

El segundo principio, es que la firmeza democrática que se reclama tanto en las políticas de gestión de la pluralidad religiosa, y, desde luego, en las estrategias de lucha antiterrorista, no se mide tanto por la eficacia y la dureza de la sanción penal como algunos parecen creer, sino por su capacidad de resistencia en la lealtad a los principios del Estado de Derecho precisamente en condiciones difíciles, incluso trágicas. Es decir, la verdadera firmeza no consiste en matar moscas a cañonazos, ni en recurrir al endurecimiento de sanción penal más allá del límite del garantismo, como sucede cuando se restablece la pena de cadena perpetua, o se olvida cualquier posibilidad de función de la pena que no sea meramente retributiva. No. La verdadera firmeza, lo difícil, lo heroico, la fortaleza, estriba a mi juicio en algo tan difícil como la lealtad y el respeto los principios del imperio de la ley, de separación de poderes, de presunción de inocencia. Porque ese es el requisito: la coherencia con los principios del Estado de Derecho, también frente a los enemigos de la libertad.

BIBLIOGRAFÍA

BALLESTEROS, J., "La violencia, hoy: sus tipos, sus orígenes", en VV. AA., *Etica y política en la sociedad democrática*, Espasa, Madrid, 1980.

- *Repensar la paz,* EUNSA, Pamplona, 2006.

DELAMEAU, J., *La Peur en Occident. XIVe-XVIIIe siècles,* Fayard, Paris, 1978.

- *Le Péché et la Peur. La culpabilisation en Occident (XIIIe-XVIIIe siècles*), Fayard, Paris, 1983
- *El miedo en occidente*, Madrid, Taurus, 2002.

DE LUBAC, H., *La posteridad espiritual de Joaquin de Fiore*, Encuentro, Madrid, 1989.

FANON, F., *Les damnés de la terre*, François Maspero, París, 1961.

- *Los condenados de la tierra,* Fondo de cultura Económica, México, 1983

GIDDENS, A., *Nation, State and Violence*, University of California Press, Berkeley, 1985.

GIRARD, R., *Le bouc émissaire*, Grasset Paris, 1982.

- *El chivo expiatorio*, Trad. de Joaquín Jordá, Anagrama, Barcelona, 1986.

JENKINS, P., *Intimate Enemies: Moral Panics in Contemporary Great Britain,* Aldine de Gruyter, Nueva York. 1992.

RAMÓN CHORNET, C., y DE LUCAS, J., *Querella pacis perpetua. Una reivindicación del Derecho internacional*, Publicaciones de la Universidad de Valencia, Valencia, 2003.

REMIRO BROTONS, A., *Derecho internacional*, MacGraw Hill, Madrid, 1997.

WALZER, M., *Terrorismo y guerra justa*, Katz Barpal Editores, Buenos Aires/Madrid, 2008.

LOS DERECHOS A LA LIBERTAD E INTEGRIDAD PERSONAL EN EL *BRAVE NEW CONSTITUTIONALISM* DE BUSH II Y OBAMA

AGUSTÍN JOSÉ MENÉNDEZ
Universidad de León

INTRODUCCIÓN

> "La ley. Una ley, pensaba, aunque sea inicua, siempre es una forma de la razón: para lograr el fin de extrema y definitiva iniquidad, los mismos que la han querido y que la han hecho están obligados a infringirla, a violarla. El fascismo también era eso: conculcar incluso sus propias leyes. Y el comunismo de Stalin también, o más aún ¿Y la pena de muerte? Pero la pena de muerte no tiene nada que ver con la ley: supone consagrarse al delito, consagrarlo" (*Leonardo Sciascia, El Caballero y la Muerte*)

Este trabajo indaga dos misterios constitucionales. El primer misterio atañe la transformación del contenido sustantivo del discurso constitucional estadounidense, en el que se ha pasado de (a) considerar a la detención indefinida y la tortura por *fiat* gubernativo como violaciones flagrantes de los derechos humanos a (b) que el Presidente afirmarse que tales medidas constituyen medios imprescindibles para la defensa de la seguridad nacional, y por ende, son necesarias para la supervivencia de la comunidad política (a este peculiar discurso constitucional me referiré en este trabajo como *brave new constitutionalism*). Esta transformación es misteriosa porque trasciende el conocido fenómeno de erosión de los estándares de comportamiento de las autoridades públicas en situaciones de guerra, crisis o emergencia constitucionales[1]. La diferencia (y es una enorme diferencia en términos tanto sustantivos como simbólicos) consiste en la pretensión de *convertir la infracción en el nuevo estandard constitucional*; en juridificar, constitucionalizar, y por tanto, *hacer de la excepción la norma*. El segundo misterio concierne el cómo haya sido posible una transformación tal en un lapso de tiempo brevísimo (esencialmente, el que media entre el 10 y el 11 de Septiembre de 2001). Al mismo tiempo que el Presidente de Estados Unidos afirmaba que los terroristas no lograrían cambiar el modo de vida de Estados Unidos (si no de Occidente en general)[2], los estadounidenses se acostaron con una constitución y se levantaron con otra.

En los más de diez años transcurridos desde la articulación del *brave new constitutionalism,* los libros y artículos de revista escritos sobre el tema han ido ocupando centenares de metros de estantería en las bibliotecas jurídicas. Pese a ello, los dos misterios constitucionales siguen sin resolverse satisfactoriamente. Como recordaré brevemente en la sección I.2 del trabajo, los argumentos sustantivos que se arguyen a favor de la transformación constitucional pretendida por los juristas de Bush II (y crecientemente de Obama) son endebles no sólo a la vista del tenor literal de la Constitución de Estados Unidos y de los tratados internacionales de los que ese país es parte, sino, y sobre todo, se confrontan con la interpretación sistemática del ordenamiento jurídico estadounidense, a la luz de la tupida red de normas legislativas y sentencias judiciales *pre-11-S*. A ello se une que algunas de las premisas fundamentales del *brave new constitutionalism* (y destacadamente, el carácter radicalmente *novedoso* del terrorismo de Al-Qaeda) están plagadas de contradicciones internas, a la par que sustentadas en un razonamiento circular abiertamente mun-

---

[1] Una introducción al tema, entre la abundantísima bibliografía, en FISHER, L., *Presidential War Power*, University Press of Kansas, Lawrance, 1995; ISSACHAROFF, S., y PILDES, R. H., "Emergency Contexts without Emergency Powers: The United States' Constitutional Approach to Rights during Wartime", *ICON*, nº 2, 2004, pp. 296-333. Sobre la cadencia en el retorno a la normalidad, véase TUSHNET, M., "The political constitution of emergency powers: parliamentary and separation-of-powers regulation", *ICON*, nº 3, 2007, pp. 275-288.

[2] Discurso del Presidente George Bush de 11 de Septiembre de 2001, disponible en http://articles.cnn.com/2001-09-11/us/bush.speech.text_1_attacks-deadly-terrorist-acts-despicable-acts?_s=PM:US: "America was targeted for attack because we're the brightest beacon for freedom and opportunity in the world. And no one will keep that light from shining."

chasiano (el terrorismo de Al Qaeda es radicalmente nuevo, por lo que se necesitan nuevas categorías con que describirlo; de la introducción de categorías radicalmente nuevas se deriva que el terrorismo de Al Qaeda es radicalmente nuevo). Pero cuanto más despiadada haya de ser la crítica, cuanto menos solidez reconozcamos a los argumentos de los juristas de Bush II y de Obama, más profundos serán los misterios ¿Cómo es posible que de la noche a la mañana las técnicas de Carlos I hayan pasado a ser consideradas medios de realización de los valores de la Declaración de Independencia y de la Constitución de 1787?

En este trabajo sostengo que para disolver estos dos misterios constitucionales, es imprescindible analizar y evaluar el *brave new constitutionalism* no sólo, y no principalmente, en tanto que parte de un discurso jurídico-constitucional, cuanto en su condición de parte fundamental del discurso de comunicación política *con la forma externa* de argumento jurídico-constitucional. Hay poderosas y urgentes razones para tomarse muy en serio el discurso constitucional estadounidense post-11-S en tanto que retórica *que instrumentaliza el derecho* al servicio de la ampliación de la discrecionalidad de los gobernantes (del *ejecutivo*, en la imprecisa pero extendida terminología político-constitucional).

De ahí que la sección segunda del trabajo se dedique a determinar *cómo* se ha manipulado el discurso jurídico y *cómo* se han hecho pasar por argumentos *plausibles* lo que hasta fechas recientes eran tesis constitucionalmente *inconcebibles*. Me ocupo en particular de la medida en la que los juristas de corte de las administraciones estadounidenses de la última década se han valido de la innovación conceptual –propia, intrínseca al derecho– como medio fundamental para alterar la percepción del mundo de los ciudadanos, de la radicalización de la concepción de la constitución como conjunto de principios para zafarse de la prohibición absoluta del uso de la tortura y del fenomenal peso abstracto del derecho a la tutela judicial efectiva, y de la defensa de una concepción elefantiástica de las prerrogativas del jefe de gobierno en situaciones de pretendida amenaza existencial como instrumento para ocultar la medida en que la práctica del poder infringe la constitución y menoscaba la cultura constitucional de Estados Unidos.

En la tercera sección considero la medida en la que el *brave new constitutionalism* ilumina dos cuestiones teóricas de calado, y cuya importancia trasciende la puntual transformación del derecho constitucional estadounidense: (1) los límites del derecho como medio de integración y (2) las debilidades estructurales del Estado Democrático de Derecho, el margen que el mismo deja a quienes tratan de subvertirlo *desde su interior*, aprovechando sus propias debilidades estructurales[3]. Esta relación estructural me lleva a concluir que los europeos haríamos bien en abandonar la esperanza (vana) de que nos encontremos ante un fenómeno idiosincráticamente estadounidense, ante una consecuencia (puramente temporal) del *shock* que representaron los atentados del 11-S en Estados Unidos. Nada nos garantiza que vayamos a librarnos de nuestra propia versión del *brave new constitutionalism*; quizá lo hayamos ya empezado a sufrir durante el proceso de elaboración y ratificación del llamado Tratado de Lisboa, y aún con más claridad, en el (mal) gobierno de la crisis financiera, fiscal y económica que golpea a los europeos desde 2007.

Antes, dos aclaraciones preliminares.

La primera es que es importante resaltar que, si bien este trabajo se circunscribe a los derechos a la libertad e integridad personales, el *brave new constitutionalism* es un proyecto de transformación constitucional *sistemático*, del que las nuevas formulaciones del derecho a la libertad e integridad personales son sólo una parte –aunque fundamental y determinante. La mayoría de las noticias sobre la "guerra contra el terrorismo" que hemos leído o nos han sido leídas y visualmente narradas, incluso las que nos llegan de los medios de comunicación más críticos con la evolución constitucional estadounidense, tienden a incurrir en el grave error de perspectiva de presentar cada uno de los aspectos de la política de seguridad nacional y defensa de Bush II y de Obama de forma aislada. De este modo, la gramática y la cadencia de la información nos hacen vívidos los árboles (la tortura, la detención por *fiat* gubernativo, Afpak, Afganistán, Guantánamo, Irak, la designación de jueces o de cargos que requieren la aprobación del senado, la defensa del secreto en nombre de la seguridad del estado) y nos ocultan el bosque (el *brave new constitutionalism,* la lucha por el fortalecimiento del poder presidencial, lo que Arthur Schlesinger Jr. denominara de forma ambivalente *la presidencia* imperial)[4]. Esta fragmentación de la información, la ausencia de un

---

[3] Una reflexión aguda sobre la subversión de la democracia desde el propio campo democrático en TODOROV, T., *Les ennemis intimes de la démocratie*, Fayard, París, 2012.

[4] Con honrosas excepciones. Véanse MAYER, J., *The Dark Side, The Inside Story of How the War on Terror Turned Into a War on American Ideals*, Doubleday, New York, 2008; y SAVAGE, C., *Takeover: The Return of the Imperial Presidency*, Little Brown, New York, 2008. Véase también el imprescindible blog de Glen Grenwald, en www.salon.com/opinion/greenwald .

esfuerzo por situar las distintas noticias en una narrativa sistemática, distorsiona gravemente nuestra visión. Todos los cambios han de ser situados en perspectiva y reconducidos al programa de radical cambio político y constitucional que no lleva años, sino décadas incubándose[5]. Y siendo articulado teóricamente en los pasillos del poder, las facultades de derecho y los *think-tanks*[6]. A ello trata de contribuir el presente trabajo (y el anterior ya citado).

La segunda aclaración preliminar se refiere a las diferencias entre el discurso y la práctica constitucionales de la administración Bush II y de la administración Obama. A primera vista, podría parecer burdamente simplista hablar de una continuidad estructural entre ambas ¿Acaso no era marcadamente anti-bushiano, especialmente en cuestiones de seguridad nacional y derechos fundamentales, el programa bajo el que fue elegido Presidente el candidato Obama? ¿Acaso el Presidente Obama no marcó una clara ruptura con la Presidencia anterior repudiando la tortura y ordenando el cierre de Guantánamo literalmente horas después de su llegada a la Casa Blanca? Sin embargo, una vez que de las impresiones (generadas en buena medida gracias a una magistral estrategia de comu-

[5] Véase el trabajo clásico de SCHLESINGER, A. Jr., *The Imperial Presidency*, Houghton-Mifflin, Boston 1973 (aunque, por razones obvias, la narración llega a su fin con la Presidencia Nixon). La construcción "post-Watergate" de una teoría constitucional estructurada en torno al poder presidencial comenzó a mediados de los años ochenta. El informe minoritario en la comisión Iran-contra, firmado por Dick Cheney, y en cuya elaboración intervino David Addington de forma decisiva, fue fundamental. Véase el revelador capítulo introductorio en Reports of the Iran-Contra Committees: Excerpts From the Minority View, *The New York Times*, 17 de Noviembre de 1987, disponible en http://www.nytimes.com/1987/11/17/world/reports-of-the-iran-contra-committees-excerpts-from-the-minority-view.html?pagewanted=all&src=pm. Sobre Cheney, GELLMAN, B., *Angler*, Penguin Press, New York, 2008; una hagiografía en HAYES, S. F., *Cheney*, Harper Collins, New York, 2007. Sobre Addington, MAYER, J., 'The Hidden Power', *The New Yorker*, 3 de Julio de 2006, disponible en http://www.newyorker.com/archive/2006/07/03/060703fa_fact1, así como su "hearing" ante el Constitution, Civil Rights and Civil Liberties Committee de la Cámara de Representantes, de 27 de Junio de 2008, disponible en http://www.youtube.com/watch?v=sUHoi1gKfrM.

[6] Sobre todo ello, me permito remitirme a mi artículo "La teoría constitucional y la teoría del Derecho de Bush II-La Constitución de emergencia entre el Derecho y la propaganda", *Derechos y Libertades*, nº 14, 2010, pp. 119-160. En lo que concierne al concepto de "think-tank", sigo el uso que hace FISK, R., por ejemplo en 'Bankers are the dictators of the West', *Independent*, 10 de Diciembre de 2011, disponible en http://www.independent.co.uk/opinion/commentators/fisk/robert-fisk-bankers-are-the-dictators-of-the-west-6275084.html.

nicación política) pasamos a la reconstrucción sistemática de la práctica constitucional, las similitudes y las continuidades son mayores que las diferencias y las rupturas. Sobre la base del análisis que se contiene en las secciones segunda y tercera, no creo exagerado afirmar que la mutación constitucional puesta en marcha por Bush II ha sido consolidada en sus elementos centrales por la administración Obama. Más allá de las distintas estéticas del ejercicio del poder y de las distintas mercadotecnias políticas, la aparente "ruptura" (en particular, las órdenes ejecutivas de las primeras horas de la Presidencia en las que se programaba el cierre de Guantánamo y se repudiaba el uso de la tortura)[7] han sido contradichas por la práctica constitucional sucesiva de la nueva administración. Ciertamente se ha abandonado el uso de conceptos claves como "guerra contra el terrorismo" o "combatiente enemigo", y se han repudiado las formas más groseras de tortura. Pero no sólo no se ha mantenido la promesa de cerrar Guantánamo –al tiempo que ha negado que la doctrina del Supremo en *Rasul*[8], y sobre todo, en *Boumediene*[9], sea aplicable en Bagram–, sino que la administración Obama ha dado marcha atrás en su rechazo de las comisiones militares y de la detención indefinida por *fiat presidencial*, al tiempo que ha aplicado condiciones de detención que cumulativamente

---

[7] El Presidente Obama inauguró su mandato con tres órdenes ejecutivas de gran significado simbólico, mediante las que no sólo se disponía la revisión del estatuto de los detenidos en Guantánamo y se fijaba un límite de un año para el cierre de la prisión ('Review and Disposition of Individuals Detained at Guantanamo Bay Naval Base and Closure of Detention Facilities', disponible en http://www.whitehouse.gov/the_press_office/ClosureOfGuantanamoDetentionFacilities/), sino que se establecía el marco de una nueva política general sobre detención de prisioneros ('Review of Detention Policy Options', disponible en http://www.whitehouse.gov/the_press_office/ReviewofDetentionPolicyOptions/) y sobre técnicas de interrogación ('Ensuring Lawful Interrogations', disponible en http://www.whitehouse.gov/the_press_office/EnsuringLawfulInterrogations/). Las tres órdenes ejecutivas son de 22 de Enero de 2009. Además, un memorando de 9 de Marzo dirigido a los jefes de departamentos y agencias del ejecutivo sobre las declaraciones presidenciales anejas a la firma de las leyes no sólo pone en entredicho la validez de las declaraciones de Bush II, sino que afirma la intención de limitar notablemente el uso de tal práctica en el futuro. Véase http://www.whitehouse.gov/the_press_office/Memorandum-on-Presidential-Signing-Statements/ y el comentario de Charlie Savage, 'Obama looks to limit impact of tactic Bush used to sidestep new laws, The New York Times, 9 de Marzo de 2009, disponible en http://www.nytimes.com/2009/03/10/us/politics/10signing.html.

[8] *Rasul v. Bush*, 542 U.S. 466 (2004), disponible en http://caselaw.lp.findlaw.com/scripts/getcase.pl?court=US&vol=000&invol=03-334.

[9] Boumediene v. Bush, 553 U.S. 723 (2008), disponible en http://www.supremecourt.gov/opinions/07pdf/06-1195.pdf.

constituyen trato cruel, inhumano y degradante, si no tortura. De forma semejante, se ha hecho un uso muy *bushiano* del poder presidencial para quintuplicar las misiones de 'ataques de precisión' (i.e. asesinatos selectivos), cuyo fundamento constitucional se nos dice se encuentra en un nuevo dictamen secreto de la Oficina de Consejo Jurídico. Pero más allá de las continuidades (e innovaciones) puntuales, la persistencia del *brave new constitutionalism* da cuenta de la adhesión a la idea de que el "conflicto persistente" abierto por los atentados del 11-S (abandonada por razones más estéticas que sustantivas la referencia a la guerra contra el terrorismo) nos ha situado en un mundo nuevo, en el que hay que repensar *from square one* el derecho constitucional. Y al hacerlo, restringir drásticamente los derechos fundamentales, y muy especialmente, los derechos a la libertad e integridad personales. De este modo, y como afirmaré en las conclusiones del trabajo, la principal diferencia entre Bush II y Obama no radica en la forma en que ambas administraciones formulan *el brave new constitutionalism*, sino en la manera en que hacen uso del poder político bajo el mismo, y *comunican* ese uso del poder que hacen. Con estridencia vaquera, en el caso de Bush II; con formas urbanas y cosmopolitas, en el de Obama. [10] No cabe duda de que esta diferencia puede ser relevante y decisiva para algunas de las víctimas. Y que por tanto no es baladí. Pero a menos que los diez años de *brave new constitutionalism* hayan logrado diluir nuestros estándares normativos, esta diferencia no excusa que tanto la administración Bush II como la Obama hayan defendido contornos y prerrogativas presidenciales antitéticas con la idea misma de Estado democrático de derecho.

I. EL "BRAVE NEW CONSTITUTIONALISM" Y LA "GUERRA CONTRA EL TERRORISMO"

> "La historia empezó a moverse en un país totalmente imaginario; un país en el que ya no tenían curso las ideas, en el que los principios eran cotidianamente escarnecidos, donde las ideas se reducían en política a puras denominaciones en el juego de las partes que el poder se asignaba, en el que sólo

---

[10] Como reconoce incluso quien valora positivamente los cambios producidos tras la llegada de Obama al poder. Véase SHANE, P. M., "The Obama Administration and the Prospects for a Democratic Presidency in a post 9-11 World", *New York Law School Review*, nº 56, 2011-2012, pp. 27-55.

contaba el poder por el poder mismo. Un país imaginario, repito" (*Leonardo Sciascia, El Contexto*).

Hasta fechas recientes un Estado de cuya constitución se derivara que el jefe de gobierno (o de Estado) tenía el poder de ordenar la detención y tortura de personas era considerado como un *Estado sin derecho*, al tiempo que esa constitución era caracterizada como una ley fundamental puramente semántica, una pseudo-constitución, en la útil y precisa terminología de Karl Lowenstein[11].

Ciertamente, en todos los tiempos y lugares incluso las prohibiciones más absolutas –como la del recurso a la tortura– han sido infringidas, frecuentemente de forma flagrante. Y ciertamente no sólo en los países autoritarios, dictatoriales o que expresamente se definían por contraposición al ideal de Estado de Derecho, sino también en los estados occidentales democráticos.

En el caso concreto de los Estados Unidos, es ya bien sabido y aceptado que el respeto a la libertad e integridad personales durante la Guerra Fría fue no sólo pobre en lo que concierne a la conducción de la política exterior –especialmente en el *patio trasero*, i.e. América Latina– sino incluso en el ámbito doméstico[12]. Las sombras han seguido siendo alargadas en ambos frentes una vez concluida la guerra fría[13].

---

[11] LOEWENSTEIN, K., *Teoría de la Constitución*, Ariel, Barcelona, 1976, pp. 218ss.

[12] Sobre la práctica y la retórica de los derechos humanos en la Guerra Fría la bibliografía es muy abundante. Véanse, por ejemplo, CARLETON, D., y STOHL, M., "The Foreign Policy of Human Rights: Rhetoric and Reality from Jimmy Carter to Ronald Reagan", *Human Rights Quarterly*, nº 7, 1985, pp. 205-229 (una referencia básica acerca de la relación entre retórica y acción política efectiva), HOFFMANN, S. (ed.), *Human Rights in the Twentieth Century*, Cambridge University Press, Cambridge, 2011 y MOYN, S., *The Last Utopia*, Harvard University Press, Cambridge (Mass.), 2011. Sobre el fomento de organizaciones para-militares en Europa Occidental, véase el instructivo aunque a veces apresurado libro de GANSER, D., *NATO'S Secret Armies: Operation Gladio and Terrorism in Western Europe*, Cass, London, 2005. Visiones de conjunto en McCOY, A., *A Question of Torture: CIA Interrogation, from the Cold War to the War on Terror*, Holt, New York, 2005; HARBURY, J., *Truth, Torture, and the American Way: The History and Consequences of U.S. Involvement in Torture*, Beacon Press, Boston, 2005; REJALI, D., *Torture and Democracy*, Princeton University Press, Princeton, 2008.

[13] Sobre el período de la posguerra fría, véase MERTUS, J. A., *Bait and Switch*, Routledge, New York, 2008. Las continuidades operativas –tanto por lo que se refiere a las condiciones en las prisiones internas como en los métodos de la CIA– son notables.

Sin embargo, nada de ello es óbice ni para que nuestros ordenamientos constitucionales hayan afirmado de forma crecientemente clara y contundente el valor fundamental de la libertad e integridad personales, ni para que de esa afirmación *normativa* no se haya derivado una (lenta, parcial e insuficiente) transformación de la práctica constitucional.

Como es bien sabido, la Quinta Enmienda a la Constitución de Estados Unidos prohíbe, entre otras cosas, privar de "la vida, la libertad o la propiedad sin el debido proceso legal". En La sección novena del texto principal de la Constitución se afirma que "El privilegio del habeas corpus no se suspenderá, salvo cuando la seguridad pública lo exija en los casos de rebelión o invasión". A su vez, en la Octava Enmienda se establece que "No se exigirán fianzas excesivas, ni se impondrán multas excesivas, ni se infligirán penas crueles y desusadas". Tanto los tratados internacionales ratificados por Estados Unidos entre ellos la Convención contra la Tortura de 1984) como las leyes aprobadas por el Congreso (La Ley contra la Tortura de 1994 y la Ley de Crímenes de Guerra de 1996)[14] se pronuncian de forma inequívoca, y excluyen de forma taxativa cualquier uso de la tortura o de tratos crueles, inhumanos y degradantes[15].

Es por ello que podemos afirmar que circa 2000, las infracciones no sólo debían producirse en los resquicios a los que no llegase la luz de la opinión pública –y por consiguiente el derecho– o producirse mediante medios que eludieran la atención de la opinión pública, sino que una vez descubiertas, entrañaban (o debían entrañar) consecuencias, penales y políticas[16].

El *brave new constitutionalism* rompe con esa práctica constitucional porque pretende no sólo que la defensa efectiva de la constitución requiera en ocasiones infringir los valores constitucionales, sino que los estándares constitucionales se ajusten formalmente, bendigan simbólicamente esas infracciones. O dicho de otro modo, las autoridades no sólo *se van a quitar los* guantes, en la terrible expresión de Cofer Black[17] –quizá algu-

---

[14] *Ley Anti-Tortura*, 108 Stat 382; *Ley de Crímenes de Guerra* de 1996, 110 Stat 2104.

[15] Véase, entre otros, NOWAK, M., y MacARTHUR, E., (eds.), *The United Nations Convention against Torture: A Commentary*Oxford University Press, Oxford, 2008.

[16] Pero véase GRENWALD, G., *With Liberty and Justice for Some, How the Law is Used to Destroy Equality and Protect the Powerful*, Metropolitan Books, New York, 2011, acerca de la forja de la cultura de la impunidad en Estados Unidos.

[17] Instructiva entrevista de Kevin MacMurray, 'Cofer Black, Out of the Shadows', Men's Journal, 17 de Octubre de 2008, disponible en http://www.mensjournal.com/cofer-black.

nas autoridades nunca se los pusieron– sino que van a sostener que en ese quitarse los guantes *consiste* la defensa de los valores constitucionales. Que ese "quitarse los guantes" no supone poner entre paréntesis o dejar al margen la constitución, sino su mejor aplicación posible[18]. Con lo que no sólo no infringirán la constitución, sino que eliminarán la posibilidad de criticar su acción dentro del discurso jurídico-constitucional.

Desde el 11 de Septiembre de 2001 es bien sabido que los juristas al servicio del gobierno de Estados Unidos han articulado un discurso constitucional (el *brave new constitutionalism* en la terminología que sugiero en este trabajo) según el cual entre las prerrogativas *constitucionales* del Presidente de Estados Unidos se encuentran las de ordenar la detención indefinida de personas, y la de sujetar a los así detenidos a técnicas de interrogación que constituyen a la luz del derecho internacional un trato cruel, inhumano y degradante, cuando no tortura. En esta sección se da cuenta al lector de los perfiles básicos de los *nuevos* derechos a la libertad y a la integridad personales. Se describe de forma sumaria el discurso jurídico-constitucional de las administraciones Bush II y Obama, sin perjuicio de que en la sección segunda esos argumentos se consideren con mayor detenimiento. Para evitar redundancias en el aparato crítico, las notas a pie de página en las que se da cuenta de las fuentes se incluyen en la sección II del trabajo.

1. El derecho a la libertad personal y el privilegio del habeas corpus

En lo que concierne al derecho a la libertad personal, el *brave new constitutionalism* enmienda el mismo en los términos siguientes:

El Presidente tiene el poder de establecer de forma fehaciente y concluyente que cualquier persona (incluidos los ciudadanos estadouni-

[18] LEVI, W. R., en su sagaz "Interrogation's Law", *Yale Law Journal*, nº 118, 2009, pp. 1434-1483 a concluir que se ha exagerado la medida en que se habría producido un cambio en la práctica constitucional estadounidense tras el 11-S. Lo que se le escapa a Levi es la diferencia colosal (y no puramente simbólica) entre una práctica constitucional discrepante de los estándares constitucionales y la modificación de los estándares constitucionales para ajustarlos a la práctica. Levi no considera que el asalto constitucional de la administración Bush II y el tímido cambio de paso de la administración Obama han tenido brutales efectos sistemáticos y han provocado un deterioro de los estándares de tratamiento de los detenidos, no sólo por parte de las autoridades estadounidenses.

denses) sea un "enemigo" y en condición de tal, haya de ser arrestada y detenida indefinidamente sin derecho a la tutela judicial efectiva, por *fiat* presidencial (bien por decisión directa del Presidente –caso de las cárceles secretas, los *black sites*– o bien de conformidad con lo establecido por comisiones militares –como ha sido el caso en Guantánamo–).

Dicho de otro modo, el Presidente puede decidir romper el vínculo que une la libertad e integridad personales a la tutela judicial efectiva (que establece una estrechísima relación entre el *due process of law* y el *judicial process*), negando el derecho a la petición de habeas corpus (*writ of habeas corpus*) a quienes, en su condición de "enemigos", pongan en peligro la "seguridad nacional". Y fiando la protección a un "due process of law" definido por el ejecutivo, y en ocasiones, interno al mismo. Cambios hechos posibles por los conceptos de nuevo cuño de "enemigo" (i.e. alguien ni culpable ni inocente, alguien potencialmente peligroso aunque no haya cargos sustentados en pruebas en su contra) y de "non-judicial due process".

Este cambio constitucional informó la práctica constitucional de Bush II desde el momento mismo de los atentados del 11-S, y fue "formalizado" semanas después. Esta nueva concepción de la libertad personal hizo posible arrestar indefinidamente y sin derecho a tutela judicial alguna a los detenidos en Guantánamo, y en general, en todas las prisiones utilizadas en la guerra contra el terrorismo, muy señaladamente los *black sites*, o prisiones secretas. Bajo la presión (moderada) de los tribunales –y muy especialmente de una mayoría de jueces en el Tribunal Supremo–, del Congreso "demócrata" tras las elecciones *mid-term* de 2006 y de varias instituciones extranjeras –incluido el Parlamento Europeo y la Asamblea Parlamentaria del Consejo de Europa–, la administración Bush II limó algunas de las aristas más punzantes de esta política –afirmando por ejemplo haber cerrado todas las prisiones secretas– al tiempo que mantuvo los elementos fundamentales de la misma.

Las diferencias terminológicas entre las dos últimas administraciones estadounidenses ("combatientes enemigos" bajo Bush II y "beligerantes no privilegiados" bajo Obama) podrían llevarnos a concluir que los cambios se deben a diferencias sustantivas en la política de seguridad nacional y en la forma y manera de entender la relación que media entre ésta y la protección de los derechos fundamentales. Pese a que tal cosa parecería confirmarse a la vista de las primeras medidas tomadas por Obama al llegar a la Casa Blanca, la conclusión final que se impone es bien distinta. Por una parte, no sólo Guantánamo no ha sido cerrado (171 presos en febrero de 2012)[19] sino que el informe de Enero de 2010 de la *task force* creada por el Presidente al llegar a la Casa Blanca resucitó el concepto bushiano de detenido ni culpable ni inocente pero peligroso, aunque descartase el término "combatiente enemigo". Unido a la fuerte presión política en contra del procesamiento de los prisioneros de Guantánamo ante tribunales ordinarios, este concepto ha acabado por alterar radicalmente el sentido de la decisión inicial de Obama. Por otra parte, la nueva administración, si bien ha aceptado formalmente *Boumediene*, ha argumentado que el fallo sólo atañe a los prisioneros de Guantánamo, excluyendo a los que se encuentran en otros centros fuera de Estados Unidos bajo control estadounidense, cual es el caso de Bagram. Finalmente, Obama ha firmado –pese a su declarada intención de vetarla– *el National Defense Authorization Act for Fiscal Year 2012*, que introduce un grado aún mayor de indefinición en el concepto de *beligerante no privilegiado*[20]. Y consolida si no expande las prerrogativas del Presidente en lo que concierne a la disposición sobre el derecho a la libertad personal de los "enemigos".

La única diferencia estructural entre una y otra administración concierne el fundamento de las prerrogativas gubernamentales. Si bien los juristas de Obama no han negado expresamente que el Presidente tenga autoridad constitucional *autónoma* para tomar tales decisiones –algo que característicamente defendían los juristas de corte de Bush II–, han reconocido la importancia de las distintas autorizaciones del Congreso estadounidense, y se han esforzado por presentar argumentos que hagan mínimamente plausible la compatibilidad de tales prerrogativas con el derecho internacional. Aunque también en este respecto hay signos de un *retorno* de la posición de Obama hacia la bushiana (la recién mencionada decisión de censurar mediante un *signing statement*, *el National Defense Authorization Act for Fiscal Year 2012* en lugar de vetarlo supone un

---

[19] Carol Rosenberg, Defenders seek 9/11 trial delay, blame Guantánamo legal mail dispute, *Miami Herald*, 2 de Febrero de 2012, disponible en http://www.miamiherald.com/2012/02/02/2621667/defenders-seek-another-911-trial.html#storylink=cpy.

[20] El signing statement de Obama puede encontrarse en http://opiniojuris.org/2011/12/31/presidents-signing-statement-on-national-defense-authorization-act/. Sobre el cambio de posición de Obama, véase Charlie Savage, 'Obama Drops Veto Threat Over Military Authorization Bill After Revisions', *The New York Times*, 14 de Diciembre de 2011, disponible en http://www.nytimes.com/2011/12/15/us/politics/obama-wont-veto-military-authorization-bill.html.

retorno a una concepción expansiva del poder presidencial), reforzada por el discurso del Fiscal General Holder en Marzo de 2012 en la Northwestern University[21].

2. El Derecho a la integridad personal

En lo que concierne al tratamiento de los detenidos, y en particular, a las técnicas de interrogación, la nueva práctica constitucional puede formularse del siguiente modo:

"El Presidente es competente para decidir las técnicas con ayuda de las cuáles se procederá a interrogar a los 'enemigos', incluso si tales técnicas son consideras trato cruel, inhumano o degradante –o incluso tortura– por el derecho internacional o por las normas constitucionales ordinarias internas o extranjeras."

La administración Bush II, como veremos, propuso una reinterpretación del concepto de tortura que vació de contenido operativo al mismo, al tiempo que las conductas que en el "viejo y anticuado" derecho constitucional (y en el derecho internacional) merecían la calificación de tortura, o de trato cruel, inhumano y degradante, eran ahora caracterizadas como "técnicas mejoradas de interrogación" (*enhanced interrogation techniques*). Al tiempo que se acuñaban los conceptos de "técnicas de interrogación mejoradas" y de "trato humanitario" para designar conductas y consecuencias que en el "viejo" derecho constitucional son calificadas como tortura o cuando menos como trato cruel, inhumano y degradante. A resultas de ello, la tortura se convirtió en una herramienta más en el *kit* de la "guerra contra el terrorismo". Por una parte, tenemos constancia de que los servicios jurídicos del Ministerio de Justicia autorizaron el uso de la técnica del *submarino* ("waterboarding") en reiteradas ocasiones, y de que la conjunción de diversas privaciones en las condiciones de detención generalizaron el trato cruel, inhumano y degradante. Por otra, hay amplísima evidencia de que las autoridades estadounidenses trasladaron a numerosos prisioneros a países en los que la protección de los derechos humanos era y es pobrísima, entregándolos para su interrogatorio a las autoridades de esos países, tenidas por responsables de las violaciones

[21] Eric Holder, 'Attorney General Eric Holder Speaks at Northwestern University School of Law', 5 de Marzo de 2012, disponible en http://www.justice.gov/iso/opa/ag/speeches/2012/ag-speech-1203051.html.

de derechos humanos por el propio Departamento de Estado de Estados Unidos (la práctica de las *extraordinary renditions*, estructurada de modo y manera que fuera posible *deslocalizar* la tortura y el trato cruel, inhumano y degradante).

Aunque el grado de continuidad entre una y otra administración a este respecto es menor, por desgracia hay también una peligrosa afinidad. La Administración Obama pareció repudiar abiertamente el uso de la tortura[22]. Sin embargo, en términos operativos esa ruptura se ha reducido en buena medida al rechazo de las formas más flagrantes de tortura, y la misma no se ha extendido a la acumulación de condiciones de detención que constituyen por sí mismas un trato cruel, inhumano y degradante, si no tortura –como ha puesto de relieve de forma neta el caso Brian Manning–. El uso y abuso del secreto y la opacidad por parte de la administración Obama han sido en muchas ocasiones similares a los característicos de las administraciones de Bush II. El hecho de que Panetta, en su antigua condición de director de la CIA, manifestara su intención de reducir el uso de la *extraordinary rendition* para desmentirse de inmediato arroja serias dudas acerca del fin de esta práctica, instrumento en la *deslocalización* de las violaciones del derecho a la integridad personal. Dudas que sólo se acrecientan ante las noticias de la existencia de una prisión paralela a la oficial (y por ende secreta) en la base de Bagram.

3. Disolviendo el doble misterio constitucional.

Si juzgamos al *brave new constitutionalism* de conformidad con los estándares del Estado democrático *clásico* no podemos sino concluir que la nueva comprensión teórica de los derechos a la libertad e integridad personales, y la práctica constitucional derivada de la misma (*inter alia,* la detención indefinida de presos en Guantánamo, las condiciones de detención en Bagram, el *waterboarding*, las condiciones de detención de Brian Manning, las *extraordinary renditions*, el recurso sistemático a los asesinatos selectivos mediante aviones no tripulados) menoscaban de forma grave el *contenido esencial* de tales derechos.

Si los derechos a la libertad e integridad personal quieren decir algo es que no puede decidirse el arresto indefinido de una persona por el mero

---

[22] 'Executive Order 13491 Ensuring Lawful Interrogations', de 22 de Enero de 2009, disponible en http://www.whitehouse.gov/the_press_office/EnsuringLawfulInterrogations.

hecho de tener la sospecha de que sea peligrosa, aunque ningún juez aceptase condenarlas basándose en tales sospechas; que todo detenido tenga derecho a ser oído por un juez que controle la concurrencia de las circunstancias tasadas que justifican su detención, y que ese derecho no venga a menos porque el detenido esté bajo el control de las autoridades nacionales pero fuera del territorio nacional; y que bajo absolutamente ninguna circunstancia las personas pueden ser objeto de tratos inhumanos, crueles y degradantes, y aún menos sujetas a tortura.

Pero no sólo se trata de que el *brave new constitutionalism* pretenda hacer pasar por constitucional lo que es manifiestamente inconstitucional. Es que el *brave new constitutionalism* asume plenamente la persistencia de estándares dobles, y por tanto, se aleja del ideal regulador del Estado de Derecho y se acerca peligrosamente al modelo de Estado Dual[23].

Por una parte, el *brave new constitutionalism* distingue claramente entre quienes tienen derecho a la protección constitucional *plena* (quienes tienen derecho a tener derechos) y quienes no lo tienen. Estos últimos se definen como el "enemigo", estatuto que corresponde a aquellos que son peligrosos aunque no pueda *aún* probarse que hayan cometido un delito. Por otra parte, el *brave new constitutionalism* implica una clara y neta distinción entre dos tipos de autoridades. La detención arbitraria y tortura de personas sigue siendo juzgada como signo de despotismo y arbitrariedad cuando quienes detienen y maltratan son estados *a los que se niega la condición de constitucionales* (por ejemplo, Siria). Pero esas mismas prácticas pasan a ser juzgadas como *inmaculadamente constitucionales* cuando se practican *en nombre* de la "seguridad nacional" en el contexto de la "guerra contra el terrorismo" por un estado constitucional. Así, un mismo trato en un mismo lugar (Siria) merece una calificación distinta en función de que el detenido y maltratado haya sido entregado extrajudicialmente a las autoridades sirias por Estados Unidos (en uno de los *rendition flights*)[24] o haya sido detenido directamente por las au-

[23] FRAENKEL, E., *The Dual State: A Contribution to the Theory of Dictatorship*, Oxford University Press, Oxford, 1941.

[24] El ciudadano alemán Mohammed Haydar Zammar, nacido en Siria, fue detenido en Marruecos a finales de Noviembre de 2001 y entregado a Siria a principios de Diciembre de 2001, donde podría haber sido torturado. Véase Craig Whitlock, 'In Another CIA Abduction, Germany Has an Uneasy Role', Washington Post, 4 de Febrero de 2007, http://www.washingtonpost.com/wp-dyn/content/article/2007/02/04/AR2007020401112.html. En passant, Alemania ha sido recientemente apercibida por el Comité contra la Tortura de las Naciones Unidas por la insuficiente investigación de los casos de *rendition* en los que

toridades sirias[25]. En el primer caso, el trato que reciba el prisionero se justifica en nombre de la seguridad nacional. En el segundo caso, justifica la condena internacional[26].

Y he ahí el corazón de los misterios constitucionales de los que se ocupa este artículo. Dado que las contradicciones en que el *brave new constitutionalism* incurre son tales y tamañas, ¿Por qué no ha sido suficiente que brillantes juristas hayan escrito largos artículos poniendo de relieve sus contradicciones para que los argumentos de los juristas de Bush II y de Obama se hayan derrumbado como castillos de naipes? ¿Cómo es posible, añado ahora, que algunos de los más feroces críticos de la administración Bush II se hayan convertido en juristas de Obama y hayan sido ellos mismos artífices del refluir del discurso de la administración hacia posturas difícilmente distinguibles de las de Bush II?

Como ya adelanté, a mi juicio los misterios son esencialmente fruto de la (errónea) caracterización y análisis del *brave new constitutionalism* como discurso jurídico-constitucional. Procedamos, de acuerdo con el plan inicial, a dar otro enfoque al problema, verbigracia, al análisis y disección del *brave new constitutionalism* en tanto que discurso de comunicación política orientado a manipular e instrumentalizar la forma de la argumentación jurídico-constitucional al servicio del poder. El *brave new constitutionalism* ha movilizado de forma altamente efectiva el valor simbólico del derecho al servicio de la agenda política de las dos administraciones, agenda política que en el primer caso incluía la subversión material del Estado democrático de derecho, y en el segundo *no* incluye la puesta en cuestión *de forma explícita* de ese asalto al Estado de Derecho.

intervinieron las autoridades alemanas. Véase http://www.statewatch.org/news/2011/nov/committee-against%20torture-germany.pdf. Sobre el papel de Stenmeier, especialmente en el caso Kurnaz, véase FAVA, C., *Quei Bravi Ragazzi*, Sperling and Kupfer, Milano, 2007.Aún más conocido es el caso de Mahrer Arar, ciudadano canadiense de origen sirio, detenido en Septiembre de 2002 durante una escala en el aeropuerto Kennedy de Nueva York, y transferido a Siria en Octubre. El informe oficial canadiense sobre su detención y sobre las torturas sufridas en Siria puede consultarse en http://epe.lac-bac.gc.ca/100/206/301/pco-bcp/commissions/maher_arar/07-09-13/www.ararcommission.ca/fr/26.htm.

[25] Véanse los informes del Departamento de Estado de Estados Unidos sobre el respeto de los derechos humanos en Siria. El de 2002 (año de la *rendition* de Arar) en http://www.state.gov/j/drl/rls/hrrpt/2002/18289.htm

[26] Por ejemplo, 'Syria: Hillary Clinton calls Russia and China "despicable" for opposing UN resolution', The Daily Telegraph, 25 de Febrero de 2012, disponible en http://www.telegraph.co.uk/news/worldnews/middleeast/syria/9105470/Syria-Hillary-Clinton-calls-Russia-and-China-despicable-for-opposing-UN-resolution.html.

Esa movilización no depende tanto de la corrección y coherencia de los argumentos jurídico-constitucionales cuanto de la plausibilidad que a las aseveraciones de los gobernantes confiere el uso de la forma jurídica, de los argumentos pretendidamente jurídicos articulados por quienes son socialmente reputados "técnicos del derecho" y guardianes de nuestra libertad y seguridad. Percepción que, como ha argüido Bruce Ackerman, se han apropiado cada vez más los juristas del ejecutivo, en detrimento de los jueces del Supremo y los académicos[27].

II. DISECCIÓN DEL DISCURSO JURÍDICO DEL "BRAVE NEW CONSTITUTIONALISM"

> "—¿Le torturó? El capitán Segura rompió a reír. —No. No pertenece a la clase torturable" (*Graham Greene, Nuestro Hombre en la Habana*)

En esta sección me ocupo de la cuestión central en este trabajo, o lo que es lo mismo, del modo y manera en que los juristas de Bush II y de Obama han instrumentalizado el discurso jurídico-constitucional estadounidense, o lo que es lo mismo, de cómo han explotado la forma del derecho al servicio de principios que no cabe reconciliar con el código normativo intrínseco al derecho (a la ley como forma de la razón en las bellas palabras de Sciascia que preceden a la introducción a este trabajo)[28].

La dificultad mayor del *brave new constitutionalism* es sin duda la justificación de su propia necesidad. Ciertamente los aviones constituyen un logro tecnológico fundamental en la historia de la humanidad, pero hace décadas que existen. Algo extensible, aunque con mayor fuerza, a los cuchillos y objetos punzantes. Y sin embargo, los atentados del 11-S se perpetraron con esos medios. Podrían por tanto haber tenido lugar en 2001, o en 1961, o incluso en 1950 ¿Por qué los atentados del 11-S son

---

[27] ACKERMAN, B., *The Fall and Decline of the American Republic*, Harvard University Press, Cambridge (Mass.), 2010.

[28] Palabras que a mi juicio elegantizan intuiciones centrales del pensamiento de buena parte de Kelsen, Hart y Fuller, por citar tan sólo a tres grandes teóricos del derecho. Véase VINX, L., *Hans Kelsen's Pure Theory of Law: Legality and Legitimacy*, Oxford University Press, Oxford, 2007.

distintos al primer atentado fallido a las Torres Gemelas o al atentado de Oklahoma? ¿Qué diferencia a la nebulosa Al Qaeda de otras organizaciones terroristas *en red* ya conocidas hace treinta años?[29]

La afirmación del carácter epocal de los atentados del 11-S encontró terreno abonado en el *estado de shock* en el que quedó sumida la población estadounidense (y muy especialmente, sus élites gobernantes e intelectuales). La plausibilidad inicial de un cambio radical en la concepción del derecho a la libertad e integridad personales derivan del shock que los atentados supusieron para los estadounidenses. Hay que remontarse a 1814 para encontrar un ataque en el territorio continental de Estados Unidos comparable con los atentados del 11-S (la ocupación y quema de Washington por tropas ingleses, un hecho que en cierta medida es un post-mortem del conflicto que había dado lugar a la Independencia de Estados Unidos años antes)[30]. Aunque el primer atentado (esencialmente frustrado) a las Torres Gemelas o el atentado de Oklahoma pudieron haber tenidos consecuencias parecidas a las de los atentados del 11-S, los mismos no quebraron la sensación de invulnerabilidad de la población estadounidense. En buena medida, la perversa *mise en scene* de los atentados del 11-S generó una narración mediática que hizo trizas la creencia de que un atentado así *no podía suceder en Estados Unidos*. La sensación de vulnerabilidad fue alimentada por el vacío de poder en las horas inmediatamente posteriores a la retransmisión de los atentados. La combinación de una sensación (falsa) de invulnerabilidad y esta narrativa mediática dio paso a un estado de shock profundísimo (y en buena medida irrepetible)[31].

Es precisamente porque la única "radical novedad" es puramente cognitiva que el *brave new constitutionalism* desempeña un papel fundamen-

---

[29] Es quizá conveniente recordar que el discurso del "nuevo terrorismo", lejos de ser nuevo, es ya bastante antiguo (es en realidad un mantra que viene utilizándose desde el final de la guerra de Vietnam en la discusión pública estadounidense). Una brillante "deconstrucción" del discurso mediático de la "novedad" en SPENCER, A., *The Tabloid Terrorist. The Predicative Construction of the New Terrorism in the Media*, Palgrave, Houndmills, 2010. Véase también HERMAN, E. S., *The Real Terror Network*, South End Press, Boston, 1982.

[30] Véase HICKEY, D., *The War of 1812: A Forgotten Conflict*, University of Illinois Press, Urbana, 1989.

[31] Aunque los europeos también fuimos destinatarios de una narrativa muy parecida, porque los medios de comunicación, especialmente los audiovisuales emularon el relato estadounidense, no tuvimos una sensación tan aguda de pérdida de la vulnerabilidad, porque la única novedad de los atentados del 11-S era su espectacularidad.

tal. Los atentados rompen con el (falso) sentimiento de invulnerabilidad de una buena parte de la población estadounidense, sentimiento que había persistido *pese* a precedentes como los frustrados atentados contra las Torres Gemelas o el brutal atentado de Oklahoma, por no hablar de las guerras y atentados que en el mundo han sido en las últimas siete décadas. Pero esa percepción, fruto de un estado de shock, está destinada a ser temporal. El *brave new constitutionalism* desempeña un papel fundamental en la *fijación* de esa sensación epocal. Una vez que el estado de *shock* recede, no es ya sólo el recuerdo de los atentados (aunque la repetición de las imágenes de los aviones impactando en las torres desempeña un papel fundamental), como la panoplia de conceptos que forman parte del léxico del *brave new constitutionalism* la que perpetúa la creencia en el carácter epocal de los atentados del 11-S. No sólo justifica el uso y abuso de la retórica de la guerra, que como todo *spin doctor* sabe reduce drásticamente el campo de la crítica a las acciones gubernamentales[32], sino que permite desligar esa retórica de las obligaciones jurídicas anejas a la misma en el imaginario colectivo estadounidense (obligaciones éstas que son las que hacen de Estados Unidos una *city upon the hill* en ese mismo imaginario colectivo).

Tres son los movimientos de la retórica formalmente jurídico-constitucional del *brave new constitutionalism* que son fundamentales.

Primero, se afirma que el terrorismo que se manifiesta en los atentados del 11-S es radicalmente *nuevo*, porque lo es su base institucional (la red terrorista, no la banda terrorista), porque lo es su objetivo (la aniquilación de las sociedades libres y no su transformación) y/o porque lo son las consecuencias potenciales de los mismos (la destrucción de grandes ciudades enteras como medio de acelerar el derrumbe social, no el asesinato de este o aquel dirigente político, militar o policial). Es por ello que los atentados han de ser vistos como un parteaguas epocal, como la comadrona del mundo nuevo, *post* 11-S.

Segundo, la adecuada descripción y comprensión del *nuevo* mundo post-11-S requiere un *lenguaje* nuevo, *conceptos* radicalmente nuevos, incluidos, claro está, *conceptos jurídicos*. De la presunta radical *novedad*

---

[32] Véanse BERINSKY, A. J., *In time of War, Understanding American Public Opinion from World War II to Iraq*, Chicago University Press, Chicago, 2009 y el reciente trabajo de DUDZIAK, M. L., *War Time: An idea, its history, its consequences*, Oxford University Press, New York, 2012.

del mundo empírico se deriva la necesidad de adecuar nuestras herramientas analíticas y conceptuales –incluidas las jurídicas–.

Tercero, los nuevos conceptos –especialmente los jurídicos– alteran la percepción de la realidad social post-11-S. En la medida en la que la caterva de nuevos conceptos jurídicos constituye el conjunto de herramientas y lentes analíticas con las que los ciudadanos pasan a ver el mundo, el argumento circular se cierra, ya que son los propios conceptos los que "prueban" la *novedad radical* del mundo post 11-S[33]. *Quod Munchausen fecit.* Al tiempo que se forjan nuevos conceptos sustentándose en la premisa del carácter radicalmente nuevo de los atentados del 11-S y del mundo post-11-S, son los conceptos fundamentales del *brave new constitutionalism* los que sustentan la construcción social de los atentados del 11-S como un acontecimiento epocal. O dicho de otro modo, el primer movimiento del discurso del *brave new constitutionalism* hace uso del discurso de la novedad con el objeto de manipular la percepción del mundo. La conclusión se convierte en premisa de la premisa.

1. El carácter radicalmente nuevo del mundo post-11-S: "la guerra contra el terrorismo" de Bush II y el "conflicto persistente" de Obama

Premisa fundamental en el discurso jurídico que desarrolla la administración Bush II tras los atentados del 11-S es que el terrorismo que se manifiesta en ellos es radicalmente *nuevo*, en tanto que lo son sus objetivos (la aniquilación en masa, resultado del carácter fundamentalista y mesiánico de su ideología), los medios de los que se valen (la nueva tecnología de destrucción, incluidas las crecientemente miniaturizadas armas de destrucción masiva, y el *lawfare*) y la forma de organización (la red o *network*). Ello implica que el nuevo terrorismo no sólo aspira a constituirse en una amenaza existencial para las sociedades modernas,

---

[33] O dicho de otro modo, los nuevos términos no sólo presentan un claro carácter sesgado, en la medida en la que contribuyen a predeterminar las "nuevas" normas jurídicas aplicables a ese mundo "nuevo", sino que –y ante todo– son ellas mismas las que alteran la percepción del mundo. La "radical novedad" no es pues el antecedente que justifica la creación de un "nuevo vocabulario". Es el "nuevo vocabulario" el que altera nuestra percepción de la realidad. De este modo, el "nuevo vocabulario" jurídico, lejos de representar una herramienta analítica, constituye una herramienta de manipulación.

sino que dispone de medios y de una forma de organización adecuados a tales objetivos.

Primero, el nuevo terrorismo se fija como objetivo la destrucción de la civilización occidental, de la libertad de los modernos de que gozan los países occidentales. Ello refleja la inspiración religiosa, fundamentalista de los terroristas, que se creen inmersos en una cruzada contra occidente. Es por ello que, a diferencia del terrorismo clásico, el terrorismo no se presenta como una fuerza de progreso, sino como una fuerza profundamente reaccionaria, que aspira a constituirse en una amenaza existencial para las sociedades democráticas modernas[34].

Segundo, las tácticas de las que se valen los *nuevos terroristas* incluyen tanto las armas de destrucción masiva (y cabe recordar aquí la infinidad de relatos periodísticos acerca del potencial uso de "mini-bombas" nucleares o la histeria colectiva desatada por el episodio del ántrax, caído en el olvido agotada su utilidad como herramienta mediática bajo la administración Bush II)[35] como el "lawfare", que vendría a

---

[34] Discurso de Bush II ante las dos cámaras del Congreso de 20 de Septiembre de 2001, disponible en http://articles.cnn.com/2001-09-20/us/gen.bush.transcript_1_joint-session-national-anthem-citizens?_s=PM:US. Caracterización que contrasta con los estudios académicos sobre el particular. Véase ATTRAN, S., *Talking to the Enemy: Violent Extremism, Sacred Values, and What it Means to Be Human*, Penguin, Harmondsworth, 2010.

[35] La formulación lapidaria de esta idea ("we do not want the smoking gun to be a mushroom cloud") se convirtió en uno de los fundamentales y más efectistas talking points en los meses previos a la guerra de Irak: Condoleezza Rice: "We don't want the smoking gun to be a mushroom cloud2, 8 de Septiembre 2002, en una entrevista a CNN, disponible en http://transcripts.cnn.com/TRANSCRIPTS/0209/08/le.00.html; Bush II, "Facing clear evidence of peril, we cannot wait for the final proof–the smoking gun–that could come in the form of a mushroom cloud", 7 de Octubre de 2002, en el Centro Museístico de Cincinnati, disponible en http://www.gwu.edu/~nsarchiv/NSAEBB/NSAEBB80/new/doc%2012/President%20Bush%20Outlines%20Iraqi%20Threat.htm; Cheney, 16 de Marzo de 2003, "We know he has been absolutely devoted to trying to acquire nuclear weapons, and we believe he has, in fact, reconstituted nuclear weapons", transcripción disponible en http://www.msnbc.msn.com/id/3080244/. Sobre la realidad de las mini-bombas nucleares (suitcase nukes) véase Katherine Shrader, 'Suitcase nukes closer to fiction than reality', Associated Press, 10 Nov 2007, disponible en http://www.usatoday.com/tech/science/2007-11-10-suitcasenukes_N.htm. Y la página web del National Terror Alert Response Center dedicada al tema, http://www.nationalterroralert.com/suitcasenuke/. Sobre el anthrax, véase SARASIN, P., *Anthrax, Bioterror as Fact and Fantasy*, Harvard University Press, Cambridge (Mass.), 2006.

ser el uso torticero de las normas internacionales y de las disposiciones constitucionales para "debilitar" a Estados Unidos[36].

Tercero, los atentados son responsabilidad de una banda terrorista *en red*, de un *network* terrorista, no de una organización terrorista jerárquicamente organizada[37]. Los miembros de Al Qaeda no son ni soldados ni terroristas, sino"combatientes enemigos" (con Obama serán recaracterizados, como veremos, "beligerantes no privilegiados")[38].

De este modo, el *nuevo terrorismo* combina una organización si acaso similar a la de las guerrillas, el *modus operandi* de una sofisticada y post-moderna banda terrorista, y el potencial lesivo de una acción militar en una guerra total. Es por ello que los atentados el 11-S no son ni un atentado terrorista *al uso*, ni un acto de guerra *convencional*. Son algo no sólo híbrido, sino fundamentalmente nuevo. Las"nuevas "acciones terroristas *suponen una amenaza existencial* para la comunidad política. Son un acto de guerra, pero no al uso o convencional, sino los primeros combates de la "guerra contra el terrorismo".

---

[36] Charles J Dunlad Jr, entonces Vice-Abogado General, en 'Law and Military Interventions: Preserving Humanitarian Values in 21st Conflicts', conferencia impartida en la Kennedy School of Government el 29 de Noviembre de 2001, y disponible en http://www.duke.edu/~pfeaver/dunlap.pdf. Donald Rumsfeld y Jack Goldsmith ampliaron el campo de aplicación del término, al considerar que la defensa de la jurisdicción universal por parte de "los aliados europeos y sudamericanos y la industria (sic) de los derechos humanos" era un ejemplo de guerra mediante el derecho. Véase GOLDSMITH, J., *The Terror Presidency*, Norton, New York, 2007, pp. 59ss.

[37] Dicurso de Bush de 20 de Septiembre de 2001, supra, fn 27; Sobre las verdaderas implicaciones de la condición de red terrorista de Al Qaeda, véase SAGEMAN, M., *Understanding Terrorist Networks, Leaderless Jihad,* University of Pennsylvania Press, Philadelphia, 2008. Un agudo y esclarecedor análisis periodístico en BURKE, J., *Al-Qaeda: Casting a Shadow of Terror*, Penguin, Harmondsworth, 2004.

[38] Expresión imprecisa, aplicada de forma muy aproximativa por el Tribunal Supremo estadounidense en un caso complejo y escasamente memorable, Quirin, el término fue rescatado por los juristas de la corte de Bush II para designar a una categoría que presuntamente no habría sido contemplada en el derecho positivo, y de paso, confeccionarle su propio y peculiar estatuto jurídico. El término aparece en la Orden Ejecutiva de 13 de Noviembre de 2011, en la que, llevado por el número creciente de prisioneros en la guerra de Afganistán, Bush II aprueba la orden militar por la que se sustrae a la jurisdicción ordinaria a cualquier enemigo combatiente, a cualquier miembro de Al Qaeda, con independencia del lugar en que efectivamente haya sido detenido (como se deriva de su Artículo II)http://www.fas.org/irp/offdocs/eo/mo-111301.htm

La administración Obama ha abandonado el uso del término "guerra contra el terrorismo", pero no sólo ha mantenido el marco de interpretación del 11-S como acontecimiento epocal, que nos arrastra a un mundo radicalmente nuevo, sino que ha articulado un nuevo discurso *funcionalmente equivalente* al de Bush II, bajo términos como "el conflicto persistente" o "guerra contra Al Qaeda".

En su discurso inaugural, Obama omitió la frase "guerra contra el terrorismo" y sólo empleó en una ocasión el término "terror" –y con implicaciones aparentemente distintas a las características de los discursos de su predecesor[39]. De forma semejante, la *Nueva Estrategia de Seguridad Nacional* de Mayo de 2010 pareció reducir la relevancia estratégica de la lucha contra el terrorismo –que pasó a ser considerada una de las *varias* amenazas a la seguridad nacional estadounidense[40]–. Y la nueva estrategia del Departamento de Defensa hecha pública en 2012 dejó de lado el concepto de "la guerra larga", o lo que es lo mismo, el carácter indefinido e indeterminado en el tiempo de la guerra contra el terrorismo[41]. A ello debe unirse la proclamación del final de la guerra de Irak –en Diciembre de 2011[42]– y el anuncio del final próximo de la guerra

---

[39] 'Time has come to affirm our enduring spirit', disponible en http://www.msnbc.msn.com/id/28751183/ns/politics-inauguration/t/time-has-come-reaffirm-our-enduring-spirit/: "We will not apologize for our way of life, nor will we waver in its defense, and for those who seek to advance their aims by inducing terror and slaughtering innocents, we say to you now that our spirit is stronger and cannot be broken; you cannot outlast us, and we will defeat you"

[40] Véase especialmente p.8: "Yet these wars –and our global efforts to successfully counter violent extremism– are only one element of our strategic environment and cannot define America's engagement with the world. Terrorism is one of many threats that are more consequential in a global age. The gravest danger to the American people and global security continues to come from weapons of mass destruction, particularly nuclear weapons". El texto completo en http://www.whitehouse.gov/sites/default/files/rss_viewer/national_security_strategy.pdf.

[41] El informe puede consultarse en http://www.defense.gov/news/Defense_Strategic_Guidance.pdf. Sobre la implicación del mismo en relación con la guerra contra el terrorismo, véase Tom Hayden, 'Obama orders end to "long war" doctrine, *The Nation*, 13 de Enero de 2012, disponible en http://www.thenation.com/article/165651/obama-orders-end-long-war-doctrine.

[42] Helene Cooper, 'Obama Praises Troops as He Ends the War He Opposed', *The New York Times*, 14 de Diciembre de 2011, disponible en http://www.nytimes.com/2011/12/15/us/at-fort-bragg-obama-showers-praise-on-troops-back-from-iraq.html; Thoms Shanker, Michael S. Schmidt y Robert Worth, 'In Baghdad, Panetta Leads Uneasy Moment of Closure', *The New York Times*, 15 de Diciembre de 2011, disponible en http://www.nytimes.

de Afganistán[43]. En el primer caso, asumiendo una disminución drástica de la presencia de tropas estadounidenses en el país, aunque se mantendrá un contingente abultadísimo de militares y contratistas privados en la colosal embajada en Baghdad[44].

Pese a ello, la nueva administración no ha roto ni con la caracterización de los atentados del 11-S como acontecimiento epocal, ni con la idea misma de que los Estados Unidos estén luchando un nuevo tipo de conflicto, persistente en el tiempo, que no cabe caracterizar ni como guerra ni como mera ofensiva terrorista. En particular, en lo que concierne a esto último, lo que ha hecho la administración Obama ha sido definir en que consista ese conflicto persistente, que ahora es esencialmente la "guerra contra Al Qaeda"[45]. Guerra que cada vez más se ha ido definiendo de modo más semejante a la "guerra contra el terrorismo" bushiana.

Ese cambio retórico ya estaba presente en el determinante discurso que diera Obama en los Archivos Nacionales en Mayo de 2009[46] y se ha hecho aún más nítido una vez que la Administración Obama ha puesto fin, o está en vías de poner fin, como queda indicado, a los dos grandes conflictos de Bush II, fin que se combina con el refluir de las instituciones y las prerrogativas con las que los juristas de

com/2011/12/16/world/middleeast/panetta-in-baghdad-for-iraq-military-handover-ceremony.html?pagewanted=all; Editorial, 'A Formal End', *The New York Times*, 15 de Diciembre de 2011, http://www.nytimes.com/2011/12/16/opinion/a-formal-end-to-the-iraq-war.html.

[43] Mark Landler and Helen Cooper, 'Obama Will Speed Pullout From War in Afghanistan', *The New York Times*, 22 de Junio de 2011, disponible en http://www.nytimes.com/2011/06/23/world/asia/23prexy.html?hp=&pagewanted=print.

[44] Ewen MacAskill, 'Iraq rejects US request to maintain bases after troop withdrawal', *The Guardian*, 21 de Octubre de 2011, http://www.guardian.co.uk/world/2011/oct/21/iraq-rejects-us-plea-bases.

[45] La idea de "conflicto persistente" la acuñó en 2008 el actual Jefe del Estado Mayor. Ya en el Posture Statement del Ejército de Estados Unidos de 2008 (disponible en http://www.army.mil/aps/08/APS2008.pdf) podía leerse: "We are on the leading edge of a period when an increasing number of actors (state, non-state, and individual) in a less constrained international arena, are more willing to use violence to pursue their ends [...S]even enduring trends exacerbate these sources of conflict: Globalization conjoined with Technological innovations; Demographic changes coupled with increasing Urbanization;rising Resource demands; Climate change and natural disasters; Proliferation of weapons of mass destruction; and the consequences of Failed or failing states."

[46] http://www.whitehouse.gov/the_press_office/Remarks-by-the-President-On-National-Security-5-21-09

Bush II sostuvieron que el Presidente debía luchar esas guerras[47]. Una vez terminada formalmente la guerra de Irak, y en vías de conclusión la de Afganistán, la renovación de la autorización del uso de la fuerza en Diciembre de 2011[48] *implica* la renovación del discurso de la "guerra contra el terrorismo", sólo que *bajo otro nombre, con otra denominación*. Y consagrada en el ya mencionado discurso del Fiscal General Holder en Marzo de 2012[49].

---

[47] Mary Dudziak, 'This War Is Not Over Yet', *The New York Times*, 15 de Febrero de 2012, disponible en http://www.nytimes.com/2012/02/16/opinion/this-war-is-not-over-yet.html?_r=1.: "(...) the contradiction of ending two wars while invoking a nebulous and never-ending third one to justify the continued detention of prisoners. Administration lawyers have an answer for this: the original post-9/11 Authorization for Use of Military Force gave the president authority to act against Al Qaeda and its supporters. Mr. Obama brought his definition of war into line with this more expansive view in January 2010 by declaring that the United States is "at war against Al Qaeda." This broadened the scope of Mr. Obama's rhetoric on war by divorcing it from geography. And it provided a way of bringing into the ambit of American war terrorists outside of Iraq and Afghanistan, such as Anwar al-Awlaki, the American-born cleric tied to Al Qaeda in the Arabian Peninsula who was killed by an American drone strike in Yemen last September. Like the Bush administration's version of the war on terror, this war with Al Qaeda allows us to follow our enemies wherever they may go. It also enables us to continue framing terrorists as warriors, subject to detention without charges as long as threats related to Al Qaeda exist."

[48] Ibidem: "Mr. Obama is trying to have it both ways. Ending major conflicts in two countries helps him deliver on campaign promises. But his expansive definition of war leaves in place the executive power to detain without charges, and to exercise war powers in any region where Al Qaeda has a presence". Aunque la Casa Blanca (y el Pentágono) sostenían que no era necesario reafirmar los poderes presidenciales, ya que la Autorización del Uso de la Fuerza de 2001 ya era suficiente, el National Defense Authorization Act of 2012 reafirma tales poderes y hace pues permanente la "guerra contra Al Qaeda". Sobre las reticencias del Pentágono, véase Spenser Ackerman, Pentagon Isn't Hot for New Law to Bless Al-Qaida War, *Wired*, 17 de Marzo de 2011, disponible en http://www.wired.com/dangerroom/2011/03/pentagon-isnt-hot-for-a-new-law-blessing-al-qaeda-war/#more-42680. Sobre las consecuencias del Act sobre los poderes del Presidente, véase Rania Khalek, 'Global Battlefield' Provision Allowing Indefinite Detention of Citizens Accused of Terror Could Pass This Week, *Alternet*, 13 de Diciembre de 2011, disponible en http://www.alternet.org/rights/153421/%27global_battlefield%27_provision_allowing_indefinite_detention_of_citizens_accused_of_terror_could_pass_this_week.

[49] Holder, supra, nota 21.

2. Un nuevo lenguaje jurídico para un mundo nuevo

La primera (y probablemente fundamental) instrumentalización del discurso jurídico-constitucional guarda una estrecha relación con el papel clave que desempeña el derecho en la estabilización y homogeneización de los conceptos fundamentales con los que literalmente *construimos* nuestras relaciones sociales[50].

El "brave new constitutionalism" es ante todo un nuevo *lenguaje*, el nuevo lenguaje con el que –se nos dice– hay que entender el derecho en el mundo post 11-S. La introducción de este nuevo lenguaje se justifica en la inicialmente plausible novedad radical del 11-S. Pero en realidad acaban siendo los conceptos los que fijen y estabilicen la construcción social de los atentados del 11-S como parteaguas en la historia política y constitucional. Al tiempo que, como veremos con mayor detalle en la sección tercera, los conceptos contengan en sí mismo el germen del nuevo derecho constitucional, de un derecho constitucional cuyos principios básicos se recalibran y reponderan a la luz de las nuevas circunstancias.

Esta sección pone de relieve pues la medida en la que los juristas de Bush II y de Obama se han valido de la *función conceptualizadora* del derecho, de su papel fundamental en la fijación de los conceptos con los que estructuramos y organizamos nuestras relaciones sociales y con los que creamos y vemos el mundo social, para manipular la percepción de los atentados del 11-S y justificar el contenido sustantivo del *brave new constitutionalism.*

De entre las múltiples novedades conceptuales, cuatro son a mi juicio las fundamentales: (1) el concepto de "enemigo" (combatiente enemigo o beligerante no privilegiado) y el asociado de "non-judicial due process", en tanto que determina el ámbito personal de la redefinición del derecho

---

[50] El discurso jurídico *importa* buena parte de sus conceptos básicos. Los conceptos de responsabilidad solidaria, de base imponible, de *buen padre de familia* o de accidente, por tan solo mencionar algunos, no son el resultado de la inventiva jurídica, sino términos tomados de varias disciplinas y saberes, o del tráfago de la vida social. En relación con tales conceptos, el derecho cumple una función homogeneizadora y fijadora. Las funciones típicas del derecho en las sociedades modernas (la resolución de conflictos, la coordinación de acciones, la fijación de estructuras institucionales y estándares normativos a partir de los cuales los individuos pueden crear y organizar autónomamente sus redes de relaciones sociales) dependen estrechamente de esta función de estabilización y homogeneización conceptual del derecho.

a la libertad e integridad personales bajo el *brave new constitutionalism*; (2) el concepto de "técnicas de interrogación mejoradas" y el asociado de trato humanitario, en la medida en que es determinante en el vaciamiento sustantivo de la prohibición de tortura y tratos crueles, inhumanos o degradantes; (3) el concepto de guerra de amplio espectro, esencial en la normalización del ejercicio unilateral y extraterritorial de la fuerza con independencia de las normas del derecho internacional; (4) el concepto de "ataque de precisión", que termina de socavar el derecho a la integridad personal, afectando de forma inmediata y directa al derecho a la vida.

2.1. Enemigos: De combatientes enemigos a beligerantes no privilegiados

Semanas después de los atentados del 11-S, la administración de Bush II concluye que no sólo la "guerra contra el terrorismo" activa las prerrogativas del Presidente como "comandante en jefe", sino que el carácter *novedoso* de la guerra contra el terrorismo implica la caracterización del enemigo de modo también *novedoso*. De este modo, los "enemigos" no son ni soldados ni simples terroristas. Los juristas de Bush II recuperan el término "combatiente enemigo", acuñado por el Tribunal Supremo en la sentencia Quirin (hasta entonces mayoritariamente vista como esencialmente errónea, fruto de la debilidad institucional del Supremo en plena guerra mundial, de su tolerancia indebida con los excesos de un gobierno en guerra).

Este nuevo concepto, esta nueva categoría de enemigo, viene acompañada (en el segundo paso del movimiento retórico) de un peculiar régimen jurídico. Los juristas de corte de Bush II concluyeron que los "combatientes enemigos" se sitúan ellos mismos fuera del ámbito de protección constitucional. Quienes pretenden destruir o aniquilar la comunidad política no han de tener derechos. A la nueva calibración de los derechos constitucionales se unía la conclusión de que los Convenios de Ginebra sólo serían aplicables en conflictos de los que fuesen parte "naciones civilizadas", a las que no pertenecerían ni los combatientes de Al Qaeda ni los talibanes (estos últimos en atención a que el Afganistán que controlaban había de ser definido como un "estado fallido", otro de los neologismos jurídicos de la "guerra contra el terrorismo").

De este modo, la creación de una nueva categoría conceptual ("combatientes enemigos") va seguida de la negación de cualquier derecho a la tutela judicial efectiva a quienes reúnan tal condición, al no poder reclamar derechos ni constitucionales ni reconocidos por las Convenciones de Ginebra.

Ese "agujero de derechos" en el que la introducción del término "combatiente enemigo" hizo caer a los detenidos en la "guerra contra el terrorismo" explica porque fueron objeto en muchos casos de traslado a otras jurisdicciones para que fueran objeto de interrogatorio y/o detención en ellas (la práctica de la *extraordinary rendition*, habitualmente seguida de tortura, nexo que ilustra por sí mismo la estrecha relación que media entre el derecho a la libertad y a la integridad personales).

Las prerrogativas presidenciales, se afirmaba, eran inherentes al ejercicio de la Presidencia, y por ende no podían ser limitadas o condicionadas por ninguna otra institución o cuestionadas en proceso judicial alguno.

La administración Obama ha pretendido sostener retóricamente una ruptura clara y neta con la administración Bush II. No sólo ha abandonado el concepto de "combatiente enemigo", sino que, al menos en los primeros meses de su mandato, tomó medidas que parecían augurar una vuelta a una práctica constitucional pre-11-S, con el reconocimiento de los derechos a la libertad personal e integridad en los términos previstos en el "viejo" constitucionalismo.

Durante su campaña electoral[51] y en los primeros días en la Casa Blanca[52], Obama afirmó su intención de cerrar Guantánamo y de llevar ante los tribunales ordinarios a los allí detenidos a los que cupiese probar culpables de delitos. Lo que implicaba abandonar las modalidades varias de comisiones militares defendidas por la administración Bush II. Intención que reiteró el Fiscal General Eric Holder. Decisiones que parecían prefigurar un cambio de rumbo acorde con el repudio de la tortura y la reconsideración de las técnicas de interrogación, de forma y manera que

---

[51] Discurso del entonces candidate de 2 de Agosto de 2007: "As President, I will close Guantanamo, reject the Military Commissions Act and adhere to the Geneva Conventions. Our Constitution and our Uniform Code of Military Justice provide a framework for dealing with the terrorists". Tomado de Andrew Malcolm, Obama and Guantanamo: A chronology of his broken promise, *Los Angeles Times*, 2 de Julio de 2010, disponible en http://latimesblogs.latimes.com/washington/2010/07/obama-guantanamo.html.

[52] Jake Tapper, 'Obama Order to Shut Gitmo, CIA Detention Centers', *ABC News*, 22 de Enero de 2009, disponible en http://abcnews.go.com/Politics/LawPolitics/story?id=6707095&page=1#.T1SsE4caOf4.

hubiese plena certidumbre de su conformidad con los estándares constitucionales e internacionales.

La postura de la administración ha variado significativamente desde el inicio del mandato, empujada por la presión mediática ejercida por los republicanos, por la derrota política en las elecciones *mid-term* de 2010 y la consecuente ofensiva ya no sólo mediática sino institucional de los republicanos[53], y por la voluntad de mantener, de *forma flexible,* abiertas las opciones políticas del Presidente.

El primer cambio sensible en la posición de la nueva administración se manifestó en el informe de la Task Force encargada por el Presidente de revisar el estatus de los detenidos en Guantánamo. En el texto de Enero de 2010, que sólo se hizo público en mayo[54], la Comisión reitera la conveniencia de cerrar el campo y de llevar ante los tribunales ordinarios a los detenidos de los que se posean pruebas de su culpabilidad. Al mismo tiempo, considera con detenimiento el complejo problema que suscitan los detenidos que hayan de ser puestos en libertad, pero que sean ciudadanos de estados en los que es previsible vayan a sufrir menoscabos de su libertad, integridad o en los que corra peligro su vida. Pero, sobre todo, el informe introduce en el discurso de la administración Obama la categoría central del discurso bushiano, la del "enemigo". 78 de los detenidos no pueden ser llevados ante los Tribunales (léase: es probable que sean absueltos, porque los estándares procesales y sustantivos de los tribunales ordinarios no son los mismos que los de las comisiones militares) *pero* hay poderosas razones de seguridad nacional que hacen *imposible* su liberación. En relación con estos detenidos, se acepta (y al hacerlo, se normaliza) la detención indefinida por *fiat* gubernamental[55]. La pirueta constitucional de los juristas de Obama consiste en afirmar

53 'Closing Guantanamo, Legal Issues', Congressional Research Service http://www.fas.org/sgp/crs/natsec/R40139.pdf.

54 Aunque fragmentos de sus contenidos se filtrarán con anterioridad, de modo claramente intencional y estratégico, aunque quizás estos dos adjetivos sean totalmente redundantes al hablar de la filtración de un documento gubernamental.

55 'Guantanamo Review Task Force', 22 de Enero de 2010, disponible en http://www.justice.gov/ag/guantanamo-review-final-report.pdf, p. 24: "While the reasons vary from detainee to detainee, generally these detainees cannot be prosecuted because either there is presently insufficient admissible evidence to establish the detainee's guilt beyond a reasonable doubt in either a federal court or military commission, or the detainee's conduct does not constitute a chargeable offense in either a federal court or military commission. Though prosecution currently is not feasible for these detainees, designating a detainee

que el Presidente, en tanto que comandante en jefe, puede ordenar esta detención. Si bien ello no es óbice, *Boumediene* en mano, para que los detenidos puedan solicitar la tutela judicial efectiva (los tribunales, salvo que declaren la inconstitucionalidad de las normas legales aprobadas por el Congreso, denegarán, como ya han hecho, este derecho; la legislación aprobada en el último bienio bushiano ha conferido base legal a la prerrogativa presidencial, y permite esta aparente pirueta argumentativa a los juristas de Obama). De este modo, refluye el marco jurídico de la "guerra contra el terrorismo", aún sin utilizar tal término, con esta extraña combinación de las normas aplicables a la guerra y al proceso penal por acciones terroristas.

La segunda indicación ha sido la persistencia en la defensa del argumento de la administración Bush II en lo concierniente a los derechos que tienen los detenidos en la prisión de la base militar de Bagram (Afganistán). Los abogados que representan al Gobierno ante los tribunales alegan que el reconocimiento del derecho a la tutela judicial efectiva y al *writ* de habeas corpus a los detenidos en Guantánamo que se contiene en *Boumediene* no se extiende a Bagram[56]. Afirmar tal cosa implica suscribir una concepción tanto del "conflicto persistente" como del poder presidencial muy semejantes a las defendidas por los juristas de Bush II. Este *volte de face* es especialmente paradójico a la vista de que algunos de los abogados de Obama litigaron *Boumediene* ante el Supremo defendiendo a los detenidos en Guantánamo[57]. De esta forma, la "grieta" en el orden constitucional "clásico" que suponen los 78 detenidos de Guantánamo deja de ser una excepción marginal, y se convierte en un colectivo que cae bajo la categoría general "enemigo". La persistencia de cárceles secretas (*black sites*) pese a la afirmación de Bush II acerca de su desmantelamiento en 2007, persistencia verificada en lo que concierne a Bagram, [58]hace aún más perniciosa esta categoría.

---

for detention does not preclude future prosecution in either a federal court or a military commission should new evidence or other developments make a prosecution viable".

[56] Charlie Savage, 'Obama Upholds Detainee Policy in Afghanistan', *The New York Times,* 21 de Febrero de 2009, disponible en http://www.nytimes.com/2009/02/22/washington/22bagram.html?_r=2&scp=2&sq=bagram&st=cse.

[57] El caso más conocido es el de Neal Katyal. Una dura crítica en Josh Gerstein, 'A Gitmo bar turncoat?', *Politico*, 5 de Enero de 2010, disponible en http://www.politico.com/blogs/joshgerstein/0110/A_Gitmo_bar_turncoat.html.

[58] Véanse Max Fisher, 'Our Secret "Black Jail" in Afghanistan, *Atlantic Monthly*, 30 de Noviembre de 2009, http://www.theatlanticwire.com/politics/2009/11/our-secret-black-jail-

La tercera indicación de un cambio de postura deriva de la reintroducción de las comisiones militares. Ante la negación de fondos por el Congreso para llevar ante los Tribunales Ordinarios a los detenidos en Guantánamo en relación con los cuales se estimaba que existían altas probabilidades de lograr una condena, la administración Obama reintroduce las comisiones militares[59]. En Abril de 2011, Holder confirmó que el detenido en Guantánamo y presuntamente autor intelectual de los atentados del 11-S –en su interrogatorio se ha reconocido que se empleó el *submarino*–[60], Khalid Sheik, no sería llevado ante los tribunales ordinarios[61]. En Noviembre de 2011 inició sus trabajos la primera comisión militar bajo la Presidencia Obama, en la que se enjuicia a Rahsim al-Nashiri –otro de los presos de Guantánamo que ha sido reconocido que fue sometido al *submarino*–[62].

Finalmente, la firma (y el no ejercicio del veto presidencial) en relación con el *National Defense Authorization Act de 2012*. Fuertemente

in-afghanistan/26290/; Scott Horton, Obama's Black Sites, Harper's, 19 de Mayo de 2010, disponible en http://harpers.org/archive/2010/05/hbc-90007026; Hillary Andersson, Red Cross confirms 'second jail' at Bagram, Afghanistan, *BBC*, 11 de Mayo de 2010, disponible en http://news.bbc.co.uk/2/hi/south_asia/8674179.stm; Max Fisher, What We Know About Now-Confirmed 'Black Site' Prison at Bagram, Atlantic Monthly, 11 de Mayo de 2010, http://www.theatlanticwire.com/global/2010/05/what-we-know-about-now-confirmed-black-site-prison-at-bagram/24494/

[59] 'Executive Order 13567--Periodic Review of Individuals Detained at Guantánamo Bay Naval Station Pursuant to the Authorization for Use of Military Force', disponible en http://www.whitehouse.gov/the-press-office/2011/03/07/executive-order-13567-periodic-review-individuals-detained-guant-namo-ba

[60] Mike Nizza, 'Spy Chief Confirms Three Waterboardings', *The New York Times*, 5 de Febrero de 2008, http://thelede.blogs.nytimes.com/2008/02/05/spy-chief-confirms-three-waterboardings/

[61] Charlie Savage, 'In a Reversal, Military Trials for 9/11 Cases', *The New York Times*, 4 de Abril de 2011, http://www.nytimes.com/2011/04/05/us/05gitmo.html. Ya en Enero de 2010 Holder había renunciado a su plan inicial de celebrar juicios en Nueva York, véase Scott Shane y Benjamin Weiser, 'U.S. Drops Plan for a 9/11 Trial in New York City', *The New York Times*, 29 de Enero de 2010, disponible en http://www.nytimes.com/2010/01/30/nyregion/30trial.html?pagewanted=all.

[62] Charlie Savage, 'Accused Al-Qaeda Leader Is Arraigned in U.S.S. Cole Bombing', *The New York Times*, 9 de Noviembre de 2011, disponible en http://www.nytimes.com/2011/11/10/us/abd-al-rahim-al-nashiri-arraigned-in-uss-cole-bombing.html. Sobre su tortura, véase supra, nota 60.

presionado por los republicanos, [63] Obama ha aceptado la involución del régimen jurídico de las comisiones militares, y la consagración del concepto de "beligerante no privilegiado". Ha terminado aceptando –si bien con reparos *exclusivamente en lo que atañe a los ciudadanos estadounidenses*– la necesidad de la detención indefinida *por fiat* presidencial.

En buena medida la firma del *National Defense Authorization Act de 2012* cierra el círculo. Del rechazo del término de "combatiente enemigo" y al régimen jurídico peculiar de los mismos, hemos pasado a la recuperación, paso a paso, de ese régimen jurídico, y finalmente, a la expansión del término "beligerante no privilegiado", que cumple una función semejante a la de "combatiente enemigo". Especialmente si se tiene en cuenta que tanto Al Qaeda como los talibanes son dos estructuras nebulosas, por lo que la condición de miembro de ellas es igualmente indeterminada. Al fin y al cabo, su estructura *en red* implicaba su radical *novedad.* Cómo ahora sea compatible con el carácter determinado del concepto es un nuevo misterio.

Los juristas de Obama parecen aceptar que las prerrogativas presidenciales sobre los "enemigos" derivan de las leyes y decisiones del Congreso y –de forma más indeterminada– de las leyes internacionales (del *ius in belli).* Esa presunción de aceptación se mantiene un tanto indeterminada e imprecisa, en la medida en la que la nueva administración ha rehuido cualquier articulación general de los contornos del poder presidencial (ni siquiera el discurso de Holder en Northwestern de Marzo de 2012 aporta croncreción)[64]. Es pertinente recordar que, por puras razones prudenciales, la administración Bush II había buscado y logrado el refrendo parlamentario a tales prerrogativas, con lo que sustantivamente el nuevo "discurso" de Obama acerca de la fundamentación de las prerrogativas tiene consecuencias bien distintas a las que hubiese tenido antes de 2006. O como ya se ha señalado antes, dado que el marco legislativo reconoce un amplio poder al Presidente (una vez que Bush II optara por obtener el refrendo del Congreso a su *brave new constitutionalism*) el fundamento

[63] Que han hecho uso de su victoria en las elecciones mid-term de 2010 para convertir al Congreso (incluido el Senado en el que no tienen mayoría) en una caja de resonancia del discurso "alarmista" acerca de las consecuencias de cerrar Guantánamo. http://www.nytimes.com/2012/02/09/us/gop-report-criticizes-transfers-from-guantanamo.html?ref=charliesavage); el informe: http://armedservices.house.gov/index.cfm/files/serve?File_id=dd0b4c6e-528e-4138-9755-86bae92e1cdb

[64] Nota 31.

de la autoridad presidencial se ha convertido, en términos operativos, en una cuestión secundaria.

2.2. *Las "técnicas de interrogación" mejoradas*

Pero el ejemplo más espectacular de cambio conceptual lo constituye la (re)definición de qué haya de entenderse por tortura, y por ende, por el el derecho a la integridad personal.

Mediante el "vaciamiento" del supuesto de hecho de la tortura y la recaracterización de las técnicas que antes caían bajo la misma como "técnicas mejoradas de interrogación" (*enhanced interrogation techniques*), los juristas de corte de Bush II pretendieron "juridificar" y "constitucionalizar" la tortura.

En una larga serie de dictámenes, la Oficina de Consejo Jurídico estadounidense pretendió conciliar esa prohibición con una práctica constitucional en la que la tortura se *normalizaba*[65]. Los abogados de corte de Bush II pretendieron eliminar la eficacia práctica de la prohibición de la tortura mediante la redefinición y vaciamiento del concepto de tortura. De acuerdo con el *brave new constitutionalism* en su versión bushiana, para que un acto pueda ser calificado como "tortura" es necesario que satisfaga simultáneamente dos condiciones, una objetiva, la otra subjetiva. La condición objetiva es que el acto genere un "daño severo", bien físico o mental[66]. A su vez, el daño severo físico concurre si es"equivalente en

---

[65] Dictamen de Jay S. Bybee para Alberto R. Gonzales, 'Standards of Conduct for Interrogation under 18 U.S.C. §§ 2340-2340A', de 1 de Agosto de 2002, disponible en http://www.gwu.edu/~nsarchiv/NSAEBB/NSAEBB127/02.08.01.pdf; Carta de Yoo a Gonzales, 'regarding "the views of our Office concerning the legality, under international law, of interrogation methods to be used on captured al Qaeda operatives"', de 1 de Agosto de 2002, disponible en http://www.gwu.edu/~nsarchiv/NSAEBB/NSAEBB127/020801.pdf; Dictamen de Yoo para Haynes II, 'Regarding the Torture and Military Interrogation of Alien Unlawful Combatants Held Outside the United States', de 14 de Marzo de 2003, disponible en http://www.aclu.org/pdfs/safefree/yoo_army_torture_memo.pdf. Bybee había elaborado un dictamen dirigido a Haynes II acerca de la relación entre la decisión de llevar a los detenidos antes Comisiones Militares y la admisión de pruebas obtenidas mediante determinados métodos de interrogación (en román paladino, mediante tortura). Véase See 'Potential Legal Constrains Applicable to Interrogations of Persons Captured by US Armed Forces in Afghanistan', de 26 de Enero de 2002 , disponible en http://www.gwu.edu/~nsarchiv/NSAEBB/NSAEBB127/02.02.26.pdf.

[66] Dictámen de Bybee/Yoo Memo, *supra*, n 50, p. 3.

intensidad al dolor que acompaña a las lesiones físicas graves, como el fallo orgánico, deterioro de las funciones corporales o incluso muerte"[67]. Se produce un daño mental si el menoscabo es duradero (siendo necesario que se prolongara durante meses sino años) y si resulta de una de las acciones concretas tipificadas por el derecho interno aplicable[68]. El requisito subjetivo sólo se cumple si el interrogador actuaba con dolo específico[69], o lo que es lo mismo, queriendo conscientemente llevar a cabo el acto concreto calificado como tortura[70]. Dicho de otro modo, los abogados de Bush II negaron que se pudiese hablar de tortura si el interrogatorio "meramente" resultase en un daño o sufrimiento físico o mental prolongado; siendo imprescindible que, además, el estado mental del interrogador fuera el correspondiente a la causación de *tal daño* a una víctima concreta[71].

De las consecuencias bien concretas en forma de sevicias varias de esta redefinición de la tortura tenemos constancia fehaciente[72] porque, a causa de un "error" en el expurgo, en los dictámenes de la Oficina de Consejo Jurídico hechos públicos en Abril de 2009 por el Fiscal General de Obama pudo leerse que dos detenidos (Khalid Sheik Mohammed y Abu Zubaydah), fueron sometidos al "submarino" (*waterboarding*) al menos 266 veces (y no dos veces durante medio minuto como habían

---

[67] Ibidem, p. 6. Esta expresión deriva de la definición de dolor físico agudo que se emplea como criterio para prestar asistencia sanitaria a las personas que carecen de seguro de enfermedad en Estados Unidos. Se utilizó como referencia a la hora de definir que fuera tortura con el argumento peregrino de que se trataba de la única definición de dolor físico agudo en el código de leyes federales.

[68] Ibidem pp. 9-12. Donde puede leerse "(a) intentional infliction or threatened infliction of severe physical pain or suffering; (b) administration or application, or threatened administration or application, of mind-altering substances or other procedures calculated to disrupt profoundly the senses or the personality; (c) threat of imminent death; (d) the threat that another person will imminently be subject to death, severe physical pain or suffering, or the administration or application of mind-altering substances or other procedures calculated to disrupt profoundly the senses or personality"

[69] "Specific intent" en inglés.

[70] Ibidem. p. 3.

[71] Ibidem. p. 8.

[72] Aunque ya sabíamos con anterioridad que la administración Bush II había ordenado la tortura. Sabíamos con plena certeza que el Consejo de Seguridad Nacional había discutido y aprobado el uso expreso de varias técnicas de interrogación contrarias al derecho internacional y a la interpretación tradicional del derecho constitucional interno. El propio Presidente Bush II, en varias ocasiones, y el presidente de facto y vicepresidente de jure Dick Cheney lo reconocieron en reiteradas ocasiones.

sostenido algunos altos cargos de la administración Bush II en su campaña mediática por "normalizar" el "submarino"[73]).

El Presidente Obama tomó decisiones en los primeros días de su mandato que parecían indicar que la práctica constitucional volvería a alinearse con el "viejo" derecho constitucional. Se repudió el uso de las formas más obvias de tortura (el *waterboarding* del que abusara Bush)[74], al tiempo que el nuevo director de la CIA manifestó la voluntad de usar de forma restrictiva la práctica de la *extraordinary rendition*.

Sin embargo, la detención y confinamiento de Brian Manning, un militar acusado de haber incurrido en varios delitos al haber sido instrumental en la difusión por Wikileaks de ingente información acerca del modo y manera en que se conducían de forma efectiva las guerras de Afganistán y de Irak, han puesto de relieve el verdadero alcance de la concepción del derecho a la integridad de los juristas de Obama. Acusado de haber procurado a Wikileaks documentos, incluidos los papeles de Afganistán, de Irak, del Departamento de Estado y de Guantanamo[75], Manning fue detenido en una base militar en Kuwait (durante dos meses) y durante casi nueve en una base militar en Estados Unidos. Desde el momento de su detención estuvo aislado 23 de cada 24 horas, recluido en su celda. En la cual se le impidió el ejercicio y estuvo sometido a vigilancia constante. No se le facilitaron ni almohada ni sábanas. En la hora en la que salía de la celda, no se le permitía el acceso a información alguna del mundo exterior. Hay testimonios de que en ocasiones se forzó a Manning o bien a endosar una determinada vestimenta o a quedarse desnudo.[76] Si el caso

---

[73] http://www.guardian.co.uk/world/2009/apr/20/waterboarding-alqaida-khalid-sheikh-mohammed

[74] Orden Ejecutiva; Prohibición de la Tortura en Discurso del Cairo de 6 de Junio de 2009 http://www.nytimes.com/2009/06/04/us/politics/04obama.text.html?pagewanted=all: "I have unequivocally prohibited the use of torture by the United States, and I have ordered the prison at Guantanamo Bay closed by early next year."

[75] Véase http://wikileaks.org.

[76] Glen Grenwald, 'The Inhumane Conditions of Bradley Manning's detention', *Salon*, 15 de Diciembre de 2010, disponible en http://www.salon.com/2010/12/15/manning_3/; Marcus Baram, 'Bradley Manning's Detention: UN Probing Whether Case Counts As Torture', *The Huffington Post*, 22 de Diciembre de 2010, http://www.huffingtonpost.com/2010/12/22/un-probing-bradley-manning-detention_n_800461.html; Ed Pilkington, 'Bradley Manning: top US legal scholars voice outrage at "torture"', *The Guardian*, 10 de Abril de 2011,disponible en http://www.guardian.co.uk/world/2011/apr/10/bradley-manning-legal-scholars-letter. Véase también la carta abierta de decenas de profesores en http://www.nybooks.com/articles/archives/2011/apr/28/private-mannings-humiliation/.

de Manning es representativo, la administración Obama ha repudiado las formas más obvias de tortura, pero el núcleo duro del concepto de integridad personal del *brave new constitutionalism* persiste. La combinación de condiciones de detención de Manning pueden no constituir trato cruel, inhumano y degradante *de forma aislada*, pero sí lo son cuando se producen de forma simultánea[77]. De esta forma, la administración Obama se afirma capacitada para dejar de lado la prohibición de tortura y trato cruel inhumano y degradante propia del *viejo* derecho constitucional estadounidense[78].

El uso y abuso del secreto y la opacidad por parte de la administración Obama, émulo del característico de las administraciones de Bush II, y el hecho de que Panetta, en su antigua condición de director de la CIA, haya manifiestado su intención de reducir el uso de la *extraordinary rendition*, para desmentirse de inmediato[79], tampoco nos permiten tener la certeza de que la *extraordinary rendition* no sigue usándose para *deslocalizar* las violaciones del derecho a la integridad personal[80].

---

[77] Véase Gren Grenwald, 'UN top torture official denounces Bradley Manning's detention', *Salon*, 7 de Marzo de 2012, disponible en http://www.salon.com/2012/03/07/un_top_torture_official_denounces_bradley_mannings_detention/singleton/

[78] El tratamiento vejatorio, cruel e inhumano al que se ha visto sometido Bradley Manning no ha tenido nada de secreto. Ser público y notorio es quizás parte de su función. Inmediata y directa, en la medida en que se persiga disuadir preventivamente a cualquier otro "whistblower" de hacer públicas informaciones que comprometan no tanto la seguridad nacional, como la impunidad de los gobernantes. Y de forma mediata e indirecta, en la medida en la que "normaliza" la transformación de la práctica constitucional.

[79] 'Panetta Confirmation Hearing: Obama's CIA Pick Says No More "Extraordinary Rendition"', *The Huffington Post*, 2 de Febrero de 2009, disponible en http://www.huffingtonpost.com/2009/02/05/panetta-confirmation-hear_n_164390.html : "President Barack Obama forbids what Panetta called 'that kind of extraordinary rendition (…)when we send someone for the purpose of torture or actions by another country that violate our human values (…)What happened I can't tell you specifically,' he said later, 'but clearly steps were taken that prompted this president to say those things ought not to happen again." Panetta se retractó al día siguiente acerca de su definición de la "extraordinary rendition" bajo Bush II. Véase 'Panetta Takes Back Remarks On Detainee Rendition', *The Huffington Post*, 3 de Febrero de 2009, http://www.huffingtonpost.com/2009/02/06/panetta-takes-back-remark_n_164650.html . Véase David Johnston, 'U.S. Says Rendition to Continue, but With More Oversight', *The New York Times*, 25 de Agosto de 2009, disponible en http://www.nytimes.com/2009/08/25/us/politics/25rendition.html.

[80] Al tiempo que la decisión paralela de extender el programa de asesinatos selectivos mediante aviones no tripulados, manteniendo secreta el dictamen de la Oficina de Consejo

2.3. *La guerra de amplio espectro y el fin de la soberanía estatal*

El tercer pilar conceptual del *brave new constitutionalism* es la "guerra de amplio espectro", implícito en el concepto de "guerra contra el terrorismo" acuñado por los juristas de Bush II y bajo el alternativo de "guerra contra Al Qaeda" bajo la presidencia de Obama. La intuición central es que estas guerras son también nuevas en su extensión geográfica, al desbordar toda frontera estatal. Tanto la "guerra contra el terrorismo" como la "guerra contra Al Qaeda" son guerras "totales" geográficamente, porque no hay forma de delimitar *ex ante* cual sea el teatro militar de operaciones. Literalmente todo el mundo es el campo de batalla, de una batalla también novedosa, en tanto que larvada e imperceptible al ojo desnudo del ciudadano.

El carácter territorialmente indefinido de la Autorización del Uso de la Fuerza del Congreso, aprobada bajo el *shock* de los atentados del 11-S, fue ampliamente instrumentalizado por la administración Bush II.

La afirmación de que Estados Unidos combatía una "guerra de amplio espectro" conduce de forma inmediata a la transformación del programa de *extraordinary renditions* iniciado bajo la presidencia Clinton, que de ser un instrumento heterodoxo para llevar ante la justicia en terceros países a personas perseguidas en los mismos se convirtió en instrumento fundamental para ensayar y desarrollar tanto la detención por *fiat* gubernativo como las técnicas de interrogación otrora consideradas como tortura o trato cruel, inhumano y degradante. Las *extraordinary renditions* suponen de este modo la *reversión* del principio en el que se afirma se basa Al Qaeda, ajustar los medios de combate al terrorismo al carácter *transnacional* de la propia amenaza terrorista.

De igual forma, la guerra de Irak es una aplicación inmediata del concepto de "guerra de amplio espectro", en la medida en que los juristas de Bush II sustentaron su constitucionalidad en su condición de parte de la guerra contra el terrorismo (de modo que la autorización del Congreso pudo ser vista como confirmación de un poder del que ya se había investido al Presidente). El hecho de que el ataque no estuviese

---

Jurídico en el que se sostiene, arroja una sombra muy alargada sobre la credibilidad de la administración Obama cuando afirma haber ajustado a los estándares constitucionales.

respaldado por una resolución del Consejo de Seguridad de las Naciones Unidas era *irrelevante*. Las pruebas exhibidas por el Secretario del Departamento de Estado Powell demostraban la superioridad moral del *brave new constitutionalism* y el carácter caduco y obsoleto del derecho internacional[81].

Finalmente, la Ley de Comisiones Militares de 2006 implica la traslación a una norma legal sancionada por el Congreso del concepto de "guerra de amplio espectro", en la medida en la que afirma la prerrogativa del Presidente (y por ende, del estado estadounidense) de detener en cualquier lugar del mundo a cualquier sospechoso de ser miembro de Al Qaeda.

La administración Obama ha suscrito plenamente el concepto de "guerra de amplio espectro", como demuestra no sólo su creciente insistencia en el carácter "global" de la lucha contra Al Qaeda (anticipado por la decisión de "fundir" Afganistán y Pakistán en el nuevo concepto de Afpak), sino muy especialmente el papel fundamental que la nueva administración ha asignado a los llamados "ataques de precisión", denominación con la que se hace referencia a los ataques que mediante aviones no tripulados se realizan sobre objetivos concretos (y de los que me ocupo en la sección subsiguiente). Tales ataques suelen producirse en el territorio de países terceros, muy especialmente Pakistán (en la zona gris de la frontera con Afganistán), y en Yemen[82].

En primer lugar, el cambio de estrategia de la administración Obama en Afganistán vino acompañado de la generalización del neologismo Afpak[83]

---

[81] ISIKOFF, M., y CORN, D., *Hubris*, Three Rivers Press, New York, 2006.

[82] Pir Zubair Shah, 'My Drone War', *Foreign Policy*, Marzo/Abril 2012, disponible en http://www.foreignpolicy.com/articles/2012/02/27/my_drone_war?page=full; Karen De Young, 'U.S. increases Yemen drone strikes', *Washington Post*, 17 de Septiembre de 2011.

[83] El término parece haber sido acuñado por el difunto Richard Hoolbroke en febrero de 2008 (es decir, en plena campaña electoral, en condición de asesor de política exterior de Hillary Clinton, y antes de que al llegar a la Casa Blanca, Obama lo nombrase representante especial para Afganistán y Pakistán- Véase Helene Cooper, 'Choosing which War to Fight', New York Times, 24 de Febrero de 2008, disponible en http://www.nytimes.com/2008/02/24/weekinreview/24cooper.html?scp=1&sq=choosing%20which%20war%20to%20fight%202008&st=cse. Sobre el sentido e implicaciones del término, el propio Hoolbroke es una fuente fundamental: "First of all, we often call the problem AfPak, as in Afghanistan – Pakistan. This is not just an effort to saved eight syllables. It is an attempt to indicate and imprint in our DNA the fact that there is one theater of war, straddling an ill-defined border, the Durand Line, and that on the western side of that border, NATO and other forces are able to operate. On the eastern side, it's the sovereign territory of Pakistan. But it is there on the eastern side of this ill-defined border that the international terrorist movement is located. Al Qaeda and

(Afghanistán + Pakistán)[84]. Si bien formalmente el término no cuestiona la soberanía pakistaní, su uso coincide con la multiplicación de las acciones militares, explícitas o encubiertas, en ese país. Acciones con las que se pone de relieve una falta de atención al derecho internacional y al concepto básico de soberanía e integridad territoriales que implica aceptar al 11-S como parteaguas constitucional.

En segundo lugar, Obama ha convertido los asesinatos selectivos, generalmente llevados a cabo mediante aviones no tripulados, en parte fundamental de la "guerra contra Al Qaeda". Estos ataques, como indicaré en la subsección sucesiva, plantean graves problemas constitucionales, en la medida en la que el Presidente ordena acabar con la vida de una persona sin garantía procesal alguna[85]. A ello se une, y es lo que en este apartado nos interesa, que la inmensa mayoría de estos ataques se producen en lugares que no son parte del campo de batalla en Irak o en Afganistán. Entender que la autoridad del Presidente para ordenarlos deriva de la Autorización de Septiembre de 2001 implica necesariamente abrazar el concepto de "guerra de amplio espectro".

2.4. Los ataques de precisión y la disposición gubernativa sobre la vida

El cuarto concepto fundamental en el léxico del *brave new constitutionalism* es el de "ataque de precisión", mediante el que se designa a un ataque puntual que tiene por objeto acabar con la vida de una o varias personas, generalmente llevado a cabo mediante aviones no tripulados[86].

---

other organizations of its sort and we have to think of it that way, not to distinguish between the two", del discurso de Hoolbroke en la *Munich Security Conference*, de 8 de Febrero de 2009, texto disponible en http://www.securityconference.de/Richard-C-Holbrooke.228.0.html.

[84] Esta fusión, que quizá tenga o no sentido desde la perspectiva de la organización militar, tiene enormes consecuencias una vez que se transforma en categoría jurídicamente relevante, al "extender" la cobertura de la Resolución del Consejo de Seguridad de Naciones Unidas que autorizaba la intervención en Afganistán a Pakistán. Operaciones como la del asesinato selectivo de Obama Bin Laden se pretende de este modo que queden cubiertas al redefinir el concepto de que sean Afganistán y Pakistán.

[85] A los oídos europeos, la idea misma de pena de muerte es escandalosa; pero ciertamente lo es más la imposición de la pena capital *por decisión del gobierno*, sin que medie siquiera la tutela judicial efectiva que verifique identidad y culpabilidad del objetivo de la acción.

[86] En tal medida que existe una *Precision Strike Association*, que se auto-define en su página web, www.precisionstrike.org, como una organización sin fines de lucro –y por tanto

Como ya queda dicho en la sección anterior, los "ataques de precisión" plantean múltiples problemas constitucionales. Amén de la violación del territorio de terceros estados, los ataques se dirigen contra personas que no se encuentran en el campo de batalla o en una situación de combate, por lo que ese ataque, de acuerdo con el viejo derecho constitucional, supone que el Presidente ordena la comisión de una ejecución extrajudicial. Tras la caracterización "ataques de precisión" se esconde la dura realidad del uso de la fuerza, y de la fuerza que mata. En ausencia de todo proceso judicial y dado el carácter secreto de las operaciones, no hay garantía alguna ni de que las personas cuyo asesinato se ordena sean culpables de nada, ni de las consecuencias reales de los ataques (pues la asepsia de la denominación "ataques de precisión" sirve tan sólo para crear el mito de la eficiencia militar, al tiempo que los hechos parecen contradecirla)[87].

Bush II firmó una circular secreta[88] en la que autorizaba la ejecución de asesinatos selectivos pasadas literalmente horas después de los atentados del 11 de Septiembre[89]. Tenemos noticia de que el ámbito de la autorización presidencial se amplió en el año 2002[90]. En la primavera de 2003, el recurso a las ejecuciones extrajudiciales se había normalizado, hasta el punto de que se dio amplia cuenta en los medios de comunicación del intento de asesinato de Saddam Hussein en las horas previas al inicio de la campaña militar en Irak[91]. Desde entonces, el número de asesinatos de los que hemos tenido noticia por la prensa es considerable; incluso es público y notorio que el Presidente dio "licencia para matar" a los agentes

exenta de impuestos– "serving the precision strike community", o lo que es lo mismo "a world class organization dedicated to advancing the art and science of precision engagement concepts and technologie. The Association focuses on DoD's Kill Chain [sic] by supporting the development of systems that find, fix, track, target, attack and asses hard and soft targets". Tan loable organización es una "coalition of military, government, academic and industrial subject matter experts".

[87] Véase por ejemplo Paul Rogers, 'Drone warfare: cost and challenge', *Open Democracy*, 23 de Junio de 2011, disponible en http://www.opendemocracy.net/paul-rogers/drone-warfare-cost-and-challenge

[88] Así traduzco el término "secret intelligence finding".

[89] Bob Woodward, 'CIA Told to Do "Whatever Necessary" to Kill Bin Laden', *Washington Post*, 21 de Octubre de 2001.

[90] James Risen y David Johnston, 'CIA expands authority to kill Qaeda leaders', *New York Times*, 15 de Diciembre 2002.

[91] David E. Sanger y John F. Burns, 'Bush Orders Start of War on Iraq; Missiles apparently miss Hussein', *New York Times*, 20 de Marzo de 2003.

que participaron (y quizá siguen participando a la fecha de cierre de este artículo) en las operaciones secretas en territorio iraní[92].

Pese a que prácticamente no medió dilación entre los atentados del 11 de Septiembre de 2001 y la circular presidencial autorizando el recurso al asesinato selectivo, y que por ello parece que no existe un dictamen formal de los "abogados" de Bush II justificando la constitucionalidad de la medida, el hombre que con gran probabilidad fue consultado oralmente en tanto que responsable a todos los efectos de la Oficina de Consejo Jurídico[93], John Yoo, ha afirmado por escrito que en su opinión, la prohibición presidencial de recurrir al asesinato no es de aplicación en la "guerra contra el terrorismo"[94], en tanto que nos encontramos ante un nuevo tipo de conflicto en el que los enemigos no serán derrotados en "operaciones convencionales", sino mediante "asesinatos selectivos de carácter terapéutico"[95]. Y ello en aplicación de la doctrina más amplia de la "legítima defensa preventiva colectiva" que distorsiona notablemente el concepto de legítima defensa colectiva tal y como se recoge en el artículo 51 de la Carta de Naciones Unidas.

La administración Obama convirtió desde su llegada a la Casa Blanca a los asesinatos selectivos ejecutados mediante aviones no tripulados (*drones*) en elemento central de su política de seguridad nacional. Se estima que el número de misiones de este tipo en los tres primeros años de mandato de Obama habrían quintuplicado al total de las ordenadas por

---

92 Andrew Cockburn, 'Secret Bush "Finding" Widens War on Iran', *Counterpunch*, 2 de Mayo de 2008.

93 La Oficina de Consejo Jurídico ("Office of Legal Counsel", generalmente referida mediante el acrónimo OLC) es un órgano del Departamento de Justicia, que por delegación del *Attorney General* (básicamente equivalente a nuestro Ministro de Justicia, aunque también asume funciones fisclaes) desempeña la función de supremo órgano consultivo acerca de la constitucionalidad y legalidad de la acción gubernamental. El partidismo de la Oficina bajo la Presidencia de Bush II ha hecho que sea conocida como "The President's law firm".

94 Ibidem, p. 58 y muy especialmente pp. 60 y 63.

95 Ibidem, p. 54. La inercia argumentativa lleva a Yoo a afimar que los atentados del 11 de Septiembre merecerían la calificación de "legales" de no ser por el método empleado, es decir, el secuestro de aviones civiles (YOO, J., , *War by other Means*, Atlantic Press, New York, 2006, p. 64), una conclusión peculiar y a mi juicio delirante e incorrecta. Otra opinión disparatada acerca de la legalidad de la captura de Rumsfeld o Tenet por Al Qaeda en p. 166.

Bush II (44 contra 239)[96]. A la polémica inicial por el uso de los *drones*, avivada por el *volte de face* de Koh[97] ha seguido la escandalera derivada de que Obama autorizase una operación dirigida contra un ciudadano estadounidense, Anwar Al Awlaki –y en el que murió al menos un segundo ciudadano estadounidense, Samir Khan[98]–. La legalidad de esta operación habría sido establecida en un dictamen del Consejo Jurídico Legal, que sin embargo el gobierno Obama ha mantenido en secreto. Tal polémica está en el origen del discurso del Fiscal General Holder que constituye la más completa reformulación del *brave new constitutionalism* en las postrimerías de la Presidencia Obama[99]. Por el contrario, el caso más paradigmático de asesinato selectivo (aunque no se hiciera uso de un *drone*), el asesinato de Osama Bin Laden en la primavera de 2011, no provocó apenas discusión pública en Estados Unidos[100].

3. Cierre del círculo: las razones normativas en favor de los espacios constitucionales vacíos

La novedad radical de los atentados terroristas del 11-S exige, como vimos en el apartado anterior, *nuevos conceptos*, y muy especialmente, *nuevos conceptos pretendidamente jurídicos*: combatiente enemigo, beligerante no privilegiado, técnicas de interrogación mejoradas, guerra de amplio espectro, rendición extraordinaria, ataque de precisión. En esta sección nos ocupamos del cierre del círculo argumentativo, de cómo ese nuevo léxico conduce a un nuevo contenido sustantivo del derecho constitucional y estabiliza la percepción social de los atentados del 11-S como acontecimiento epocal.

---

[96] David Rhode, 'The Obama Doctrine', *Foreign Policy*, Marzo/Abril de 2012, disponible en http://www.foreignpolicy.com/articles/2012/02/27/the_obama_doctrine.

[97] Koh. 'The Obama Administration and International Law', disponible en http://www.state.gov/s/l/releases/remarks/139119.htm (y ulteriormente publicado en Proceedings of the 104 (2010) *Annual Meeting of the American Society of International Law*, pp. 207-221.

[98] Charlie Savage,'Secret U.S. Memo Made Legal Case to Kill a Citizen', *The New York Times*, 8 de Octubre de 2011, http://www.nytimes.com/2011/10/09/world/middleeast/secret-us-memo-made-legal-case-to-kill-a-citizen.html?pagewanted=all.

[99] Holder, *supra*, nota 21.

[100] Thomas Darnstädt, 'Was Bin Laden's Killing Legal?', *Der Spiegel*, 5 de Marzo de 2011, disponible en http://www.spiegel.de/international/world/0,1518,760358,00.html.

Por una parte, los juristas de Bush II (explícitamente) y de Obama (implícitamente), han sostenido que esos nuevos términos reflejan realidades que convierten en "anticuado y obsoleto" el marco jurídico pre-11-S. De los nuevos conceptos se pretende derivar la existencia de una laguna colosal en el ordenamiento jurídico, que por sus dimensiones bien merece ser calificado como verdadero *espacio jurídico vacío*. Espacio que no está cubierto siquiera por el derecho constitucional, pues el "calibrado" de los derechos fundamentales pre-11-S es tan "anticuado y obsoleto" como la normativa penal o administrativa que *de facto* o *de jure* pretenden arrumbar en el post-11-S. Por tanto, se trata de un *espacio constitucionalmente vacío,* que ha de llenarse mediante una operación de recalibrado de los principios constitucionales. Frente al irrazonable "conservadurismo" de los defensores del "anticuado y obsoleto" derecho constitucional, se perfila el carácter progresivo del *brave new constitutionalism* que concreta las facultades anejas a los derechos de libertad e integridad personales y el *status* constitucional mismo de algunas normas, muy especialmente el de la regla constitucional que expresa la prohibición *absoluta* de la tortura. De este modo, los defensores del *brave new constitutionalism* manipulan el carácter "principial" de las constituciones democráticas, al colocar el mismo al servicio de la negación de la existencia de cualquier contenido "irrenunciable", de cualquier norma indisponible por parte de quien concrete los valores constitucionales en reglas jurídicas. En concreto, se niega el fenomenal peso abstracto asignado al derecho a la tutela judicial efectiva y la prohibición absoluta de la tortura en la Constitución y en la práctica constitucional pre-11-S de Estados Unidos.

Por otra parte, los nuevos conceptos–como ya anticipé en la sección anterior–contienen el germen de su disciplina jurídica, del nuevo "calibrado" de los derechos fundamentales en el mundo post-11-S. Germen que ha de desarrollarse y concretarse tanto por razones prudenciales (de otro modo, no se estaría en condiciones de responder al desafío existencial que suponen los atentados del 11-S, o lo que es lo mismo a ojos de los juristas de corte, al desafío existencial cuya existencia revelan los atentados del 11-S, verdaderos augurios del nuevo mundo en el que ahora vivimos) como por razones normativas, pues se hace preciso repensar el modo y manera en que se concretan las normas constitucionales en el mundo 11-S. Llenar el espacio constitucional vacío es algo imprescindible en la lucha contra la *amenaza existencial* que suponen los atentados del 11-S.

Al socaire del estudio del concepto de "enemigo", vimos en la sección anterior que sus declinaciones en "combatiente enemigo" y "beligerante no privilegiado" remiten a una nueva categoría, la de las personas "peligrosas" (para la seguridad nacional), que lo son pese a que las autoridades no tienen pruebas de la comisión de delitos por parte de ellas, y por lo tanto, no están en condiciones de llevarlas ante un tribunal y lograr su condena en el marco del proceso penal. El componente "marcial" de los híbridos "guerra contra el terrorismo" y "guerra contra Al Qaeda" se invoca para justificar la detención de estas personas sin proceso judicial y sin las consiguientes garantías procesales. Lo que la nueva situación tiene de "guerra" justifica pues el recalibrado del derecho a la libertad personal, y en concreto, la sustitución de la tutela judicial por la mera tutela del propio ejecutivo o de una comisión militar, en los términos que ya se adelantaron en la sección anterior. Del *judicial due process* pasamos pues al mero *due process*, en los términos reveladores del propio Fiscal General Holder en marzo de 2012. O dicho de otro modo, el mayor *peso* del bien colectivo seguridad nacional implica un menor *peso* del derecho a la libertad personal, y un recalibramiento de la relación entre derecho a la libertad y garantías procesales, de modo que las garantías propias de un proceso puramente interno al ejecutivo o ante una comisión militar pasan a considerarse suficientes (incluso, como también ya apuntamos al hablar de los ataques de precisión, cuando lo que está en juego no es la libertad sino la propia vida de la persona).

De forma semejante, el vaciado sustantivo de la prohibición de la tortura requiere acuñar los conceptos de "técnicas de interrogación mejoradas" y de "tratamiento humanitario", fundamentales en el recalibrado del derecho a la integridad personal frente al bien colectivo seguridad nacional.

El vaciado de contenido sustantivo de las definiciones de tortura y de trato cruel, inhumano y degradante viene ineludiblemente acompañado de la creación tanto de un término que define las acciones que antes eran constitutivas de tortura pero ahora se pretende que ya no lo son (técnicas de interrogación mejoradas) como de un concepto con el que se caracteriza al nuevo estándar de tratamiento de los detenidos (el trato humanitario). Ambos conceptos conducen a un recalibrado del derecho a la integridad personal frente al bien colectivo seguridad nacional, y en concreto, a la inversión del bien del que se afirma su condición de absoluto o inderrotable. Y ello porque se asigna tal peso a la seguridad nacional, que en buena medida el "trato humanitario" es meramente aquello que sea compatible con la seguridad nacional. El concepto y el nuevo régimen jurídico se perfilan en la orden militar de Bush II que introduce la detención por *fiat* gubernativo[101], y terminan de perder todo carácter garantista al negarse la aplicación de las Convenciones de Ginebra a los detenidos en Afganistán (pese a la feroz oposición de buena parte de los juristas militares, y muy especialmente de Alberto Mora)[102] y reaparecen en el discurso jurídico-constitucional de Obama cuando el Presidente modifica su rechazo a las comisiones militares en marzo de 2011 (si bien Obama afirmó simultáneamente la plena extensión de las garantías previstas en las Convenciones de Ginebra a los sujetos a este procedimiento)[103].

La radicalidad de esta operación de recalibrado de los contenidos normativos de la constitución estadounidense fue amortiguada por la administración Bush II al sobreponer el concepto de espacio constitucional vacío en sentido normativo y en sentido físico. O lo que es lo mismo, al *deslocalizar* físicamente las acciones de las autoridades estadounidenses que en nombre de la seguridad nacional menoscababan las concepciones tradicionales de los derechos a la libertad y a la integridad. Y al mantener el régimen de protección "anticuada y obsoleta" a los ciudadanos estadounidenses.

Así, la nueva ponderación del bien iusfundamental colectivo seguridad nacional y los derechos fundamentales a la libertad e integridad personales se aplica inicialmente *en espacios que se afirman no se encuentran* bajo la jurisdicción de la Constitución. A espacios *constitucionalemente vacíos* en un sentido físico. Así, se pretende que ni a

[101] 'Detention, Treatment, and Trial of Certain Non-Citizens in the War Against Terrorism' de 13 de Noviembre de 2001, disponible en http://www.fas.org/irp/offdocs/eo/mo-111301.htm, Artículo 3: "Any individual subject to this order shall be: (a) detained at an appropriate location designated by the Secretary of Defense outside or within the United States; (b) treated humanely, without any adverse distinction based on race, color, religion, gender, birth, wealth, or any similar criteria; (c) afforded adequate food, drinking water, shelter, clothing, and medical treatment; (d) allowed the free exercise of religion consistent with the requirements of such detention; and (e) detained in accordance with such other conditions as the Secretary of Defense may prescribe."

[102] Véase Philippe Sands, *Torture Team*, Palgrave, Houndmills, 2008.

[103] Scott Shane and Mark Landler, 'Obama Clears Way for Guantánamo Trials', *The New York Times*, 7 de Marzo de 2011, disponible en http://www.nytimes.com/2011/03/08/world/americas/08guantanamo.html.

Guantanamo (durante la administración Bush II) ni a Bagram (administración Obama) *llega* el señorío, la fuerza de la Constitución[104]. De igual forma, la detención y la tortura por *fiat* presidenciales no se aplican a los ciudadanos estadounidenses y en la medida de lo posible, se ocultan en los *black sites* o se deslocalizan.

Así, la *directiva presidencial* de 17 de Septiembre de 2001 dirigida al director de la CIA y a los miembros del Consejo de Seguridad Nacional autorizaba a la CIA a capturar sospechosos de terrorismo y miembros de Al Qaeda, al tiempo que permitía su arresto en prisiones situadas *fuera del territorio de los Estados Unidos*, donde podrían permanecer cautivos indefinidamente[105]. Ese fue el día preciso en que "the gloves came off", pero en principio sólo en la medida en la que *las manos* se encontrasen en un territorio *ajeno* a la Constitución, en un espacio geográfico constitucionalmente vacío: Guantánamo y la red de prisiones en Afganistán (y muy señaladamente Bagram), y las cárceles secretas mantenidas por la CIA (los *black sites*). [106]

Sólo una vez que esos espacios constitucionales vacíos se *normalizan*, una vez que el recalibrado constitucional ya se ha ensayado en espacios externos al ámbito territorial de señorío de la constitución, se

[104] De este modo, los juristas de corte se valen en el segundo paso de la secuencia argumentativa de la vieja estratagema de los juristas de corte de los monarcas con pretensiones absolutistas, consistentes en "experimentar" nuevas soluciones "jurídicas" en lugares donde pretenden no llega la jurisdicción de los magistrados ni las prerrogativas del Parlamento (verbigracia, Jersey y Guernsey).

[105] Véanse James Risen and David Johnston, "Theeats and Responses: Hunt for Al Qaeda; Bush has widened authority of CIA to kill terrorists": the New York Times, 15 de diciembre de 2002, http://www.nytimes.com/2002/12/15/international/15INTE.html; Steve Weismann, "Bush and Rummy's Crime in torture's chain of Command", Thuthout.org, 27 de agosto de 2004, http://www.truth-out.org/archive/item/49441:steve-weismann--bush-and-rummys-crime-in-tortures-chain-of-command; David Johnston, "At a secret interrogation, Dispute 1", Flared Over Tactics: The New York Times, 10 de septiembre de 2006, http://www.nytimes.com/2006/09/10/washinton/10detain.html; Mark Danner, 'US Torture: Voices from the Black Sites"; The New York Review of Books, 15 de marzo de 2009, http://www.nybokks.com/articles/archives/2009/09/US-torture-voices-from-the-black-sites/.

[106] A tal respecto, es conveniente indicar que tres de esos black sites encontraron ubicación en territorio europeo. Dos en países que se convertirían con el tiempo en Estados Miembros (Rumanía y Polonia) y otra en un país sobre el cual no hacía mucho se había librado una guerra (Kosovo), y sobre cuyo actual Primer Ministro pesan gravísimas (y desgraciadamente plausibles) acusaciones, confortadas por el informe de Dick Marty actuando en nombre de la Asamblea Parlamentaria del Consejo de Europa.

procede a *patriar* las nuevas soluciones jurídicas y a *aplicarlas* a ciudadanos estadounidenses.

Esa doble operación de *normalización* comenzó con José Padilla. Este ciudadano estadounidense fue detenido en Mayo de 2002 al ingresar en territorio estadounidense tras un largo periplo por Oriente Medio. Retenido inicialmente gracias a la treta procesal–de la que abusó la administración Bush II en los meses posteriores al 11-S– de considerar al arrestado como testigo relevante (material witness) en una investigación penal. El 9 de Junio de 2002 fue declarado *combatiente enemigo* y arrestado en una base naval de Carolina del Sur. Tras tres años detenido por mero *fiat* presidencial, fue acusado formalmente de varios delitos relacionados con el terrorismo y llevado ante tribunales ordinarios.

Yaser Esam Hamdi, nacido en Estados Unidos y poseedor de la nacionalidad estadounidense en aplicación del *ius soli*, fue hecho prisionero en Afganistán y trasladado a Guantánamo en 2001. Una vez que se verificó su condición de ciudadano estadounidense, fue trasladado a una base naval de Virginia, y posteriormente a otra de Carolina del Sur, pero mantenido en detención gubernativa. Fue liberado en 2004, después de que el Tribunal Supremo afirmase su derecho al writ de habeas corpus. Las autoridades estadounidenses alcazaron un acuerdo con Hamdi, por el cual fue inmediatamente liberado a cambio de abandonar el país, trasladarse a Arabia Saudita y renunciar a la ciudadanía estadounidense.

Finalmente, Ali Saleh Kahlah al-Marri, residente legal en Estados Unidos, fue detenido en el 2001, y originalmente retenido gracias al uso expansivo de las disposiciones procesales atinentes a los testigos de cargo (*material witnesses*). Tras seis años en detención gubernativa en bases navales en territorio de Estados Unidos (el único caso de no ciudadano sujeto a detención gubernativa en el territorio de Estados Unidos) fue llevado a juicio y condenado al inicio del mandato de Obama.

La patriación y extensión a ciudadanos estadounidenses del *brave new constitutionalism* ha avanzado bajo la administración de Obama. En ciertos aspectos, *malgré* la posición del Presidente y de sus juristas; en otros, a causa de sus decisiones.

En primer lugar, el *National Defense Authorization Act* para el 2012 extiende de facto la posibilidad de detener a ciudadanos estadounidenses en territorio estadounidense. Obama se ha opuesto a ello, pero no se ha valido del veto, sino del *signing statement*, técnica central del *brave new constitutionalism*. Y ha forzado la exclusión tanto de ciudadanos como de residentes legales mediante el uso de sus poderes presidenciales.[107]

En segundo lugar, la administración Obama no sólo ha aumentado de forma exponencial el número de 'ataques de precisión', sino que ha realizado al menos un ataque que tenía por objeto el asesinato de un ciudadano estadounidense, y en el que murió un segundo ciudadano estadounidense.

III. LA AMENAZA EXISTENCIAL Y EL PODER PRESIDENCIAL

La amenaza existencial que el *brave new constitutionalism* afirma se cierne sobre Estados Unidos en el mundo post-11 no sólo requiere nuevos conceptos jurídicos y nuevos contenidos normativos, sino también una reconfiguración de la estructura institucional y del proceso de toma de decisiones. El *brave new constitutionalism* implica el reforzamiento (rayano en la elefantiasis) del poder del Presidente de la República. El carácter híbrido de la *guerra contra el terrorismo* conduce a la yuxtaposición permanente de los poderes civiles y militares del Presidente.

En buena medida, el *brave new constitutionalism* ha instrumentalizado la escasa densidad normativa de la Constitución de Estados Unidos en lo que concierne a las "situaciones de emergencia"[108] para afirmar que en tales circunstancias es necesario alterar el proceso de forja de la voluntad colectiva.

La administración Bush II defendió de forma implícita un papel *cuasi-constituyente* del Presidente en tales circunstancias, basándose en la exclusiva combinación de *legitimación democrática directa y efectiva capacidad de toma de decisiones de forma rápida si no inmediata.*

Para ello se valieron tanto de presuntos precedentes históricos (en particular, del uso del poder presidencial por parte de Lincoln durante la Guerra Civil y de Franklin Delano Roosevelt durante la Segunda Guerra Mundial), como de la peculiar combinación de legitimación democrática y capacidad de actuar de forma rápida y decisiva del Presidente de

[107] Charlie Savage, 'Obama Issues Waivers on Military Custody for Terror Suspects', *The New York Times*, 28 de Febrero de 2012, http://www.nytimes.com/2012/02/29/us/politics/obama-issues-waivers-on-military-trials-for-foreign-qaeda-suspects.html?ref=charliesavage.

[108] Sobre la escasa o nula densidad de la Constitución Estadounidense y de su práctica constitucional, véase ACKERMAN, B., *Antes de que nos ataquen de nuevo*, Península, Barcelona, 2008.

la República. Sólo el Presidente combina la legitimidad democrática (pues aunque formalmente el Presidente es elegido por el Colegio Electoral –como tuvimos ocasión de recordar al socaire de las elecciones de 2000–, en la práctica constitucional son los ciudadanos en tanto que *We the People* los que designan con su voto al Presidente) y la capacidad funcional para hacer frente *mediante* una nueva *articulación* jurídica de los valores constitucionales a la amenaza constitucional que se cierne sobre la república. Y ello en tanto en cuanto la Presidencia, a diferencia de la judicatura o el Congreso, es capaz de tomar decisiones rápidas, unívocas y basadas en el capital de conocimiento generado y facilitado por las estructuras de gobierno civil, militar y "cognitivo" (esencialmente, los varios servicios secretos y agencias de inteligencia)[109].

De este modo, no sólo se asume implícitamente que las situaciones excepcionales, como la propia de la presunta amenaza existencial del "nuevo terrorismo", son los momentos de la verdad constitucionales (lo que en sí mismo es cierto, tristemente cierto en este caso) sino que es en esas situaciones excepcionales en las que verdaderamente se forja la Constitución. En forma canónicamente schmittiana, pues, no sólo la soberanía se pone de manifiesto decidiendo "excepciones", sino que el Presidente, en tanto que verdadero guardián de la Constitución, *defiende el derecho* en las situaciones de excepción, incluyendo esa defensa, si es preciso, la marginación de las caducas normas constitucionales previas.

La administración Obama, si bien no ha negado que tales prerrogativas presidenciales puedan derivarse de la estructura profunda de la Constitución de Estados Unidos, parece más bien dispuesta a aceptar que ese poder cuasi-constituyente ha de ser compartido con el Congreso de Estados Unidos.

Pese a que buena parte de los juristas de Obama articularon fuertes críticas a la concepción bushiana del poder presidencial[110], la administra-

---

[109] Con ello flirtea, o quizá sería apropiado decir fantasea, John Yoo en su dictamen acerca de la autoridad constitucional del Presidente para dirigir operaciones militares contra los terroristas y las naciones que les dan cobijo. 'The President's Constitutional Authority to Conduct Military Operations against terrorists and nations supporting them"', disponible en http://www.justice.gov/olc/warpowers925.htm.

[110] Algo que ha sido no sólo discutido en la opinión pública, sino movilizado ante los tribunales. Véase, por ejemplo, http://www.emptywheel.net/tag/neal-katyal/: "Finally, we note that defendants do not challenge the district court's ruling that the President lacks inherent power to disregard FISA's preemption of the state secrets privilege. See 564 F. Supp. 2d at 1121 [ER 108]; supra at 16. Thus, for purposes of this appeal, defendants have

ción Obama ha evitado todo pronunciamiento general sobre la extensión de las prerrogativas que corresponden al Presidente.

Desde el inicio de su mandato, los discursos públicos de Obama y de sus asesores jurídicos han sido notablemente ambivalentes en lo que a esto concierne. A una retórica *constitucionalista*, que se apoya implícita o explícitamente en la experiencia de Obama como profesor de derecho constitucional en la Universidad de Chicago, se solapa la defensa del pragmatismo y la flexibilidad en el uso de los poderes constitucionales[111]. Al tiempo que las decisiones concretas que han ido siendo adoptadas durante el primer mandato de Obama –en los términos ya considerados en secciones anteriores– ponen de relieve un reflujo hacia una concepción del poder presidencial no tan distante de la defendida por los juristas de corte de Bush II. Hay en particular cuatro aspectos en los que la práctica constitucional de Obama ha alentado, si no aumentado, el reforzamiento del poder presidencial anejo al *brave new constitutionalism*.

En primer lugar, la decisión de reforzar el programa de 'ataques de precisión' (i.e. asesinatos selectivos), cuyo número parece haberse quintuplicado bajo la Presidencia Obama. No sólo en tanto que ello supone redefinir los contornos del derecho a la vida–que pasa a ser disponible por el estado fuera de cualquier zona de combate sin tutela judicial de ningún tipo–sino

forfeited any claim of inherent power to disregard FISA. See, e.g., Independent Towers of Wash. v. Washington, 350 F.3d 925, 929 (9th Cir. 2003). More broadly, defendants have abandoned any defense of the TSP's purported theoretical underpinning that the President may disregard an Act of Congress in the name of national security. This forfeiture should come as no surprise. Top officials in the Obama administration had conspicuously repudiated the inherent power theory before taking office. See Donald Verrilli (now Solicitor General) et al., Brief for Amici Curiae Center for National Security Studies and the Constitution Project, American Civil Liberties Union v. National Security Agency, 493 F.3d 644 (6th Cir. 2007), 2006 WL 4055623, at *2 & *15 (inherent power theory is "particularly dangerous because it comes at the expense of both Congress's and the judiciary's powers to defend the individual liberties of Americans"); Neal Kumar Katyal (now Principal Deputy Solicitor General), Hamdan v. Rumsfeld: The Legal Academy Goes to Practice, 120 HARV. L. REV. 65, 117 (2006) ("overblown assertions" of inherent power "risk lawlessness in the name of national security"); Eric Holder (now Attorney General), Address to American Const. Society (June 13, 2008), http://www.youtube.com/watch?v=6CKycFGJOUs&feature=re lmfu (videotape at 3:41–3:52) ("We must utilize and enhance our intelligence collection capabilities to identify and root out terrorists, but we must also comply with the law. We must also comply with FISA.").

[111] Véase referencia en nota 39.

por la forma y la manera en que todo ello se ha decidido: fiat presidencial sustentado en un dictamen secreto de la Oficina de Consejo Jurídico[112].

En segundo lugar, el Presidente Obama decidió autorizar la participación de Estados Unidos en las hostilidades en Libia, formalmente cubiertas por la Resolución 1970 del Consejo de Seguridad de las Naciones Unidas[113], sin solicitar autorización al Congreso de Estados Unidos, tal como requiere la *War Powers Resolution*, que regula el procedimiento de declaración y entrada en guerra[114]. Aún en el improbable supuesto de que la guerra en Libia pudiese considerase cubierta por el procedimiento aplicable a los ataques a Estados Unidos, el Presidente debería haber solicitado, dentro de un plazo de sesenta días, el refrendo del Congreso a su decisión inicial (ex Artículo 1544 de la *War Powers Resolution*). Autorización que no fue demandada[115]. Los asesores jurídicos del Presidente afirmaron que las actividades eran tan limitadas que no era necesario refrendo alguno[116]. La caída del régimen de Gadaffi cerró la polémica, en buena medida en falso[117].

En tercer lugar, Obama ha hecho un uso expansivo de la prerrogativa que el Artículo II.2.3 de la Constitución le reconoce en lo que concierne a la designación de cargos públicos que requieran el consentimiento del

---

[112] Véase referencias en nota 79.

[113] Puede leerse en http://www.un.org/es/comun/docs/?symbol=s/res/1970%20(2011). La Resolución fue ligeramente modificada por la 1973, disponible en http://www.un.org/es/comun/docs/?symbol=s/res/1973%20(2011). Las resoluciones del Comité establecido por virtud de la Resolución 1970 pueden consultarse en http://www.un.org/spanish/sc/committees/1970/resolutions.shtml.

[114] El texto de la War Powers Resolution puede consultarse en http://www.law.cornell.edu/uscode/text/50/chapter-33. Sobre la decisión de Obama de no solicitar la autorización del congreso al inicio de las hostiliadadas, véanse Glen Grenwald, 'Obama on presidential war-making powers', *Salon*, 18 de Marzo de 2011, http://www.salon.com/2011/03/18/libya_2/; Bruce Ackerman, 'Obama's Unconstitutional War', *Foreign* Policy, 24 de Marzo de 2011, disponible en http://www.foreignpolicy.com/articles/2011/03/24/obama_s_unconstitutional_war

[115] Bruce Ackerman, 'Legal Acrobatics, Illegal War', *The New York Times*, 20 de Junio de 2011, disponible en http://www.nytimes.com/2011/06/21/opinion/21Ackerman.html; Richard Epstein, 'War Powers and Libya', *Defining Ideas*, 21 de Junio de 2011, http://www.hoover.org/publications/defining-ideas/article/83042.

[116] El dictamen de los servicios jurídicos de la Casa Blanca puede consultarse en http://www.washingtonpost.com/wp-srv/politics/documents/united-states-activities-libya.html.

[117] Un ejemplo del carácter inútilmente bizantino de buena parte de la discusión entre los supuestos expertos en derecho de la seguridad nacional puede encontrarse en 'Peter Margulies's reporting on AALS panels continues with this dispatch', *Lawfare Blog*, 12 de Enero de 2012, http://www.lawfareblog.com/2012/01/peter-margulies-reports-on-aals-iii/

Senado. La constitución estadounidense prevé que el Presidente pueda realizar esos nombramientos de forma unilateral fuera del período de sesiones del Senado. Tras la victoria de los republicanos en las elecciones de *mid-term* de 2010, Obama tuvo que enfrentarse a la negativa del Senado a confirmar a varios de sus candidatos. Emulando la práctica constitucional desarrollada por los demócratas tras lograr la mayoría del senado en 2007, la nueva mayoría republicana decidió prolongar *formalmente* sus sesiones (mediante la peculiar práctica de que un senador declare la sesión abierta cada tres días, para cerrarla un minuto después), de modo y manera que no hubiera técnicamente recesos, y por tanto, el Presidente no pudiera valerse del Artículo II.2.3 para eludir al Senado[118]. Mientras que Bush II había decidido no realizar más nombramientos durante los recesos parlamentarios *pro forma* urdidos por los demócratas, Obama ha procedido a designar unilateralmente al director de la Oficina de Protección Financiera del Consumidor y a tres miembros de la Oficina Nacional de Relaciones Laborales pese a que los republicanos sa han valido del mismo uso parlamentario. Las razones que el Presidente articuló en público, más allá de su fundamento político y el juicio que merezca el mismo, se asemejan estructuralmente al discurso bushiano sobre el poder presidencial:

"I refuse to take 'No' for an answer. I've said before that I will continue to look for every opportunity to work with Congress to move this country forward. But when Congress refuses to act in a way that hurts our economy and puts people at risk, I have an obligation as president to do what I can without them"[119].

La polémica en torno a estas designaciones se vio amplificada por el retraso con el que el Ministerio de Justicia hizo público el dictamen de la Oficina de Consejo Jurídico atinente al fundamento jurídico de la decisión presidencial[120].

---

[118] Un análisis agudo del *background* constitucional en Charlie Savage, *The New York Times Blogs*, 4 de Enero de 2012, http://thecaucus.blogs.nytimes.com/2012/01/04/obama-tempts-fight-over-recess-appointments/. La designación más destacada que realizara Bush II durante un período de receso del Senado fue la de John Bolton como embajador ante las Naciones Unidas.

[119] Aamer Madhani 'Obama to make recess appointment', *USA Today*, 4 de Enero de 2012, http://content.usatoday.com/communities/theoval/post/2012/01/source-obama-to-make-recess-appointment-/1

[120] http://www.justice.gov/olc/2012/pro-forma-sessions-opinion.pdf, de 6 de Enero de 2012. Sobre la polémica, véase por ejemplo Bruce Ackerman, 'Recess Appointments: Release the Legal Advice', *The Wall Street Journal,* 11 de Enero de 2012,

En cuarto lugar, la práctica bushiana de los *signing statements*, que fuera objeto de severas críticas por buena parte de los que acabaron siendo juristas de Obama, y del propio Obama, ha sido reactivada por el Presidente Obama, de forma constitucionalmente significativa a partir del momento en que los republicanos se han hecho con el control de las dos cámaras. Y ello en la medida en la que los *signing statements* han vuelto a ser el instrumento legal mediante el que el Presidente enjuicia la constitucionalidad de la norma, y al encontrar disposiciones inconstitucionales, especialmente aquellas que interfieren con su concepción de las prerrogativas presidenciales, procede a promulgar la ley mostrando sus reservas y sus intenciones en lo que concierne al modo de aplicación (o de inaplicación) de las normas[121]. Todo ello en lugar de la solución formalmente prevista en la Constitución, es decir, el veto presidencial. Claro ejemplo de un retorno a la práctica más presidencialista y problemática de los *signing statements* son los *Appropiations Bill de 2012*[122] y la *National Defense Authorization Act*[123].

En buena medida, los juristas de Obama han optado por no renunciar a los poderes que Bush II se había arrogado, al tiempo que el Presidente ha hecho un uso menos estridente y aparentemente más circunspecto de tales facultades. Sin embargo, tanto el contenido sustantivo como el modo y manera de aumentar radicalmente los "ataques de precisión" como la falta de interés en lograr la autorización del Congreso para la intervención

---

http://online.wsj.com/article/SB10001424052970204257504577150651545098864.html.

[121] Eli Lake, 'Obama Embraces Signing Statements After Knocking Bush for Using Them', *The Daily Beast*, 4 de Enero de 2012, disponible en http://www.thedailybeast.com/articles/2012/01/04/obama-embraces-signing-statements-after-knocking-bush-for-using-them.html.

[122] http://www.whitehouse.gov/the-press-office/2011/12/23/statement-president-hr-2055: "I have previously announced that it is the policy of my Administration, and in the interests of promoting transparency in Government, to indicate when a bill presented for Presidential signature includes provisions that are subject to well-founded constitutional objections. The Department of Justice has advised that a small number of provisions of H.R. 2055 raise constitutional concerns".

[123] http://www.gpo.gov/fdsys/pkg/BILLS-112hr1540enr/pdf/BILLS-112hr1540enr.pdf

http://opiniojuris.org/2011/12/31/presidents-signing-statement-on-national-defense-authorization-act/: " Moreover, I want to clarify that my Administration will not authorize the indefinite military detention without trial of American citizens. Indeed, I believe that doing so would break with our most important traditions and values as a Nation. My Administration will interpret section 1021 in a manner that ensures that any detention it authorizes complies with the Constitution, the laws of war, and all other applicable law".

de Estados Unidos en la guerra de Libia ponen de relieve la persistencia del modelo bushiano.

IV. CONCLUSIONES: DE LOS LÍMITES DEL DERECHO A LA SUBVERSIÓN DEL DERECHO MEDIANTE EL DISCURSO FORMALMENTE JURÍDICO

> "Hacer política es como tocar el violín: hay que coger bien firme el poder con la mano izquierda y hacer que suene la música con la derecha" (*David J. Rothkopf*)

El *brave new constitutionalism* es un discurso *formalmente jurídico*, pero transido de inconsistencias e incoherencias tales que no *debemos* limitarnos a analizarlo y evaluarlo como si se tratase de un discurso jurídico-dogmático constitucional *ordinario*. El *brave new constitutionalism* combina tres técnicas clásicas de manipulación retórica (la radical novedad de los hechos, la maniquea confrontación de lo progresivo a lo caducamente conservador, la defensa de la total discrecionalidad de los gobernantes al enfrentarnos a una amenaza existencial) con el objeto de *dar ropaje constitucional* a lo que de hecho constituye un ataque frontal a los valores constitucionales. La disección del discurso del *brave new constitutionalism* no sólo ha de alertarnos acerca de las graves implicaciones de esa transformación constitucional en marcha, sino que ilumina también temas fundamentales de la teoría del derecho y del estado: los límites del derecho y los flancos abiertos del Estado democrático de derecho.

La primera de las grandes cuestiones teóricas que suscita el estudio del *brave new constitutionalism* es la de los límites del derecho como medio de integración social.

Por una parte, la centralidad e importancia del derecho en las sociedades occidentales explica el carácter ineludible del derecho incluso cuando se pretende subvertir los valores sustantivos del ordenamiento constitucional. El *ensamblaje* jurídico del *brave new constitutionalism,* el carácter imprescindible de los asesores jurídicos en el desarrollo del programa político de las administraciones Bush II y Obama, en buena medida demuestra que en una sociedad democrática, incluso para no cumplir el derecho, hace falta envolverse en argumentos jurídicos. Si se precisa dar ropaje jurídico a decisiones que pretenden alterar radicalmente los valores constitucionales, y llevarnos más allá del Estado Social y Democrático de Derecho, es porque los ciudadanos y buena parte de los actores institucionales tratan de ser *leales* al Estado Social y Democrático de Derecho; creen en el derecho como medio de integración social. Es porque la práctica constitucional está, si bien parcial e imperfectamente, informada por los valores constitucionales, que la senda *de menor resistencia* para quien pretende alterar o subvertir esos valores es la de pretender que en realidad los está defendiendo.

Por otra, el éxito (siquiera parcial) de los juristas de corte de Bush II y de Obama revela que el vicio no tiene que pagar un precio muy alto al rendir pleitesía a la virtud. El intento de "constitucionalización" de las doctrinas del *brave new constitutionalism* pone de relieve no sólo la posibilidad teórica de manipulación de la *forma del derecho*, sino la efectividad de esta manipulación.

De esta forma no se demuestra tanto la inutilidad del discurso jurídico, ni siquiera su puro carácter super-estructural, como se ponen de manifiesto los límites de un discurso jurídico no anclado en una cultura constitucional y una práctica política *vivas*. O dicho de otro modo, el éxito del *brave new constitutionalism* nos recuerda la imposibilidad de cerrar de una vez y para siempre la relación entre derecho y política, la imposibilidad del tentador *constitucionalismo* apolítico, de la reducción del derecho a una forma jurídica *más allá de la política*, anclada en unos supuestos valores objetivos. Como es en buena medida el caso de construcciones teóricas como el *global administrative law* o la *multi-level governance* (o el *global constitutionalism*). Y que se manifiesta en aspectos de nuestras teorías del derecho y constitucionales de las últimas tres décadas, que han abonado el terreno del *brave new constitutionalism.* Ello nos lleva a la segunda cuestión teórica que cabe iluminar con las cuestiones que se suscitan en el presente estudio, es decir, las tres debilidades estructurales del Estado democrático de derecho.

La innovación conceptual del *brave new constitutionalism*, que desempeña –como vimos– un papel fundamental en la reivindicación del carácter *nuevo* del mundo post 11-S no es sino una forma de *palingenesia* invertida o reaccionaria al servicio de la manipulación de la percepción de la realidad.

Como es bien sabido, el derecho no tiene una realidad empírica, sino moral o normativa. Es parte de la estructura imaginaria de la sociedad. El carácter convencional del derecho (como de otras instituciones sociales) hace posible la libertad y creatividad humanas, pero también implica graves riesgos. El derecho es un potencial instrumento de manipulación en la medida en la que puede convertirse en el medio de *alteración de la percepción de la realidad*. Si las categorías jurídicas no responden a la realidad, sino que se ponen al servicio de la manipulación de la percepción de la realidad, estas nuevas categorías jurídicas cesan de desempeñar funciones de integración social, y se convierten en instrumentos ideológicos al servicio de quien acuña y generaliza esas categorías. Se colocan de este modo al servicio de la estabilización de la reacción.

Esta palingenesia reaccionaria tiene varios precedentes en el discurso constitucional de las últimas tres décadas. Basta pensar en la reiterada afirmación de la necesidad de adaptar el lenguaje constitucional a la presunta nueva realidad *post-nacional* y *post-estatal* del mundo (novedad que se explica mediante referencia a causas diversas y variables, aunque entre las más populares estén sin duda la caída del muro de Berlín y la alteración de la base económica por esta o aquella revolución tecnológica o intelectual). En este sentido estructural, no hay gran diferencia entre el *brave new constitutionalism* y los varios discursos que presentan a las estructuras de gobernanza, sean o no multi-nivel, como alternativas radicales al Estado Social y Democrático de Derecho.

De forma semejante, la reponderación de los valores constitucionales y la eliminación del carácter "inderrotable" de determinadas reglas constitucionales no constituye sino una aplicación "radical" de las distintas teorías que reducen la solución de los conflictos constitucionales a un problema esencialmente cognitivo y pretenden establecer fórmulas "objetivas" que erradiquen el componente discrecional de estas decisiones. Se trata, en suma, de dar un uso alternativo a las distintas teorías de la argumentación jurídica elaboradas en las última cuatro décadas, eliminando su fundamento y anclaje político, y exacerbando (y desplazando al ejecutivo, como recordaré ahora mismo) la loa a la creación *no política* del derecho. Que los actores apoderados para llevar a cabo las ponderaciones "técnicas" sean los juristas de corte en lugar de los jueces supone una mera variación dentro del tema de la producción "cognitiva" del derecho.

Finalmente, la exaltación del poder del Presidente de la República en situaciones de amenaza existencial no sólo refleja la renuncia al primado de la política –sin el cual el Estado Social y Democrático de Derecho se condena a la impotencia– sino la *ocultación* de la trascendencia de la política mediante el recurso a lo que podríamos denominar como el populismo *plebeyo*.

La forja del Estado Social y Democrático de Derecho en ambas orillas del Atlántico fue el fruto maduro del *aprendizaje del desastre*. La crisis de 1929, y sobre todo, las consecuencias políticas y sociales de la misma –especialmente catastróficas en Europa– demostraron ampliamente el carácter quimérico de un Estado Democrático de Derecho al albur de la evolución de su entorno socio-económico. El Estado Social y Democrático de Derecho se asienta en la premisa de que la democracia sólo es posible si es la política, y no su entorno, la que controla sus propios tiempos –que no son, y que no pueden ser, los tiempos de los llamados mercados–. De esta necesidad existencial deriva no sólo la inclusión definitiva del componente "Social" en los estados de posguerra sino la apertura a la integración supranacional de estos estados. Integración que no consiste en la *liberación* del control político de las fuerzas transnacionales, sino en la *firme sujeción* de las mismas a la disciplina constitucional, tanto en el ámbito económico, como en el militar y de seguridad.

En este sentido, "la amenaza existencial" de Al Qaeda es tan sólo una variante de las numerosas "amenazas existenciales" que han proliferado en las últimas tres décadas (ecológica, económica, social, etc). La multiplicación de "amenazas existenciales" es la consecuencia inmediata de la renuncia de los estados al control de su entorno social y económico. Renuncia que trae en buena medida causa de la victoria del discurso neoliberal que "colonizó" el programa de los principales partidos políticos en las tres últimas décadas. Una vez que el estado renuncia a ser "valiente" y a hacer frente a los poderes sociales y económicos, una vez que el estado se convierte en mero comparsa cobarde, es inevitable que reaparezcan las "emergencias" a las que hubieron de hacer frente los Estados Democráticos de Derecho en el período de entreguerras.

El *brave new constitutionalism* evita considerar las causas profundas de las emergencias y propone, de modo estructuralmente parecido a lo que fuera el caso en los años treinta, un populismo "plebeyo", o lo que es lo mismo, la concentración de poderes en manos del Presidente de la República en tanto que actor institucional capaz de ser efectivo y legítimo al mismo tiempo. Pero de este modo se justifica una radical deriva *ejecutiva* sin, por otra parte, considerar que buena parte de los problemas que hacen inefectivas las decisiones *constitucionales ordinarias* no harán inefectivas y normativamente suicidas las decisiones del Presidente de la República.

¿Es el *brave new constitutionalism* un fenómeno estrictamente estadounidense? No es aventurado afirmar que hay una relación entre la condición imperial de Estados Unidos y elementos centrales del discurso del *brave new constitutionalism*. Es también difícil rebatir que los juristas que impulsaron el mismo, tanto bajo la Presidencia de Bush II como de Obama, son los frutos menos gratificantes que da el árbol de las grandes *law schools* estadounidenses[124]. Y sin embargo, la deriva ejecutiva y el fetichismo constitucional característicos tanto del proceso de ratificación del Tratado de Lisboa como del gobierno de las crisis financiera, económica y fiscal de la Unión Europea nos deben hacer reflexionar. El *brave new constitutionalism* se apoya en condiciones socio-económicas y en estructuras institucionales característicamente comunes a todos los Estados que se dicen democráticos de derecho, por lo que no ha de extrañarnos su eventual expansión a este lado del Atlántico.

V. POST-SCRIPTUM O CODA FINAL

Este trabajo trata de tomarse muy en serio el *brave new constitutionalism* sin por ello "dignificar" el discurso y la práctica constitucional de las administraciones Bush II y Obama.

Toda reconstrucción teórica corre el riesgo de "normalizar" e incluso de "ensalzar" su propio objeto. Estudiar el *brave new constitutionalism* implica necesariamente prestar atención a lo que diga y argumente su autor[125]. Para que la "atención" no implique "ensalzamiento" es fundamental determinar en calidad de qué se estudian las cosas. Enfrentados a un discurso formalmente jurídico que pretende constitucionalizar la detención por *fiat* presidencial, que ha valido para justificar tratos crueles, inhumanos y degradantes, y que ha logrado que al hablar de "asesinatos selectivos" nos indigne más la falta de proceso legal que el hecho mismo de que se acabe con una vida humana, un análisis jurídico-dogmático es

---

124 Cfr. SPITZER, R., *Saving the Constitution from Lawyers*, Cambridge University Press, Cambridge, 2008.

125 Sobre cómo hacerlo sin incurrir en ese error, véanse los trabajos fundamentales de DANNER, M., ahora recogidos en *Stripping Bare the Body: Politics Violence War*, Nation Books, New York, 2009 (antología que recoge no sólo los trabajos sobre la tortura en la guerra contra el terrorismo).

sencillamente insuficiente y probablemente inoportuno. En los años más oscuros de la presidencia Bush II, Jeremy Waldron hizo una observación fundamental acerca de la inconveniencia de recoger el guante del *brave new constitutionalism* y ponerse a discutir acerca del carácter absoluto o no de la tortura: "There are some scales one really should not be on, and with respect to which one really does not have a legitimate interest in knowing precisely how far along the scale one is permitted to go"[126]. Entrar a rebatir el argumento de los juristas de Bush II (entonces) y de Obama (ahora, por ejemplo en el caso Manning) supone implícitamente reconocer una plausibilidad y dignidad al argumento que no merece. El artículo de Waldron opta en consecuencia por explorar las razones por las que hemos de defender el carácter absoluto de la prohibición de la tortura. Esa defensa debe, a mi juicio, completarse con la disección del discurso formalmente jurídico-constitucional del *brave new constitutionalism*, con el objeto de revelar en qué medida no es tan sólo un discurso formalmente jurídico. Que es lo que he intentado hacer en este trabajo. Para ello me he servido de instrumentos analíticos de la teoría y la dogmática jurídicas, pero de modo auxiliar. Diseccionar un argumento con el objeto de revelar su propósito. Tal tarea no puede ser sino abierta y declaradamente partisana. No hay neutralidad alguna en las páginas que preceden, sino una postura netamente escorada hacia la defensa del *viejo* derecho del Estado Social y Democrático de Derecho. Entre el verdugo y su víctima no hay neutralidad posible. Espero, sin embargo, haber sido lo más objetivo posible, o cuando menos, lo menos tendencioso posible.

BIBLIOGRAFÍA

ACKERMAN, B., *Antes de que nos ataquen de nuevo*, Península, Barcelona, 2008.

- *The Fall and Decline of the American Republic*, Harvard University Press, Cambridge (Mass.), 2010.

ATTRAN, S., *Talking to the Enemy: Violent Extremism, Sacred Values, and What it Means to Be Human*, Penguin, Harmondsworth, 2010.

BERINSKY, A. J., *In time of War, Understanding American Public Opinion from World War II to Iraq*, Chicago University Press, Chicago, 2009.

[126] WALDRON, J., "Positive Law and Torture: A Jurisprudence for the White House", *Columbia Law Review*, nº 105, 2005, pp. 1681-1750, p. 1701.

BURKE, J., *Al-Qaeda: Casting a Shadow of Terror*, Penguin, Harmondsworth, 2004.

CARLETON, D., y STOHL, M., "The Foreign Policy of Human Rights: Rhetoric and Reality from Jimmy Carter to Ronald Reagan", *Human Rights Quarterly*, nº 7, 1985, pp. 205-229.

DANNER, M., ahora recogidos en *Stripping Bare the Body: Politics Violence War*, Nation Books, New York, 2009.

DUDZIAK, M. L., *War Time: An idea, its history, its consequences*, Oxford University Press, New York, 2012.

FAVA, C., *Quei Bravi Ragazzi*, Sperling and Kupfer, Milano, 2007.

FISHER, L., *Presidential War Power*, University Press of Kansas, Lawrance, 1995.

FRAENKEL, E., *The Dual State: A Contribution to the Theory of Dictatorship*, Oxford University Press, Oxford, 1941.

GANSER, D., *NATO'S Secret Armies: Operation Gladio and Terrorism in Western Europe*, Cass, London, 2005.

GELLMAN, B., *Angler*, Penguin Press, New York, 2008.

GOLDSMITH, J., *The Terror Presidency*, Norton, New York, 2007.

GRENWALD, G., *With Liberty and Justice for Some, How the Law is Used to Destroy Equality and Protect the Powerful*, Metropolitan Books, New York, 2011.

HARBURY, J., *Truth, Torture, and the American Way: The History and Consequences of U.S. Involvement in Torture*, Beacon Press, Boston, 2005.

HAYES, S. F., *Cheney*, Harper Collins, New York, 2007.

HERMAN, E. S., *The Real Terror Network*, South End Press, Boston, 1982.

HICKEY, D., *The War of 1812: A Forgotten Conflict*, University of Illinois Press, Urbana, 1989.

HOFFMANN, S. (ed.), *Human Rights in the Twentieth Century*, Cambridge University Press, Cambridge, 2011.

ISSACHAROFF, S., y PILDES, R. H., "Emergency Contexts without Emergency Powers: The United States' Constitutional Approach to Rights during Wartime", *ICON*, nº 2, 2004, pp. 296-333.

ISIKOFF, M., y CORN, D., *Hubris*, Three Rivers Press, New York, 2006.

LEVI, W. R., "Interrogation's Law", *Yale Law Journal*, nº 118, 2009, pp. 1434-1483.

LOEWENSTEIN, K., *Teoría de la Constitución*, Ariel, Barcelona, 1976.

MAYER, J., *The Dark Side, The Inside Story of How the War on Terror Turned Into a War on American Ideals*, Doubleday, New York, 2008.

McCOY, A., *A Question of Torture: CIA Interrogation, from the Cold War to the War on Terror,* Holt, New York, 2005.

MENÉNDEZ, A., "La teoría constitucional y la teoría del Derecho de Bush II–La Constitución de emergencia entre el Derecho y la propaganda", *Derechos y Libertades*, nº 14, 2010, pp. 119-160.

MERTUS, J. A., *Bait and Switch*, Routledge, New York, 2008.

MOYN, S., *The Last Utopia*, Harvard University Press, Cambridge (Mass.), 2011.

NOWAK, M., y MacARTHUR, E., (eds.), *The United Nations Convention against Torture: A Commentary*Oxford University Press, Oxford, 2008.

REJALI, D., *Torture and Democracy,* Princeton University Press, Princeton, 2008.

SAGEMAN, M., *Understanding Terrorist Networks, Leaderless Jihad,* University of Pennsylvania Press, Philadelphia, 2008.

SANDS, P., *Torture Team*, Palgrave, Houndmills, 2008.

SARASIN, P., *Anthrax, Bioterror as Fact and Fantasy*, Harvard University Press, Cambridge (Mass.), 2006.

SAVAGE, C., *Takeover: The Return of the Imperial Presidency*, Little Brown, New York, 2008.

SCHLESINGER, A. Jr., *The Imperial Presidency*, Houghton-Mifflin, Boston 1973.

SHANE, P. M., "The Obama Administration and the Prospects for a Democratic Presidency in a post 9-11 World", *New York Law School Review*, nº 56, 2011-2012, pp. 27-55.

SPENCER, A., *The Tabloid Terrorist. The Predicative Construction of the New Terrorism in the Media*, Palgrave, Houndmills, 2010.

SPITZER, R., *Saving the Constitution from Lawyers*, Cambridge University Press, Cambridge, 2008.

TODOROV, T., *Les ennemis intimes de la démocratie*, Fayard, París, 2012.

TUSHNET, M., "The political constitution of emergency powers: parliamentary and separation-of-powers regulation", *ICON*, nº 3, 2007, pp. 275-288.

VINX, L., *Hans Kelsen's Pure Theory of Law: Legality and Legitimacy,* Oxford University Press, Oxford, 2007.

WALDRON, J., "Positive Law and Torture: A Jurisprudence for the White House", *Columbia Law Review*, nº 105, 2005, pp. 1681-1750.

YOO, J., *War by other Means*, Atlantic Press, New York, 2006.

VERDAD, JUSTICIA Y REPARACIÓN: LOS GRUPOS VULNERABLES Y LA JUSTICIA TRANSICIONAL

CRISTIAN CORREA
Asociado Senior del Centro Internacional para la Justicia Transicional

INTRODUCCIÓN

Las violaciones masivas y sistemáticas a los derechos humanos, que dejan numerosas víctimas, desafían los principios de justicia y la noción de que todo aquel que sufre una violación tiene derecho a ser reparado[1]. Las víctimas, especialmente aquellas más pobres o vulnerables, con menores recursos para utilizar los mecanismos jurídicos o políticos de protección, suelen quedar desatendidas. Muchas violaciones no son investigadas e incluso son desconocidas o negadas por el Estado o los perpetradores. Los responsables, directos e indirectos, no son confrontados, ni se realizan ejercicios que permitan evitar que hechos de esa naturaleza vuelvan a cometerse. Las víctimas permanecen abandonadas, sufriendo las consecuencias de las violaciones cometidas, que impactan seriamente en su calidad de vida y en su desarrollo futuro.

---

[1] *Principios y Directrices Básicos sobre el Derecho de las Víctimas de Violaciones Manifiestas de las Normas Internacionales de Derechos Humanos y de Violaciones Graves del Derecho Internacional Humanitario a Interponer Recursos y Obtener Reparaciones*, aprobado por la Asamblea General de Naciones Unidas por resolución 60/147 de 21 de marzo de 2006. Estos principios son consistentes con las obligaciones que imponen varios tratados internacionales de derechos humanos, como el artículo 2 del Pacto Internacional de Derechos Civiles y Políticos, el artículo 14 de la Convención contra la Tortura y otros Tratos Crueles, Inhumanos y Degradantes, y el artículo 24 de la Convención para la protección de todas las personas en contra de las desapariciones forzadas.

Los mecanismos tradicionales para obtener reconocimiento, justicia y reparación son insuficientes para enfrentar estas situaciones de masividad de violencia. Los tribunales de justicia, como mecanismos ordinarios para la investigación de crímenes, están diseñados para enfrentar la criminalidad ordinaria, es decir, cuando el crimen es lo excepcional. Son así insuficientes cuando los crímenes son masivos, se han convertido en lo ordinario, o son apoyados por una parte importante de la sociedad y del Estado.

Tanto la masividad como la sistematicidad de las violaciones hacen que los tribunales sean un mecanismo insuficiente para obtener reconocimiento, justicia y reparación. ¿Cómo pueden decenas de miles de víctimas acceder a los tribunales? Ello es especialmente difícil para víctimas que son pobres, que pertenecen a comunidades indígenas o campesinas que han sufrido marginación histórica, o para aquellas víctimas de crímenes a los que están asociados indignidad u ostracismo social, como la violencia sexual. ¿Es posible recurrir a los tribunales y a la policía cuando las violaciones han sido cometidas no por acciones aisladas de algunas personas sino por agentes actuando como parte de políticas de represión estatales? ¿Están las víctimas en condiciones de confiar en dichas instituciones? ¿Podrán ellas investigar toda la cadena de responsabilidad involucrada en las violaciones?

Cuando la violencia es sistemática un enfoque limitado a la aplicación del derecho penal es insuficiente[2]. Esta violencia refleja una quiebra en las instituciones del Estado, donde las categorías de autoría material, complicidad y encubrimiento en los crímenes es insuficiente. Existen también responsabilidades políticas en la creación de climas que llevaron al ejercicio de la violencia, que deben ser determinadas, además de las responsabilidades penales. Sólo así podrá obtenerse un cuadro comprensivo de las causas que llevaron a la aplicación de políticas represivas criminales, y a la definición entonces de las medidas necesarias para restablecer la credibilidad, la confianza cívica y para garantizar la no repetición.

La noción de justicia transicional, como una noción práctica desarrollada para enfrentar violaciones masivas de forma que se garantice la

---

[2] *Ver, por ejemplo, el Informe del Secretario General de las Naciones Unidas al Consejo de Seguridad sobre el estado de derecho y la justicia de transición en las sociedades que sufren o han sufrido conflictos*, Consejo de Seguridad de las Naciones Unidas, 3 de agosto de 2004 (S/2004/616), párrafo 25.

estabilidad futura de una sociedad[3], ofrece la posibilidad de responder a estas inquietudes. La experiencia de combinar la búsqueda de una verdad amplia, justicia penal, garantías de no repetición, y particularmente programas masivos de reparación, ofrece interesantes lecciones sobre cómo las víctimas más vulnerables pueden ser reconocidas en sus derechos. Por ello se presentará a continuación un concepto de justicia transicional, para luego ofrecer experiencias en la definición e implementación de programas de reparaciones que demuestran la necesidad de integración de los componentes de justicia, verdad y reparación para las víctimas.

I. LA NECESIDAD DE UNA JUSTICIA COMPREHENSIVA

La noción de justicia transicional es nueva, y por lo tanto aún objeto de debate. Siendo una noción práctica, este debate no sólo refleja discrepancias conceptuales, sino también diferentes motivaciones políticas y formas de manipulación que afectan la definición de este concepto. Una forma de entender la justicia transicional es entenderla como una justicia limitada por un contexto de transición. Esta noción entiende que la masividad o sistematicidad de las violaciones, la precariedad de las instituciones y el poder ostentado por aquellos responsables hacen imposible el ejercicio de una plena justicia. Se parte de la base de una noción de plena justicia que equivale a la justicia penal administrada por tribunales con todas las garantías del debido proceso penal. La falta de poder, o de capacidad para resolver un número inmanejable de casos obligan a reducir los objetivos de la justicia penal, a limitarlos sólo a ciertos casos; de transigir entre los objetivos de la justicia y otros objetivos (la desmovilización de grupos armados, la obtención de información sobre el paradero de detenidos desaparecidos, etc.), o de reconocer que la tarea es imposible o inconveniente, y debe otorgarse una amnistía. En este caso, el adjetivo transicional califica la noción de justicia, como una justicia imperfecta, que se cumple sólo en la medida de lo posible.

Otra forma de entender la justicia transicional es afirmar que ella se refiere a los desafíos particulares de justicia en un contexto de transición[4]. Se trata de esfuerzos encaminados a obtener justicia mediante diferentes

---

3 Respecto del desarrollo de la noción de justicia transicional ver, por ejemplo, PAIGE, A., "How "transitions" reshaped human rights: A conceptual history of transitional justice", *Human Rights Quaterly*, nº 31-2, 2009, pp. 321-67.

4 TEITEL, R., *Transitional Justice*, Oxford University Press, Oxford, 2000.

instrumentos, como la búsqueda de la verdad global de las violaciones, o la justicia penal para los casos más graves, programas masivos de reparaciones y reformas de instituciones para garantizar la no repetición. Estos esfuerzos deben ser implementados durante las ventanas de oportunidad que ofrecen los contextos de transición. El calificativo se refiere al momento de ejercicio de estos instrumentos, pero no explica con suficiencia el por qué ellos y no otros instrumentos deben ser implementados. Tampoco explica el concepto de justicia que existe detrás de él.

Respondiendo a estas últimas carencias, y sin rechazar la noción de oportunidad dada por un momento dado, se puede entender la justicia transicional como una forma más amplia y comprehensiva de justicia, ante la insuficiencia de los mecanismos ordinarios de justicia penal para hacer frente a la masividad o sistematicidad. Se refiere a una justicia que requiere comprender diferentes aspectos para responder a la masividad de víctimas, y no sólo a aquellas pocas que puedan acceder a la justicia penal o cuenten con la evidencia suficiente para lograr obtener una sentencia a su favor.

Esta noción de justicia requiere ir más allá de los mecanismos tradicionales[5]. Es necesario no sólo investigar la cadena de mando detrás de cada violación, sino cómo se llegó al clima de violencia que desencadenó la decisión de implementar una política de represión o una práctica de desprecio de la dignidad de las personas. Se requiere establecer qué organismos jugaron un papel protagónico en la definición y en la implementación de las políticas o prácticas violatorias. Se necesita también entender los motivos por los cuales fallaron los mecanismos de control internos y externos: los tribunales, los organismos de control del Estado, la prensa, las organizaciones profesionales, como la profesión jurídica o médica, las iglesias y otras autoridades morales, o la comunidad internacional. La identificación de cómo ocurrió la violencia generalizada y qué fallo en la sociedad que la hizo posible es indispensable no sólo para colocar en contexto los esfuerzos de persecución penal, y lograr identificar con mayor claridad las cadenas de responsabilidad criminal, sino para entender en forma más general las causas de las violaciones y, particularmente, para prevenir su recurrencia.

---

[5] Para un desarrollo teórico de esta noción, ver DE GREIFF, P., "Theorizing transitional justice", en WILLIAMS, M., NAGY, R. y ELSTER, J., (eds.), *Transitional Justice*, NOMOS, vol. LI, New York University Press, 2012.

Contrario a lo que usualmente se señala, la determinación de una verdad amplia no es en desmedro de las investigaciones penales. El esfuerzo de contextualización no persigue constituir una forma de excusar la conducta criminal de aquellos responsables mediatos o inmediatos. Por el contrario, un panorama amplio de la violencia permite orientar las investigaciones criminales, identificando patrones de violaciones o formas de represión ejercidas en ciertas zonas y épocas que ayuden a la identificación de los responsables. Así ha ocurrido en países como Perú o Chile, donde las investigaciones judiciales han empleado los archivos y los informes de las comisiones de verdad como apoyo, e incluso para ayudar a acreditar ciertos hechos. En efecto, de las casi cuarenta comisiones de verdad que han sido creadas desde el establecimiento de la Comisión Nacional sobre la Desaparición de Personas de Argentina, sólo una de ellas, aunque quizás la más conocida, contempló un mecanismo directo de amnistía a crímenes de lesa humanidad, como fue la sudafricana[6]. Esta verdad es más amplia que la verdad que pueden obtener los tribunales, pues no se basa exclusivamente en el establecimiento de la responsabilidad penal; incluye a todas las violaciones, y no sólo a aquellas que logran cierto desarrollo investigativo que hace posible iniciar procesos; y no se interrumpe en caso de que los responsables estén fallecidos.

La determinación de la verdad permite el conocimiento de los hechos, aunque muchas veces para un gran número de víctimas los hechos ya son conocidos. Muchas de estas comisiones logran obtener escasa información de fuentes oficiales o de perpetradores, pues los mecanismos utilizados para recompensar la entrega de información usualmente son insuficientes para romper pactos de silencio o malentendidas lealtades institucionales. Sin embargo, más importante que el establecimiento de ellos suele ser el reconocimiento oficial de los hechos que afectaron a las víctimas. Estos ejercicios permiten a la sociedad conocer hechos que fueron negados u oscurecidos por la propaganda oficial, reconocer la responsabilidad del Estado, por acción u omisión, y así expresar a las víctimas el reconocimiento que les fue negado por años.

Las comisiones de verdad, como mecanismos de búsqueda de la verdad, pueden tener un importante efecto en víctimas vulnerables. Al constituir proceso de búsqueda de la verdad, las comisiones suelen trasladarse a lugares apartados a recoger los testimonios de las víc-

---

[6] HAYNER, P., *Unspeakable Truths: Transitional Justice and the Challenge of Truth Commissions*, segunda edición, Routledge, New York, 2011, páginas 94 y 95.

timas, mediante entrevistas o sesiones individuales de obtención de testimonios. Estas sesiones, conducidas apropiadamente, pueden ser momentos significativos para escuchar y acoger a las víctimas, e incluso para expresar a ellas el reconocimiento de responsabilidad del Estado. A pesar de tratarse de obtención de una verdad global, estas entrevistas personales pueden constituir probablemente una de las únicas instancias en que la víctima experimentará directamente el trabajo de la comisión. La actitud de escucha y acogida de quien tome el testimonio puede ser muy importante para superar la anterior negación oficial de los hechos, o las diferentes formas de victimización que la persona haya sufrido. Ello puede contribuir a comunicar un mensaje de reconocimiento de la verdad individual de la víctima incluso mejor que una audiencia judicial en el que ella declare como testigo en un ambiente cargado de formalismo y caracterizado por un lenguaje muchas veces incomprensible.

Para todo esto, es importante también que el contacto con las víctimas sea hecho en su idioma nativo, y con respeto a sus tradiciones y costumbres. También lo es que el acercamiento ayude a generar confianza, para lo cual a veces ha sido importante que los entrevistadores sean del mismo sexo de la víctima, o no sean de edades diferentes.

Otra forma de reconocimiento de estas comisiones es a través de los actos de difusión que ellas hacen de aquellos temas negados o silenciados. Las audiencias públicas celebradas por muchas de ellas, en localidades apartadas, o transmitidas por radio y televisión, contribuyen al reconocimiento social de los hechos, a veces mucho mejor que sus informes finales, escritos en el idioma oficial del país y en el lenguaje extraño de la palabra escrita y el estilo de informe oficial.

No obstante, el conocimiento de los hechos en su generalidad, y el reconocimiento de la calidad de víctimas, suele ser insuficiente. El derecho penal constituye la forma más clara en que la sociedad distingue lo que es tolerable de lo intolerable. La sanción penal es, entonces, el mecanismo idóneo para expresar que una conducta es rechazada y declarada inaceptable por la sociedad. Por ello, el reconocimiento general de que se cometieron violaciones graves a los derechos humanos, que no va acompañada de las investigaciones penales correspondientes, es insuficiente. Aparece como un gesto vacío si no se expresa, penalmente, el rechazo a los hechos y a los responsables. La aplicación de condenas, con el efecto ejemplarizador que poseen las condenas de privación de libertad, es necesaria para afirmar los valores negados y restituir la dignidad de las víctimas. Así se afirma que las víctimas eran y son sujeto de derechos y que las violaciones cometidas son inaceptables.

Sin embargo, una estrategia de investigaciones racional requiere de cierta capacidad para priorizar aquellos casos que serán investigados primero. Tratándose de crímenes de extrema gravedad, no es posible asignar como único criterio la masividad o la gravedad de los hechos. A ellos debe ir acompañado cierto criterio que permita desbaratar estructuras de poder, militar, económico o político, que constituyan aún amenazas a la democracia o a las sucesivas investigaciones. Otro criterio complementario puede ser que las investigaciones permitan establecer las cadenas de mando superiores y las mayores responsabilidades políticas y criminales. Como sea, el empleo de estos criterios no debiera significar la impunidad de otras violaciones igualmente graves que no sean parte de las estructuras más importantes de poder. La priorización debiera contribuir a organizar las investigaciones y ordenarlas en el tiempo, dejando para después, pero no necesariamente para nunca, las demás, y no declarando el sobreseimiento de aquellas que no son las priorizadas. Como se verá más adelante, el paso del tiempo puede ofrecer mejores condiciones para la investigación de crímenes masivos, y puede ser tan importante definir los criterios para priorizar los casos que serán investigados primero, como no cerrar puertas para futuras posibilidades de investigación criminal.

La capacidad de los mecanismos tradicionales de obtención de reparación para víctimas de violaciones masivas es también muy limitada. Pocas víctimas logran cumplir con los requisitos para obtener una sentencia de reparación, especialmente luego de transcurridos muchos años desde su ocurrencia. Para la gran mayoría de las víctimas, en la práctica, no existe un recurso efectivo, a pesar de lo afirmado por las convenciones internacionales ya citadas y por las normas de derecho interno. Se requieren mecanismos masivos, que privilegien la accesibilidad y que tengan la capacidad de llegar y ofrecer formas de reparación efectivas a aquellas víctimas que no están en condiciones de obtener una sentencia favorable. Como se verá, este es uno de las formas más importantes de responder a las consecuencias de la violencia en víctimas vulnerables.

Finalmente, a través de la implementación de reformas institucionales que garanticen la no repetición también se puede otorgar justicia a las víctimas. Para muchas de ellas, parte importante del reconocimiento y de la reparación que demandan es que los hechos no vuelvan a repetirse, que la sociedad aprenda de ellos, y que otros no sufran la ausencia de mecanismos de protección y amparo que ellos carecieron.

Procesos masivos de reconocimiento de la verdad pueden dar oportunidades para efectuar reformas institucionales que refuercen la capacidad de los Estados de garantizar y proteger los derechos de las personas. Ellos pueden crear condiciones que faciliten la existencia de los acuerdos y la voluntad necesaria para ratificar convenciones internacionales, adecuar la legislación interna a éstas, crear instituciones de protección de los derechos humanos, reformar las currícula educacionales de las fuerzas de seguridad, reformar la competencia y atribuciones de los tribunales militares, modificar las normas sobre estados de excepción o sobre lucha antisubversiva o terrorista, etc. También pueden dar lugar a procesos de descentralización, de reconocimiento de los derechos de pueblos históricamente marginados y de reconocimiento de los derechos de la mujer, lo que permite apreciar el potencial transformador de estos procesos. Precisamente con frecuencia las comisiones de verdad han hecho importantes recomendaciones en estas materias y muchas de ellas han sido implementadas[7].

Es la existencia de procesos de esta naturaleza, que se refuerzan unos a otros, los que pueden constituir un reconocimiento sobre la existencia de los hechos, en el que se asuma la responsabilidad ante sus secuelas, y se refuercen los derechos ciudadanos. La complementariedad de estas iniciativas es la que permite hablar de una política comprehensiva de justicia, que puede tener la virtud de beneficiar a todas las víctimas, incluidas aquellas más vulnerables o invisibles[8].

II. POLÍTICAS DE REPARACIÓN

Las políticas de reparación son aquellas que tienen mayor capacidad para llegar a las víctimas vulnerables y responder a las consecuencias de las violaciones sufridas por ellas. La reparación a través de políticas

[7] Como se observa en las recomendaciones hechas por la Comisión de Verdad y Reconciliación de Perú.

[8] Es lo que de Greiff denomina coherencia externa de las políticas de reparación, es decir, su ejecución en forma simultánea a políticas de de verdad, justicia y garantías de no repetición que refuerzan el carácter reparador del conjunto. Ver DE GREIFF, P., Introduction, en DE GREIFF, P. (ed.), *The Handbook of Reparations*, Oxford University Press, Oxford, 2006, pp. 10 a 12.

de ejecución masiva y simplificada ofrece importantes ventajas sobre la reparación judicial en términos de accesibilidad. Sin embargo, su diferencia respecto de las reparaciones judiciales obliga también a buscar parámetros propios para definir los estándares de lo justo y las exigencias para obtener algún grado de satisfacción.

1. Inclusión de víctimas vulnerables a través de registros flexibles

Estas políticas requieren un proceso de identificación de las victimas que difiere sustancialmente de los procesos judiciales. Los registros de víctimas, hechos por comisiones de verdad o por entidades creadas para este objetivo específico actúan de propia iniciativa, yendo a los lugares donde las víctimas se encuentran, en lugar de esperar a su concurrencia a los tribunales o fiscalías. El registro va usualmente precedido por campañas de difusión, en los que a veces participan organismos de la sociedad civil e incluso organizaciones de victimas. Para que estas campañas efectivamente lleguen a las poblaciones vulnerables deben hacerse con participación de las organizaciones a las que ellas pertenecen, utilizando el lenguaje y las formas que generen confianza en ellas, así como respetando a las autoridades tradicionales.

El registro implica procesos de verificación de los hechos que están sometidos a estándares inferiores a aquellos que se requieren para el establecimiento de hechos o responsabilidades en el ámbito judicial. Estos procesos se ven favorecidos por presunciones, que se justifican en la masividad de las víctimas, la sistematicidad de ciertos hechos, la existencia de patrones de violaciones, el uso de registros preexistentes de organismos de defensa de los derechos humanos generados durante o inmediatamente después de los hechos, y el cúmulo de evidencia agregada que el mismo proceso de registro genera. Ello permite el empleo de criterios flexibles en la determinación de quienes merecen ser reparados, sin someter a las víctimas a rigurosos exámenes forenses, interrogatorios o la presentación de documentos que se traduciría en la exclusión de muchas de ellas, particularmente aquellas pertenecientes a grupos vulnerables. Esta flexibilidad implica exigir mayores requisitos para tener por demostrado hechos ocurridos en contextos urbanos, en los que era más fácil para las víctimas recurrir a organismos de protección que pudieron haber dejado registros, o en los que las violaciones eran menos masivas; examinar con mayor detención aquellos casos extraordinarios, que se salen de patrones comunes; y a su vez exigir menor rigurosidad en casos en los que los relatos se refieren a épocas, lugares y circunstancias de violaciones masivas dirigidas en contra de personas que responden al perfil de las víctimas. En definitiva, privilegiar el acceso de grupos vulnerables en estos registros implica equilibrar la necesidad de llegar a todas las víctimas con la de limitar la inscripción de casos falsos o que no se refieren a las violaciones que el registro pretende cubrir. Dicho equilibrio requiere asumir la posibilidad de error, especialmente tratando de evitar la exclusión de casos reales que carecen de evidencia, pero que se conforman con los patrones comunes.

2. Determinación de los estándares de reparación

Una de las dificultades de una política de reparación masiva es que, en muchos casos no es posible hacer una determinación individualizada del daño sufrido por cada víctima. El principio jurídico que define el derecho a la reparación proviene del derecho patrimonial, y se refiere a la restitución al estado anterior de cosas. Se puede afirmar que ello implica hacer económicamente neutral el daño sufrido.

Ello usualmente comprende determinar el daño material, que se refiere a los daños directos, y también los ingresos dejados de percibir, así como al daño inmaterial o daño moral. No obstante, si es difícil determinar si una persona efectivamente estuvo detenida, o fue torturada o violada, o fue asesinada en un contexto de violencia política, hace varios años o décadas, más difícil aun será determinar con exactitud la cuantía de los daños materiales e inmateriales sufridos. Obtener prueba de los gastos médicos incurridos, en contexto de violencia y caos masivos, o acreditar los ingresos que tenía una víctima son materias difíciles de realizar. Ellos resultan imposibles tratándose de decenas de miles de ellas.

Aún así, cumpliéndose rigurosamente las exigencias de lo que el derecho patrimonial individual define como los componentes de la reparación, cabe preguntarse si se puede restituir a la situación anterior a la víctima. La noción de restitución a la situación anterior, en definitiva, es una forma de establecer un estándar de lo que se considera justo para reparar algo que en definitiva es irreparable. No obstante, el empleo de estos estándares ofrece una forma de otorgar alguna certeza al contendido de qué significa hacer justicia en un caso de esta magnitud.

Dado lo imperfecto del estándar de justicia que ofrece este concepto, y dadas las dificultades que su aplicación trae para casos masivos, cabe al menos preguntarse sobre la utilidad de su empleo. Un proceso masivo de reparaciones difícilmente podrá incluir una evaluación económica de todos los daños sufridos, como se desprende de la noción de compensación[9]. Ello obliga a buscar otro estándar para poder determinar en qué consiste una reparación justa y adecuada ante violaciones masivas.

Se puede considerar que los crímenes cometidos tenían un fuerte componente comunicacional. Mediante la violencia se comunicaba a las víctimas que ellas carecían de derecho y de dignidad, que ellas no eran miembros de la comunidad nacional o étnica que las hiciera titulares de dignidad y derechos. Estos mensajes fueron comunicados primordialmente a través de medios concretos, del uso de violencia extrema, ejecuciones, tortura, violación, y a veces acompañadas de mensajes verbales. Luego, estas violaciones usualmente son seguidas de la negación, del maltrato o la indiferencia de funcionarios policiales o judiciales que se niegan a recibir denuncias, o a investigar los hechos, de autoridades que los niegan o que acusan públicamente a las víctimas de ser ellas la amenaza, dándole mayor contenido verbal al mensaje. Posteriormente, los silencios, la censura o las listas negras que hacen difícil encontrar trabajo a los sobrevivientes, refuerzan estos mensajes de exclusión y rechazo.

Entender las violaciones desde este prisma puede ayudar a formular la orientación general que debe tener un programa de reparaciones para víctimas vulnerables, y, a partir de ello, definir estándares a los que éste podría sujetarse para determinar su suficiencia. Si las violaciones fueron expresiones de un mensaje de exclusión e indignidad, expresados por medios concretos (físicos) y verbales, la reparación puede ser vista como la expresión del mensaje opuesto, a través también de medios concretos y verbales a la vez.

La reparación puede ser entendida así como la provisión de medios de subsistencia que refuercen la dignidad y el sentido de pertenencia, entregados junto con reconocimientos expresos de esa dignidad y pertenencia[10]. Ello puede traducirse en medidas que permitan hacerse cargo de

---

[9] Ver DE GREIFF, P., "Justicia y reparaciones", en DÍAZ, C., (ed.), *Reparaciones para las víctimas de la violencia política: Estudios de caso y análisis comparado*, Centro Internacional para la Justicia Transicional, Bogotá, 2008.

[10] Sobre la noción de reparaciones como mensaje de dignidad e inclusión, ver CORREA, C., "Reparations for victims of massive crimes: Making concrete a message of inclusión",

las consecuencias más devastadoras de las violaciones, en la economía familiar, en el cuerpo y mente de las víctimas y en sus posibilidades de garantizar su subsistencia y desarrollo futuro. Esto se puede traducir en la entrega de sumas de dinero o pensiones que tengan la capacidad de remediar el empobrecimiento sufrido o de garantizar una subsistencia similar a la del medio de los ciudadanos, como forma de reforzar el sentido de pertenencia. Ello obliga al menos a cuestionar la capacidad que entregas de sumas únicas pueden tener, y analizar con mayor detención las posibilidades que pensiones o pagos diferidos por varios años puedan tener.

Una reparación entendida como mensaje de dignidad e inclusión también se puede traducir en atención sanitaria que no sólo se haga cargo de aquellas consecuencias físicas o psicológicas que puedan ser directamente atribuidas a las violaciones, sino de otros padecimientos que, luego de años de falta de cuidados, no sea posible descartar que tengan un vínculo con ellas. Si la tortura pretendió destruir el cuerpo y la voluntad de las personas, no parece razonable limitar las atenciones físicas sólo a consecuencias que sea posible determinar que tienen un vínculo causal directo con ella. Medidas de educación que favorezcan el desarrollo personal y económico de las víctimas y su futura sustentabilidad, pueden también reforzar el mensaje de inclusión y dignidad. Dada la natural proyección que las personas hacen respecto de sus hijos, medidas para garantizar la educación de los hijos de ellas, aún en casos de víctimas que hayan sobrevivido las violaciones, pueden contribuir también a comunicar este mensaje.

La noción de mensaje de dignidad e inclusión permite definir el estándar de calidad o de cuantía de las medidas de reparación, así como su duración. Si lo que se pretende es afirmar que las víctimas son miembros valorados de la comunidad nacional, las medidas de reparación debieran asegurarles condiciones de subsistencia similares a la media nacional. Por otra parte, para ser consistentes con esta afirmación, parecieran no ser aplicables formas de exclusión que pongan un límite en el tiempo, o que cierren definitivamente la posibilidad de registro.

Aún más, cabe preguntarse sobre el valor de políticas de reparación que, mediante la entrega de una indemnización estándar, van acompañadas de un mensaje de cierre, de cumplimiento de la obligación del Estado, o de expresiones que impliquen que las víctimas ya no debieran ser tales,

---

en LETSCHER, R., HAVEMAN, R., De BROUIWER, A. M., y PERMBERTON, A. (eds.), *Victimological approaches to intenational crimes: Africa*, Intersentia, Cambridge, 2011.

sino, pagada la indemnización, superar dicha condición. Si además las víctimas han quedado en una situación de vulnerabilidad, por su condición de pobreza, o heredada de años de marginalidad social y económica, subsiste una obligación del Estado de procurar condiciones de desarrollo e integración que se extienden más allá del pago de una indemnización.

Finalmente, un elemento central para que la reparación sea consistente con el mensaje que ella pretende transmitir es la forma como los organismos que ejecutarán las medidas se relacionan con las víctimas. Desde las campañas de difusión, la forma de aproximarse a las personas y escucharlas en el proceso de registro, la definición de las medidas y su forma de implementación con la participación y escucha de las víctimas, y la apertura a recibir la retroalimentación de ellas para perfeccionar las medidas tienen todas un potencial reparador. Más que meras medidas materiales, todas las personas, no sólo las víctimas, necesitan sentirse tratadas con dignidad y respeto, lo que se traduce en sentirse escuchadas. El trato personal y la actitud de escucha de aquellos funcionarios encargados de ejecutar cada una de las etapas de estas políticas son fundamentales para que ellas cumplan su objetivo[11].

III. DE LOS PRINCIPIOS A LA REALIDAD: EL DIFÍCIL CAMINO DE LA IMPLEMENTACIÓN

La realidad en materia de implementación de políticas de reparación dista mucho de lo que se esperaría en materia de cumplimiento de estas obligaciones básicas. Por diversos motivos los Estados se resisten a reconocer las violaciones de que son responsables, de investigarlas, de reparar a las víctimas y de aprender de ellas. No obstante, en algunos casos los esfuerzos persistentes de organizaciones de víctimas, así como de algunas autoridades y de organismos de la sociedad civil han hecho posible procesos que se inspiran en estos principios, y que a la vez son fuente de inspiración.

---

[11] Para un estudio más acabado sobre la participación de las víctimas en políticas de reparación ver CORREA, C., GUILLEROT, J., y MAGARRELL, L., "Reparaciones y participación de las víctimas: una Mirada a la experiencia de comisiones de verdad", en DIAZ, C., (ed.), *Reparaciones para las víctimas de la violencia política: Estudios de caso y análisis comparado*, cit.

1. Empleo de mecanismos de justicia transicional en forma aislada o como formas alternativas a la justicia criminal

La resistencia a investigar la responsabilidad criminal de las más altas autoridades en la ejecución de violaciones a los derechos humanos ha llevado en algunos casos a implementar algunas medidas de justicia transicional como si fueran alternativas y no complementarias. Así, en el caso de Marruecos, una comisión de verdad y un programa amplio de reparaciones ha sido implementado, pero se han realizado nulos esfuerzos en materia de justicia penal o de reformas institucionales que garanticen la no repetición. Las reformas constitucionales recientemente aprobadas responden a las dinámicas generadas a partir de la llamada "primavera árabe" y no como consecuencia del proceso que condujo a la creación de la Instancia de Equidad y Reconciliación.

En el caso del conflicto de la antigua Yugoslavia[12], las investigaciones judiciales han tenido un fuerte componente de intervención internacional, siendo en forma bastante paulatina asumidas por cada Estado, y aún con muy pocos avances en materia de reconocimiento de su propia responsabilidad. Las pocas políticas de reparación se han referido a las víctimas propias, por hechos de responsabilidad de los otros combatientes. Los únicos actos de reconocimiento e investigación de responsabilidad propia han tenido sólo el carácter simbólico de declaraciones de presidentes o de parlamentos.

En el caso de Ruanda, la justicia doméstica ha incluso jugado un papel limitado exclusivamente a investigar y sancionar a perpetradores de la violencia contra tutsis, negando toda investigación sobre violencia cometida en contra de hutus. Más aún, los tribunales han sido utilizados para atacar opositores políticos y disidentes bajo el vago crimen de negación del genocidio.

[12] Documenta-Humanitarian Law Center-Research and Documentation Center, *Transitional Justice in Post-Yugoslav Countries: Report for 2006* (Zagreb-Belgrade-Sarajevo, 2007). Ver también Humanitarian Law Center, *Forum for Transitional Justice*, vol. 2.4, dedicado al derecho a la reparación de víctimas de crímenes de guerra (2009).

En Colombia[13] y Nepal[14] se han implementado formas de reparación que no van acompañadas de reconocimiento de responsabilidad y que más se asemejan a formas de ayuda humanitaria, aunque una nueva ley de víctimas en Colombia hace augurar esperanzas.

En todos estos casos los conflictos permanecen, sino vivos, latentes. Se trata de situaciones en las que los regímenes no se sienten con la seguridad para reconocer su responsabilidad en las violaciones que pudieron haber cometido, y donde la democracia y el estado de derecho no se han asentado aún. Ante la situación de amenaza, es difícil esperar un reconocimiento más profundo. No obstante, los limitados esfuerzos pueden dar lugar a procesos más amplios de reconocimiento de responsabilidad y democratización, y las medidas a favor de algunas víctimas pueden servir para futuras investigaciones o futuras políticas de reparación más integrales. Sin embargo el abandono y el paso del tiempo continuará siendo una forma de victimización, alejando la posibilidad de efectivamente reparar las violaciones cometidas.

2. Exclusiones de ciertas categorías de víctimas

Lo reciente de ciertos conflictos hace difícil a los Estados reparar a todos aquellos que han sufrido una violación a los derechos humanos. Así, en algunos casos se reconocen sólo a las víctimas de cierto bando, o se excluyen, por ley, aquellas pertenecientes a los grupos catalogados de subversivos o terroristas. Es el caso de las exclusiones establecidas por las leyes de reparación en Perú[15] y Colombia[16], que en la práctica desconocen la calidad de titulares de derechos inalienables a aquellos que pertenecieron a dichos grupos. Se olvida así que las ejecuciones extrajudiciales, la tortura o las desapariciones forzadas no son admisibles bajo ninguna

---

[13] DÍAZ, C., y BERNAL SARMIENTO, C. E., "El diseño institucional de reparaciones en la Ley de Justicia y Paz: una evaluación preliminar", en DÍAZ, C., SÁNCHEZ, C. N., y UPRIMNY, R., *Reparar en Colombia: Los dilemas en contexto de conflicto, pobreza y exclusión* , Centro Internacional para la Justicia Transicional (ICTJ) – Centro de estudios de derecho, Justicia y Sociedad (DeJuSticia), Bogotá, 2009.

[14] International Center for Transitional Justice, Relief with reparations: what can still be done in transitional justice for Nepal, disponible en http://ictj.org/sites/default/files/ICTJ-Nepal-Reparations-2012-English.pdf.

[15] Ley 28.592, art. 4.

[16] Ley 1.448, art. 3.

circunstancia, y su comisión genera la responsabilidad de investigar, juzgar y reparar. Esto ocurre en contextos de sociedades profundamente divididas por el conflicto, y aún traumatizadas por éste, al punto de desconocer todo derecho a quienes se les atribuye la responsabilidad de éste.

Estas exclusiones no han estado presentes en otros procesos de reconocimiento de verdad y de reparaciones, como en Sudáfrica[17] y Chile[18],donde se han reconocido como víctimas a personas no importando su conducta previa o posterior, y aún a víctimas de acciones de grupos subversivos, que no es el caso de Argentina[19].

3. Implementación parcial de programas integrales de reparación

Aún cuando varias comisiones de verdad han hecho recomendaciones de programas integrales de reparación, pocas de ellas los han implementado efectivamente. Con frecuencia la implementación de ellos ha sido parcial, limitada a ciertos tipos de acciones, como la distribución de un pago único inferior y diferente del recomendado. Es el caso de Sudáfrica, Sierra Leona[20], Guatemala[21] y Perú[22]. En el primero de ellos las recomendaciones de reparación integral se han traducido sólo en un

[17] COLVIN, C. J., "Visión general del programa de reparaciones en Sudáfrica", en DÍAZ, C., (ed.), *Reparaciones para las víctimas de la violencia política: Estudios de caso y análisis comparado*, cit.

[18] LIRA, E., "La política de reparación por violaciones a los derechos humanos en Chile", en DÍAZ, C., (ed.), *Reparaciones para las víctimas de la violencia política: Estudios de caso y análisis comparado*, cit.

[19] GUEMBE, M. J., "La experiencia argentina de reparación económica de graves violaciones a los derechos humanos", en DÍAZ, C., (ed.), *Reparaciones para las víctimas de la violencia política: Estudios de caso y análisis comparado*, cit.

[20] CORREA, C., y SUMA, M., *Report and proposals for the implementation of reparations in Sierra Leone*, International Center for Transitional Justice, New York, 2009, disponible en http://ictj.org/sites/default/files/ICTJ-SierraLeone-Reparations-Report-2009-English.pdf.

[21] Programa Nacional de Resarcimiento, La vida no tiene precio: Acciones y omisiones de resarcimiento en Guatemala, Ciudad de Guatemala, Programa Nacional de Resarcimiento, 2007.

[22] Ver el Decreto Supremo 051-2011-JUS, publicado en El Peruano el 16 de junio de 2011.

pago parcial, sólo a las víctimas ya registradas por la Comisión de Verdad y Reconciliación[23].

En Sierra Leona, las únicas reparaciones han sido financiadas con aportes exteriores, del Fondo de Consolidación de la Paz de Naciones Unidas, el que ha financiado dos proyectos que no han logrado obtener del gobierno una contrapartida y un compromiso que permita ejecutar las recomendaciones de la Comisión de Verdad y Reconciliación de ese país. Por el contrario, los proyectos del Fondo no han ayudado a fortalecer la capacidad de las instituciones nacionales de hacerse cargo de dicha tarea y se han limitado a apoyar el registro de víctimas y a distribuir un pago único a poco más de 22.000 víctimas, que no ha producido un gran efecto en materia de ayudarlas a superar su situación de vulnerabilidad. Las dinámicas de dependencia, en un país de instituciones débiles y pobreza masiva, favorecen situaciones como esta, pero políticas de reparación que reemplazan la responsabilidad del Estado tampoco ayudan a superar tal dependencia.

En otros casos se privilegia la reparación a los veteranos sobre las víctimas en general. Ello ocurre a través de dis,posiciones expresas, como en Sudáfrica[24], Timor Oriental[25] y Kosovo[26] donde los programas de reparación se centran exclusivamente o en forma privilegiada en aquellos que portaron armas durante los conflictos de independencia o liberación. También ocurre a través de disposiciones de leyes de reparación que se basan en normas inspiradas en sistemas de protección a combatientes, en los que se privilegia la reparación por lesiones o incapacidad física y se desconocen formas de victimización que afectan con mayor frecuencia

---

[23] COLVIN, C., "Visión general del programa de reparaciones en Sudáfrica", en DÍAZ, C., (ed.), *Reparaciones para las víctimas de la violencia política: Estudios de caso y análisis comparado*, cit.

[24] Ver las regulaciones propuestas por el gobierno para la provision de servicios a víctimas y veteranos de la lucha contra el apartheid publicadas mediante la General Notice 282 en la Government Gazette el 11 de mayo de 2010.

[25] Ver International center for Transitional Justice, Submission to Committee A of the National Parliament on the Draft Law Establishing the Institute for Memory, 5 July 2010, obtenido de http://ictj.org/sites/default/files/ICTJ-TimorLeste-Memory-Committee-2010-English.pdf el 30 de diciembre de 2011.

[26] Ver Ley No. 02/L-2 sobre la condición y los derechos de las familias de heroes, inválidos, veteranos y miembros del KLA y de las familias de víctimas civiles de guerra, de 23 de febrero de 2006, obtenida de http://mpms.rks-gov.net/Portals/0/Ligji/PrimarAnglisht/Law%20No%2002%20L-2%20ON%20THE%20STATUS%20AND%20RIGHTS%20OF%20THE%20FAMILIES%20OF%20HEROES.pdf el 30 de diciembre de 2011.

a civiles y, particularmente, a mujeres y a niños. En estos casos, las narrativas heroicas de resistencia e independencia obnubilan la capacidad de reconocimiento de formas de victimización que no calzan con ellas. En otros, los programas de reparación constituyen también una forma de recompensar a aquellos cercanos a quienes detentan el poder, o que por su nivel de organización pueden ser una amenaza para el nuevo Estado. Estas narrativas heroicas son frecuentemente acompañadas con discursos sobre la reconstrucción, en contexto de elevada pobreza, donde la retórica de los dirigentes hace énfasis en que la independencia y el desarrollo son la verdadera reparación para todo el pueblo. Ello desconoce que algunos se han visto más gravemente afectados que otros por las violaciones sufridas, y que las consecuencias de éstas les impiden, en muchos casos, beneficiarse de igual forma de las oportunidades que ofrece el desarrollo y la adquirida independencia.

4. El juego del tiempo

La implementación de políticas de reparación y justicia no es algo que se logra en un período corto. Con frecuencia, es fruto de luchas políticas y de procesos que toman tiempo. Ellas dependen del nivel de institucionalización de los países, de la capacidad organizativa de las víctimas, así como de la estabilidad política del país. Se pueden observar los vaivenes que han tenido estos esfuerzos en Argentina, desde la Comision Nacional sobre la Desaparición de Personas y el juicio a las juntas; pasando luego por las leyes de punto final y obediencia debida, los juicios de verdad y las políticas de reparación acompañadas de indultos a los pocos condenados por violaciones a los derechos humanos. Tomó 17 años para que el Congreso argentino las anulara y 19 para que la Corte Suprema las declarara inconstitucionales. Los programas de reparación fueron también fruto de sucesivas leyes que fueron ampliando el número y categorías de víctimas.

En el caso chileno los primeros esfuerzos en materia de verdad y reparación se limitaron sólo a las víctimas de desaparición forzada y muerte, y fueron hechos en un contexto en el cual los tribunales aplicaban la autoamnistía impuesta durante la dictadura. Sólo ocho años luego del retorno de la democracia la Corte Suprema de ese país comenzó a aplicar normas de derecho internacional humanitario y de derechos humanos para desconocer la amnistía. También se requirieron 13 años para ampliar las investigaciones de verdad e iniciar un proceso de reconocimiento y reparación de víctimas de prisión política y tortura. Aún más, los procesos de registro y reparación fueron recientemente reabiertos y sólo en agosto de 2011 han culminado, más de 21 años después de la recuperación de la democracia. En este caso, los procesos continuos, de progresivos avances, se explican por el mantenimiento de gobiernos sensibles a las víctimas, y por organizaciones de víctimas que han mantenido su capacidad de movilización e incidencia.

Un caso aún más dramático es el de Brasil, que ha tardado décadas en avanzar procesos de justicia, verdad y reparación a partir de la transición ocurrida en 1985. Se ha tratado de una transición paulatina, donde la consolidación democrática ha ido acompañada de avances en materia de reconocimiento y reparación. Sin embargo, en noviembre de 2011, fue aprobada la creación de una comisión de verdad, y la ley de amnistía, que ha sido utilizada para reconocer la calidad de víctima y otorgar reparaciones, pero que continúa siendo un obstáculo para las investigaciones judiciales.

IV. CONCLUSIONES

Las dificultades que diferentes países enfrentan para reconocer los derechos de las víctimas no debieran provocar desanimo. Permiten reconocer la complejidad de los dilemas que enfrenta un país para reparar a las víctimas de violaciones masivas. Además, ayuda a reconocer que ningún proceso ha sido fácil ni ha estado exento de conflicto. Las formas como esos problemas han sido superados, aun cuando la superación sea solo parcial, puede ayudar a orientar los esfuerzos de quienes definen estas políticas o quienes las demandan o proponen. También permiten apreciar en qué medida las soluciones parciales impiden cumplir los objetivos de reconciliación nacional y reconstrucción que muchas veces se anuncian junto a ellas. Tomar en serio esos anuncios obliga adoptar una mirada que escuche a las víctimas y que proponga soluciones integrales, sabiendo que su implementación será el fruto de un esfuerzo que puede tomar más de una generación.

Las reparaciones deben constituir un mensaje de inclusión y de reconocimiento de dignidad, que asume la responsabilidad por los hechos pasados y se hace cargo de las consecuencias que ellos tienen. Así, la reparación no sólo mira al pasado, sino sobre todo al futuro, otorgando posibilidades de rehabilitación e inclusión a las víctimas, pero sin imponer una agenda de cierre o de reconciliación. Para que este mensaje sea creíble, se requiere que vaya acompañado de esfuerzos en materia de reconocimiento de la verdad, avances en materia de identificación y sanción de los criminalmente responsables, y de reformas institucionales que garanticen que estos hechos no se repetirán y que, más aún, la sociedad aprenda de ellos.

BIBLIOGRAFÍA

COLVIN, C. J., "Visión general del programa de reparaciones en Sudáfrica", en DÍAZ, C., (ed.), *Reparaciones para las víctimas de la violencia política: Estudios de caso y análisis comparado*, Centro Internacional para la Justicia Transicional, Bogotá, 2008.

CORREA, C., "Reparations for victims of massive crimes: Making concrete a message of inclusión", en LETSCHER, R., HAVEMAN, R., De BROUIWER, A. M., y PERMBERTON, A. (eds.), *Victimological approaches to intenational crimes: Africa*, Intersentia, Cambridge, 2011.

CORREA, C., GUILLEROT, J., y MAGARRELL, L., "Reparaciones y participación de las víctimas: una Mirada a la experiencia de comisiones de verdad", en DIAZ, C., (ed.), *Reparaciones para las víctimas de la violencia política: Estudios de caso y análisis comparado*, Centro Internacional para la Justicia Transicional, Bogotá, 2008.

CORREA, C., y SUMA, M., *Report and proposals for the implementation of reparations in Sierra Leone*, International Center for Transitional Justice, New York, 2009.

DE GREIFF, P. (ed.), *The Handbook of Reparations*, Oxford University Press, Oxford, 2006.

- "Justicia y reparaciones", en DÍAZ, C., (ed.), *Reparaciones para las víctimas de la violencia política: Estudios de caso y análisis comparado*, Centro Internacional para la Justicia Transicional, Bogotá, 2008.
- "Theorizing transitional justice", en WILLIAMS, M., NAGY, R. y ELSTER, J., (eds.), *Transitional Justice*, NOMOS, vol. LI, New York University Press, 2012.

DÍAZ, C., y BERNAL SARMIENTO, C. E., "El diseño institucional de reparaciones en la Ley de Justicia y Paz: una evaluación preliminar", en DÍAZ, C., SÁNCHEZ, C. N., y UPRIMNY, R., *Reparar en Colombia: Los dilemas en contexto de conflicto, pobreza y exclusión* , Centro Internacional para la Justicia Transicional (ICTJ) – Centro de estudios de derecho, Justicia y Sociedad (DeJuSticia), Bogotá, 2009.

GUEMBE, M. J., "La experiencia argentina de reparación económica de graves violaciones a los derechos humanos", en Catalina Díaz (ed.), *Reparaciones para las víctimas de la violencia política: Estudios de caso y análisis comparado*, Centro Internacional para la Justicia Transicional, Bogotá, 2008.

HAYNER, P., *Unspeakable Truths: Transtional Justice and the Challenge of Truth Commissions*, segunda edición, Routledge, New York, 2011.

LIRA, E., "La política de reparación por violaciones a los derechos humanos en Chile", en DÍAZ, C., (ed.), *Reparaciones para las víctimas de la violencia política: Estudios de caso y análisis comparado*, Centro Internacional para la Justicia Transicional, Bogotá, 2008.

PAIGE, A., "How "transitions" reshaped human rights: A conceptual history of transitional justice", *Human Rights Quaterly*, nº 31-2, 2009, pp. 321-67.

TEITEL, R., *Transitional Justice*, Oxford University Press, Oxford, 2000.

LA REPARACIÓN DE LAS MUJERES VÍCTIMAS: UNA OPORTUNIDAD DE TRANSFORMACIÓN

Catalina Díaz Gómez
Universidad de El Rosario (Colombia)

INTRODUCCIÓN

Los movimientos feministas han tenido un relativo éxito en posicionar formalmente la agenda de la justicia de género en la agenda global de la construcción, negociación y mantenimiento de la paz. Un ejemplo de esto son las resoluciones del Consejo de Seguridad de las Naciones Unidas sobre el rol de las mujeres, la paz y al seguridad –Resolución 1325 de 2000 y Resolución 1820 de 2008– donde se insta a los Estados miembros a aumentar la participación de las mujeres en las instancias decisorias de procesos y negociaciones de paz y a reconocer el impacto de los conflictos armados en la vida de las mujeres y las niñas. Al tiempo, en la última década se ha desarrollado un importante cuerpo legal dentro del derecho penal internacional para la investigación y juzgamiento de los crímenes sexuales y contra la salud reproductiva de las mujeres[1].

Más recientemente, estos movimientos se han preocupado por cómo recuperar y resarcir los efectos de la violencia en las mujeres y niñas. Prueba de ello son los dos recientes informes especiales de la Relatora de Naciones Unidas sobre violencia contra la mujer a propósito de la economía política de la violencia de género y de las reparaciones a las mujeres víctimas de violencia.

---

[1] Vid. DUGGAN, C., y JACOBSON, R., "Reparation of Sexual and Reproductive Violence: Moving from Codification to Implementation" en RUBIO-MARÍN, R. (ed.), *The Gender of Reparations. Unsettling Sexual Hierarchies while Redressing Human Rights Violations*, Cambridge University Press, Cambridge, 2009.

La pregunta que yo me he hecho para esta presentación es si la reparación debida a las mujeres víctimas de violencia en contextos de violaciones masivas y sistemáticas a los derechos humanos pude verse razonablemente como una oportunidad para subvertir patrones de género que tienden a ser opresivos y de subordinación. De ser así, me pregunto además cómo formular un programa de reparaciones que desarrolle dicho objetivo.

Aquí discuto, entonces, cómo las reparaciones a las víctimas de graves violaciones a los derechos humanos en contextos de transición política pueden avanzar la agenda de la justicia de género. Me enfoco en los programas administrativos de reparación y no en las decisiones judiciales de tribunales internacionales o domésticos. Me sumo a la idea de que los programas de reparaciones son proyectos políticos que pueden adoptar explícitamente objetivos de transformación de la situación de subordinación y opresión en que se encontraban las víctimas aún antes de la ocurrencia de la violación. A través de ejemplos de la práctica de las reparaciones, examino cuales son las implicaciones en la formulación de un programa administrativo de reparaciones de adoptar objetivos de justicia de género y de transformación de las relaciones patriarcales.

I. EL DERECHO A OBTENER REPARACIONES

Las víctimas de graves violaciones de los derechos humanos tienen el derecho a obtener una reparación adecuada, efectiva y rápida. Así se ha reconocido en el creciente consenso de la comunidad internacional. El derecho a acceder a un recurso efectivo y a obtener reparación se ha reconocido entre otros instrumentos internacionales, en los siguientes: la Declaración Universal de Derechos Humanos (art. 8); el Pacto Internacional de Derechos Civiles y Políticos (art. 2); la Convención Americana sobre Derechos Humanos (arts. 8, 10, 25 y 63); la Convención Internacional sobre la eliminación de todas las formas de discriminación racial (art. 6); la Convención contra la Tortura y otros Tratos o Penas Crueles Inhumanos y Degradantes (art. 14); y la Convención sobre los Derechos del Niño (art. 39).

El consenso de la comunidad internacional sobre los derechos de las víctimas de graves violaciones al derecho internacional de los derechos humanos y al derecho internacional humanitario y los deberes correlativos de los Estados fue significativamente reafirmado el 10 de noviembre de 2005 por la Asamblea General de las Naciones Unidas. En dicha ocasión la Asamblea General adoptó, por consenso y sin someter a votación, los "Principios y directrices básicos sobre el derecho de las víctimas de violaciones manifiestas de las normas internacionales de derechos humanos y violaciones graves del derecho internacional humanitario a interponer recursos y obtener reparaciones" (en adelante *Principios Básicos sobre el derecho a interponer recursos y a obtener reparaciones* o *Principios Básicos*)[2]. La resolución de la Asamblea General recoge 15 años de sesiones consultivas y de elaboraciones sucesivas sobre los derechos de las víctimas a interponer recursos y a obtener reparaciones. Puede decirse que la resolución de la Asamblea General presenta el estado de la cuestión y reafirma principios establecidos por organismos judiciales y de otros ordenes, como interpretación auténtica de obligaciones surgidas de tratados o del derecho internacional consuetudinario.

Con la adopción de los *Principios Básicos sobre el derecho a interponer recursos y a obtener reparaciones,* la Asamblea General de las Naciones Unidas reafirmó la concepción de que los Estados tienen una serie de obligaciones de garantía (también conocidas como "deber de garantía") para hacer efectivos los derechos humanos. En el primer principio se reafirma la "obligación de respetar, asegurar que se respeten y aplicar las normas internacionales de derechos humanos y el derecho internacional humanitario". En el segundo principio se establece que el deber de garantía comprende varias obligaciones específicas, entre ellas: "Investigar las violaciones de forma eficaz, rápida, completa e imparcial y, en su caso, adoptar medidas contra los presuntos responsables de conformidad con el derecho interno e internacional"; "dar a quienes afirman ser víctimas de una violación de sus derechos humanos o del derecho humanitario un acceso equitativo y efectivo a la justicia, con independencia de quién resulte ser en definitiva el responsable de la violación" y "proporcionar a las víctimas recursos eficaces, incluso reparación".

El principio séptimo del *Conjunto de Principios Básicos sobre el derecho a interponer recursos y a obtener reparaciones* recoge los derechos específicos de las víctimas a una "reparación adecuada, efectiva y rápida del daño sufrido" y a "acceder a información pertinente sobre las violaciones y los mecanismos de reparación". De acuerdo con el principio noveno, "se deberá dar a las víctimas de violaciones manifiestas de las normas internacionales de derechos humanos y de violaciones graves del

---

[2] Naciones Unidas, Asamblea General, A/C.3/60/L.24

derecho internacional humanitario, de forma apropiada y proporcional a la gravedad de la violación y a las circunstancias de cada caso, una reparación plena y efectiva, según se indica en los principios 19 a 23, en las formas siguientes: restitución, indemnización, rehabilitación, satisfacción y garantías de no repetición".

Las obligaciones recogidas en el *Conjunto de Principios Básicos sobre el derecho a interponer recursos y a obtener reparaciones* reseñadas en los párrafos anteriores no cesan ante el legado de crímenes del pasado o por el hecho de que los Estados hayan atravesado o atraviesen situaciones de transición política. Al contrario, la comunidad internacional ha desarrollado una serie de restricciones y obligaciones positivas de los Estados para combatir la impunidad precisamente en contextos donde se trata de crímenes de períodos pasados de la historia o de transiciones democráticas o de negociación de conflictos armados.

El consenso de la comunidad internacional con relación a los deberes de los Estados para enfrentar la impunidad en contextos transicionales se ha venido haciendo explícito durante los últimos 15 años en la formulación de los "Principios para la protección y promoción de los derechos humanos a través de acciones para combatir la impunidad". En 1991, la entonces Comisión para la Prevención de la Discriminación y Protección a las Minorías de la ONU le encargó al Profesor Louis Joinet la elaboración de un estudio sobre la cuestión de la impunidad de los autores de violaciones de los derechos humanos. En 1997, después de varios años de rondas de discusiones sobre documentos provisionales y de detalladas observaciones por parte de múltiples Estados, el profesor Joinet presentó a la Subcomisión una versión revisada del estudio que le fue encargado y un conjunto de principios para la protección y la promoción de los derechos humanos a través de la lucha contra la impunidad. Dicho conjunto de principios se conoció desde entonces como los "Principios de Joinet".

Este conjunto de principios fue actualizado en febrero de 2005 por la experta independiente Diane Orentlicher, por solicitud expresa de la Comisión de Derechos Humanos de la ONU, con el objeto de "reflejar recientes desarrollos en el derecho y la práctica internacionales, incluida la jurisprudencia internacional y las prácticas Estatales" y teniendo en cuenta el estudio sobre impunidad comisionado por el Secretario General de la ONU. El "Conjunto de principios para la protección y promoción de los derechos humanos a través de acciones para combatir la impunidad" actualizado por Diane Orentlicher recoge y detalla los derechos a la verdad (capítulo II), a la justicia (capítulo III) y a la reparación y la adopción de garantías de no repetición (capítulo IV). Este conjunto de principios coincide en gran medida con los *Principios Básicos sobre el derecho a interponer recursos y a obtener reparaciones.*

Ambos conjuntos de principios recogen y organizan una serie de derechos y obligaciones internacionales que tienen fuente en tratados y en la costumbre internacional y han sido reconocidas y especificadas en la jurisprudencia de cortes internacionales y de los órganos de vigilancia de la aplicación de ciertos tratados como es el Comité de Derechos Humanos de las Naciones Unidas y la Corte Interamericana de Derechos Humanos.

Es interesante notar que en la Declaración sobre la eliminación de la violencia contra la mujer, adoptada por resolución de la Asamblea General de las Naciones Unidas en 1993, se reconoció el derecho de las mujeres víctimas de violencia a obtener reparaciones. Dentro de las políticas para eliminar la violencia contra la mujer, la Declaración previó que los Estados debían:

Establecer, en la legislación nacional, sanciones penales, civiles, laborales y administrativas, para castigar y reparar los agravios infligidos a las mujeres que sean objeto de violencia; debe darse a estas acceso a los mecanismos de la justicia y, con arreglo a lo dispuesto en la legislación nacional, a un resarcimiento justo y eficaz por el daño que hayan padecido; los Estados deben además informar a las mujeres de sus derechos a pedir reparación por medio de esos mecanismos.

Esta declaración sobre la eliminación de la violencia contra la mujer no solo se refiere a violaciones en contextos de represión política o conflicto armado, sino también –y de manera central– a los actos de violencia en los ámbitos familiar y doméstico, laboral, educativo y comunitario. Así, el derecho de las mujeres víctimas de violencia a la reparación se aplicaría no solo en los contextos de violencia socio-política donde el Estado juega un papel preponderante, sino también en los demás ámbitos donde se presentan actos de violencia física, sicológica y sexual contra las mujeres. El estudio de las obligaciones específicas del Estado para satisfacer el derecho a la reparación de las mujeres víctimas de violencia en contextos distintos de aquellos de conflicto armado o regímenes autoritarios constituye un campo de investigación pendiente. Así como la revisión comparada de los desarrollos en las distintas jurisdicciones domésticas sobre la materia, en la medida en que varios Estados han adoptado legislaciones específicas, han establecido programas de atención y otras medidas especiales. Sin embrago, dicho tema excede el propósito de este artículo.

II. ¿CÓMO HACER EFECTIVO EL DERECHO A OBTENER REPARACIÓN EN CONTEXTOS DE VIOLACIONES MASIVAS Y SISTEMÁTICAS A LOS DERECHOS HUMANOS?

La pregunta que sigue entonces es ¿cómo hacer efectivo el derecho a la reparación de las víctimas? ¿Cuál es la responsabilidad que le cabe al Estado en ello?

En el Conjunto de principios para la protección y promoción de los derechos humanos a través de acciones para combatir la impunidad, la Comisión de Derechos Humanos de Naciones Unidas precisó que "toda violación de un derecho humano da lugar a un derecho de la víctima o sus derechohabientes a obtener reparación, el cual implica el deber del Estado de reparar y el derecho de dirigirse contra el autor". El derecho internacional de los derechos humanos establece la obligación correlativa del Estado de proveer reparaciones, en los siguientes términos "conforme a su derecho interno y a sus obligaciones jurídicas internacionales, los Estados concederán reparación a las víctimas por las acciones y omisiones que puedan atribuirse al Estado y constituyan violaciones manifiestas de las normas internacionales de derechos humanos o violaciones graves al derecho humanitario". Pero, aún cuando la violación no le sea legalmente imputable al Estado, de acuerdo con el Conjunto de *Principios Básicos sobre el derecho a interponer recursos y a obtener reparaciones* éste "ha de procurar establecer programas nacionales de reparación y otra asistencia a las víctimas cuando el responsable de los daños sufridos no pueda o no quiera cumplir sus obligaciones".

¿Debe entenderse entonces que, en contextos de transición política y de negociación de conflictos armados, el Estado cumple con sus obligaciones internacionales estableciendo mecanismos domésticos de acceso a la justicia (recurso judicial efectivo) para reclamar compensación de los perpetradores individuales? La doctrina y la práctica internacional de los Estados parecen ir mucho más allá.

Pretender satisfacer el derecho a la reparación de las víctimas a través de recursos y escenarios judiciales en contextos donde se trata de afrontar el legado de violaciones a los derechos humanos de carácter masivo y sistemático resulta problemático tanto por razones prácticas, como por criterios de justicia. En dichos contextos a menudo el número de víctimas es de miles, cuando no cientos de miles. Los sistemas judiciales en estos contextos son frecuentemente precarios, bien porque han sido materialmente destruidos, porque están cooptados por ciertos grupos políticos, étnicos o religiosos, o porque han desplegado barreras históricas de acceso de las víctimas a la justicia. Estos rasgos tienden a acentuarse en contra de las mujeres, de los niños y las niñas y de los pobladores campesinos, quienes son en su mayoría justamente las víctimas sobrevivientes.

Las barreras históricas para el acceso de las mujeres a la justicia tienen que ver con distintos factores. El rol que socialmente se les ha asignado a las mujeres en muchos contextos hace que para ellas sea más difícil acceder a los escenarios públicos del Estado: en muchas ocasiones no cuentan con la información sobre cómo hacerlo, sienten desconfianza y temor de hacerlo, y en otras no tienen a su disposición una persona de confianza con quien dejar a sus hijos mientras hacen diligencias. En muchos casos, las autoridades judiciales –especialmente en las zonas rurales y marginadas– han reproducido prejuicios sociales en contra de las mujeres, por ejemplo, con relación a la violencia sexual. En contextos como el colombiano, guatemalteco o peruano aún existen entre las autoridades judiciales una serie de prejuicios sobre la responsabilidad de las mujeres en los casos de violencia sexual. En algunos casos, todavía se dice que las mujeres provocan o incitan a los hombres con su comportamiento, por ejemplo.

En cuanto a los criterios de justicia, como bien lo ha explicado Pablo de Greiff, la manera como tradicionalmente los jueces evalúan los daños sufridos por las víctimas para efectos de la compensación económica tiende a castigar a las personas más pobres, a quienes tienen menores niveles de educación y a quienes han sufrido discriminación histórica, entre ellos notoriamente las mujeres[3]. Esto porque la idea que gobierna la práctica judicial de la reparación de compensar en proporción al daño sufrido, requiere de la evaluación y prueba individual del daño. Tradicionalmente, el impacto económico de una violación de un derecho se hace en parte (lucro cesante), en función de la posición económica de la persona vulnerada: así, por ejemplo, la esposa de un abogado independiente que tenia ingresos estables e importantes por concepto de honorarios,

---

[3] Vid. DE GREIFF, P., "Justice and Reparations", en DE GREIFF, P., (ed.), *The Handbook of Reparations,* Oxford University Press, Oxford, 2006.

lo podrá demostrar y hacer valer en el contexto judicial. Mientras que la compañera de un pescador o un campesino que tenía ingresos bajos y variables se verá en gran dificultad para demostrar los ingresos de su compañero y, en todo caso, la compensación económica se hará teniendo estos ingresos como parámetro. De esta manera, la posición económica de estas mujeres y sus familias determinará el valor de la compensación económica por concepto de lucro cesante. Parece injusto que la mujer más pobre termine recibiendo –justamente por esa razón– la suma menor. En contextos donde se trata de transitar de regímenes dictatoriales, opresivos, discriminatorios o situaciones de guerra generalizada a comunidades políticas más democráticas e incluyentes, esta manera de hacer reparaciones iría justamente en contravía de lo que se pretende alcanzar.

El caso de Colombia ilustra claramente las complicaciones de pretender satisfacer el derecho a la reparación de las víctimas, cuando se trata de violaciones masivas y sistemáticas, a través de un mecanismo judicial[4]. Originalmente, Colombia privilegió el escenario judicial (el proceso penal especial de justicia y paz –ley 975 de 2005) para establecer, además de la responsabilidad penal individual de los perpetradores, la reparación debida a las víctimas. A más de cinco años de funcionamiento de los procesos penales especiales de justicia y paz las fallas estructurales del sistema se han hecho evidentes, a pesar de los ingentes esfuerzos humanos, institucionales y financieros que se han hecho: los procesos penales –así sean de una naturaleza especial– son escenarios esencialmente lentos, más aún cuando se trata de establecer responsabilidades por crímenes sistemáticos ocurridos durante varias décadas. Si bien la Fiscalía General de la Nación ha podido registrar 372.874 víctimas[5], sólo en siete casos se ha podido llegar a una sentencia donde se concede reparación.

En segundo lugar, la experiencia colombiana ha mostrado que pretender satisfacer el ideal de la reparación integral a través del proceso penal es muy complejo, pues se llegó a la conclusión (por parte de la Sala Penal de la Corte Suprema de Justicia) de que el Tribunal Penal de Justicia y Paz carecía de competencia para imponer obligaciones de hacer a las autoridades del ejecutivo (de nivel nacional y territorial) y así este no podía ordenar acciones específicas para efectos de rehabilitación, satis-

---

[4] DIAZ, C., y MARÍN, I., "Reparations in Colombia: advancing the women's rights agenda", en YARWOOD, L., (ed.), *Women and Transitional Justice*, Routledge, London, 2012.

[5] República de Colombia. Fiscalía General de la Nación. Informe de Gestión 2011.

facción y garantías de no repetición. Siguiendo la indicación de la Corte Suprema, el Tribunal de Justicia y Paz tuvo que limitarse a exhortar a las autoridades, en vez de imponer obligaciones jurídicamente exigibles.

En tercer lugar, se han hecho evidentes las enormes implicaciones fiscales de pretender reparar a un universo de más de 300.000 víctimas usando los estándares ordinarios de la reparación judicial. En la medida en que los bienes devueltos o incautados a los responsables individuales de los crímenes no sean suficientes para cubrir la compensación económica, por disposición de la Corte Constitucional (sentencia C-370 de 2006), el Estado debe concurrir al pago de la compensación ordenada por el Tribunal. Teniendo en cuenta la magnitud del universo de víctimas y guiado por un principio de responsabilidad fiscal y de hacer realidad el derecho a la reparación de dicho universo, el Tribunal decidió en un primer caso adoptar un esquema de reparación en equidad, reduciendo las sumas de compensación económica con respecto de los estándares ordinarios de la práctica judicial colombiana y evitando una evaluación estricta de la prueba para cada daño alegado. La Corte Suprema de Justicia revocó esta decisión y ordenó al Tribunal guiarse por las reglas ordinarias del Derecho. Como consecuencia, las sumas de compensación económica que terminó ordenando el Tribunal son bastante considerables, si se tiene en cuenta que en una sola decisión se acumularon hechos específicos para más de 1000 víctimas. Como corolario del asunto, el Ejecutivo logró que a través de una ley adoptada por el Congreso de la República (Ley 1448 de 2011) se dispusiera que el Estado solo debía concurrir al pago de la compensación económica ordenada por los Tribunales de Justicia y Paz hasta el monto estipulado dentro de un programa de reparación administrativa. El Ejecutivo intentó aplicar dicha norma al caso del pago de las reparaciones ordenadas en una sentencia dictada con anterioridad de la ley y la reacción de las víctimas fue tan fuerte que finalmente se reversó la decisión.

En un contexto donde se busca hacer justicia para crímenes masivos y sistemáticos, la reparación puede ser mejor comprendida como un proyecto político[6]: una empresa de reconocimiento y construcción de confianza cívica y una oportunidad de transformación con perspectiva de futuro. Las reparaciones son una expresión material del reconocimiento debido a aquellos sujetos cuyos derechos fundamentales han

---

[6] DE GREIFF, P., 'Justice and Reparations' en DE GREIFF, P. (ed.), *The Handbook of Reparations*, cit.

sido violados. La reparación parte del reconocimiento de lo que pasó, de las consecuencias que aquello tuvo en la vida de las víctimas y de la responsabilidad –jurídica, moral y política– que le cabe al Estado en las violaciones a los derechos humanos. La reparación expresa la decisión del Estado de acoger en la comunidad política a aquellas personas que antes fueron excluidas, estigmatizadas, perseguidas y victimizadas, y el compromiso de que lo que pasó no vuelva a ocurrir. Estos elementos deben integrar el horizonte normativo de la reparación en un contexto de justicia transicional.

De la mano de la consolidación del discurso de la justicia transicional, se ha instalado ya en la doctrina, en nociones emergentes del derecho internacional de los derechos humanos y en la propia práctica de los Estados, la idea de que la reparación a las víctimas puede hacerse no solo a través de decisiones judiciales de los tribunales, sino también a través de lo que se ha llamado "programas administrativos de reparación"[7]. De hecho, esta noción de los programas administrativos de reparación quedó recogida en el *Conjunto de principios para la promoción de los derechos humanos mediante lucha contra la impunidad* adoptado por la Asamblea General de las Naciones Unidas:

"También pueden proporcionarse reparaciones mediante programas, basados en medidas legislativas o administrativas, financiados por fuentes nacionales o internacionales, dirigidos a individuos y a comunidades. Las víctimas y otros sectores de la sociedad civil deben desempeñar un papel significativo en la elaboración y aplicación de tales programas. Deben hacerse esfuerzos concertados para asegurar que las mujeres y los grupos minoritarios participen en las consultas públicas encaminadas a elaborar, aplicar y evaluar los programas de reparación".

Mas aún, la Oficina del Alto Comisionado de las Naciones Unidas para los Derechos Humanos ha dicho que cuando se trata de reparar daños graves infligidos como consecuencia de violaciones manifiestas y masi-

[7] Vid., entre otros, DE GREIFF, P., 'Justice and Reparations' en DE GREIFF, P. (ed.), *The Handbook of Reparations*, cit; RUBIO-MARÍN, R., "Introduction. The gender of reparations: setting the agenda", en RUBIO-MARÍN, R. (ed.), *What happened to the women? Gender and Reparations for Human Rights Violations,* Social Science Research Council, New York, 2006 y RUBIO-MARÍN, R., "The Gender of Reparations in Transitional Societies" en RUBIO-MARÍN, R. (ed.), *The Gender of Reparations. Unsettling Sexual Hierarchies while Redressing Human Rights Violations,* Cambridge University Press, Cambridge, 2009.

vas de los derechos humanos, los Estados tienen "la obligación moral y política" de adoptar medidas de reparación generales, que vayan más allá de los escenarios judiciales para conseguir la reparación[8].

La práctica estatal de establecer medidas administrativas de reparaciones no es nueva. Los nuevos gobiernos democráticos de los países del cono sur de Latinoamérica –Chile, Argentina, Brasil– adoptaron medidas administrativas de reparaciones, especialmente con relación a los familiares de las personas sometidas a desaparición forzada por las dictaduras militares[9]. También se ha generalizado y refinado la práctica de las comisiones de la verdad de recomendar la adopción de programas administrativos de reparaciones: desde la Comisión de Verdad y Reconciliación de Suráfrica hasta la reciente Comisión de la Verdad de Ecuador que presentó como anexo de su informe final un detallado proyecto de ley estableciendo un programa administrativo de reparaciones[10]. Las Comisiones de la Verdad de Perú[11], Timor del Este[12] y Sierra Leona[13] recomendaron expresamente la adopción de programas administrativos de reparaciones.

---

[8] Oficina del Alto Comisionado de las Naciones Unidas para los Derechos Humanos. *Instrumentos del Estado de Derecho para sociedades que han salido de un conflicto: programas de reparaciones* (Nueva York y Ginebra, Naciones Unidas, 2008).

[9] Vid. CORREA, C., "Reparation Programs for Mass Violations of Human Rights: Lessons from Experiences in Argentina, Chile and Peru" en *Amnistia Política e Justiça de Transiçao*, published by the Ministry of Justice of Brazil, Nº 3, January/June 2010; GUEMBE, M. J., "Economic reparations for grave human rights violations: the Argentine experience" en DE GREIFF, P. (ed.), *The Handbook of Reparations*, cit.; LIRA, E., "The reparations policy for human rights violations in Chile", en DE GREIFF, P. (ed.), *The Handbook of Reparations*, cit.

[10] VALENCIA-VILLA, A., "Memorias compartidas: las comisiones de la verdad de Paraguay y Ecuador" en BERISTAIN, C. M. (ed.) *Contribución de las políticas de verdad, justicia reparación a las democracias en América Latina,* Instituto Interamericano de Derechos Humanos, San José de Costa Rica, 2011.

[11] GUILLEROT, J., y MAGARRELL, L., *Reparaciones en la Transición Peruana. Memorias de un proceso inacabado*, Aprodeh, ICTJ y Oxfam, Lima, 2006.

[12] WANDITA, G., CAMPBELL-NELSON, K., y PEREIRA, M. L., "Learning to engender reparations in Timor Leste: Reaching out to Female victims" en RUBIO-MARÍN, R. (ed.), *What happened to the women? Gender and Reparations for Human Rights Violations,* cit.

[13] KING, J., "Gender and Reparations in Sierra Leone: The wounds of war remain open" en RUBIO-MARÍN, R., (ed.), *What happened to the women? Gender and Reparations for Human Rights Violation,* cit.

III. EL POTENCIAL TRANSFORMADOR DE LAS REPARACIONES

En la doctrina jurídica tradicional el objetivo de la reparación es restituir a la víctima al *estatu quo ante* de la violación. Es decir, restituir a la persona afectada a la situación en que se encontraba antes de ocurrir la violación o a aquella en que se hubiera encontrado si la violación no hubiera ocurrido. Esta noción es la que orienta la práctica judicial de las reparaciones en el derecho civil, el derecho administrativo e incluso el derecho internacional de los derechos humanos. Esta noción, sin embargo, no parece la más adecuada cuando se trata de hacer justicia para las víctimas en contextos de transición política. Los ejemplos que discuto a continuación ilustran claramente el por qué.

En el caso de Colombia, las estadísticas sobre personas registradas como víctimas por la Fiscalía General de la Nación indican que éstas son en su mayoría mujeres (68%), cabeza de hogar (54.9%) y que tienen a su cargo 4 niños en promedio[14]. El 30.5% de estas mujeres manifiesta que no tiene ningún nivel de educación formal y el 44.9% reporta que sólo completó la escuela primaria. De hecho, el Grupo de Memoria Histórica de la Comisión Nacional de Reparación y Reconciliación documentó en su primer informe sobre las masacres de Trujillo que en varios casos las mujeres sobrevivientes no habían sido enviadas a la escuela por sus padres, quienes consideraban que "la escuela es asunto de hombres" y "un gasto innecesario" en el caso de las mujeres. De hecho, varias víctimas mujeres explicaron cómo sus padres las habían obligado a casarse muy jóvenes y les habían escogido los maridos.

En algunos países o regiones donde la tradición de la propiedad se hace de acuerdo con las prácticas tradicionales, no escritas y los linderos de los predios se transmiten oralmente de generación en generación al hombre cabeza de hogar, cuando las mujeres viudas regresan a las comunidades después de haber sido desplazadas encuentran que los predios que solían cultivar están ocupados por los varones de la familia de sus compañeros fallecidos. Como, de acuerdo con las normas tradicionales la tierra no les pertenece, estas mujeres se ven abocadas a una situación

[14] DIAZ, C., y MARÍN, I., "Reparations in Colombia: advancing the women's rights agenda", en YARWOOD, L., (ed.), *Women and Transitional Justice*, cit.

de pobreza al perder el proveedor de la familia y no conseguir fuentes de sustento económico.

Si el objeto de la reparación está dado por el ideal de restitución al *estatu quo ante,* se reproduciría la situación de discriminación y subordinación de la mujeres pues esa era su ´posición original´ antes de la violación.

Desde la perspectiva que entiende la justicia transicional como un proyecto político de reconocimiento y construcción de confianza cívica (De Greiff, 2006), las reparaciones –como pieza fundamental de dicho proyecto– pueden verse como una oportunidad de transformación[15]. En términos de justicia de género, la justicia transicional en general y la reparación en particular, pueden verse como una oportunidad para subvertir en vez de reproducir las relaciones de subordinación y de poder basadas en los roles y estereotipos del género[16].

La idea del potencial transformador de las reparaciones ha empezado ya a hacer camino en la doctrina internacional sobre las reparaciones en contextos de transición política. Fue incluida en la Declaración de Nairobi sobre el derecho de las mujeres y las niñas a un recurso efectivo y a obtener reparación que adoptaron una serie organizaciones de víctimas, organizaciones de mujeres y de grupos importantes de la sociedad civil de África, Asia, Latinoamérica y Europa en Nairobi en el 2007. De acuerdo con la Declaración, las reparaciones deben impulsar, al final del conflicto, la transformación de las injusticias socioculturales y desigualdades políticas y estructurales que inciden en la vida de las mujeres y las niñas; no bastan la reintegración y la restitución en sí como objetivos de las reparaciones, ya que los orígenes de las violaciones contra las mujeres y las niñas anteceden a las situaciones de conflicto.

Por su parte, el reporte de la Relatora Especial de las Naciones Unidas sobre violencia contra las mujeres a propósito de las reparaciones para las mujeres víctimas de violencia (2010), recoge la idea del objetivo transfor-

---

[15] RUBIO-MARÍN, R., "The Gender of Reparations in Transitional Societies" en RUBIO-MARÍN, R. (ed.), *The Gender of Reparations. Unsettling Sexual Hierarchies while Redressing Human Rights Violations,* cit.; UPRIMNY, R., y SAFFÓN, M. P., "Reparaciones transformadoras, justicia distributiva y profundización democrática", en DÍAZ, C., SANCHEZ, N., C., y UPRINMY, R., *Reparar en Colombia: los dilemas en contextos de pobreza, conflicto y exclusión*, DeJusticia e ICTJ, Bogotá, 2009.

[16] RUBIO-MARÍN, R., "The Gender of Reparations in Transitional Societies" en RUBIO-MARÍN, R. (ed.), *The Gender of Reparations. Unsettling Sexual Hierarchies while Redressing Human Rights Violations,* cit.

mador de las reparaciones indicando que: "Las reparaciones deben aspirar en la medida de lo posible, a subvertir, en vez de reforzar, desigualdades estructurales preexistentes que puedan estar entre las causas de la violencia que las mujeres experimentan antes, durante y después del conflicto".

IV. ¿CÓMO DESARROLLAR EL POTENCIAL TRANSFORMADOR DE LAS REPARACIONES EN LA FORMULACIÓN DE UN PROGRAMA ADMINISTRATIVO DE REPARACIÓN?

Un punto de partida fundamental en el propósito de subvertir las relaciones de subordinación de género en contextos de justicia transicional son los nuevos discursos que crean y circulan los distintos sectores de la sociedad y del Estado sobre lo que pasó. La transición es una oportunidad para exponer y reconocer las formas de violencia que sufren las mujeres y los impactos diferenciados en sus vidas que estas tienen. En muchos contextos, la atención de los medios de comunicación dominantes tiende a concentrarse en las víctimas directas de asesinatos, detención y prisión ilegal y tortura (varones, por lo general) y no se examina suficientemente el impacto de estos crímenes en la vida de las mujeres sobrevivientes. Además del dolor, la pérdida del proveedor tiene un impacto devastador en la vida de las mujeres. En muchos casos, el desplazamiento forzado sigue a la violación inicial y con él la agudización extrema de la pobreza. En el nuevo contexto urbano, por ejemplo, para sobrevivir las mujeres campesinas tienen que emplearse en muchos casos en el servicio doméstico con salarios muy bajos; además tienen que ver cómo sus hijos en vez de ir a la escuela deben empezar a trabajar desde niños para completar los ingresos familiares. Como lo ha constatado la Corte Constitucional colombiana, en estos nuevos contextos donde viven las mujeres desplazadas, el riesgo de la violencia sexual aumenta significativamente.

Otro aspecto que debería hacer parte de los nuevos discursos en los contextos de transición política es esta noción –que tiende a confirmarse en distintos contextos– sobre cómo ciertas formas de violencia contra las mujeres en el conflicto se apalancan en patrones tradicionales de violencia contra las mujeres[17]. De otra parte, se sabe también que la violencia de

[17] URBAN-WALKER, M., "Gender and Violence in Focus: A Background for Gender Justice in Reparations" en RUBIO-MARÍN, R. (ed.), *The Gender of Reparations. Unsettling Sexual Hierarchies while Redressing Human Rights Violations*, cit.

género no cesa con la negociación del conflicto armado; por el contrario, parece que en ciertos contextos aumenta o al menos se mantiene y muta, pues los excombatientes que regresan a sus comunidades y hogares tienden a manifestar sentimientos de frustración, rabia o desconcierto en formas violentas.

Una herramienta poderosa para la creación y circulación de esos nuevos discursos son las Comisiones de la Verdad. En ese sentido son claves los mecanismos que se creen dentro de las comisiones de la verdad para incluir la perspectiva de las mujeres, su voz, sus prioridades y sus necesidades[18]. Es importante la inclusión de la perspectiva de género desde el mandato de una comisión de la verdad, su organización interna, el diseño de sus estrategias de investigación, de audiencias públicas y de comunicación externa.

De hecho, con frecuencia se dice que el mejor escenario para emprender un esfuerzo de reparaciones para las víctimas es el post-comisión de la verdad. Este planteamiento se adopta, por ejemplo, por parte de la Oficina del Alto Comisionado de las Naciones Unidas para los Derechos Humanos en los 'Instrumentos del Estado de Derecho para sociedades que han salido de un conflicto' sobre reparaciones. Sin embargo, en algunos casos, medidas e incluso programas de reparación se han adoptado en ausencia de una comisión de la verdad (es el caso de Colombia, por ejemplo) o antes de que esta haya sido establecida (es el caso de las reparaciones para las víctimas indígenas de internamiento forzado en internados en el Canadá). En estos contextos, otras herramientas de esclarecimiento y narración de la verdad y de producción y circulación de discursos sobre lo que pasó cobran una gran importancia. Es el caso, por ejemplo, de la investigación periodística, los ejercicios oficiales y no oficiales de memoria histórica y las investigaciones y sentencias judiciales.

La participación de las mujeres víctimas y de las organizaciones que trabajan por los derechos de las mujeres en la formulación, implementación y monitoreo de los programas de reparaciones es un primer paso fundamental hacia el objetivo de realizar el potencial transformador de las reparaciones. La participación de las víctimas en el diseño y la implementación de las reparaciones es una forma concreta de reconocer a las víctimas como agentes de su propia recuperación, como actores sociales

[18] Para una revisión cuidadosa de las mejores prácticas al respecto vid. NESIAH, V. (et. al), *Truth Commissions and Gender: Principles, Policies and Procedures*, ICTJ, New York, 2006.

de cambio. Incluir a las mujeres víctimas y a quienes representan las organizaciones que trabajan por los derechos de las mujeres es una manera de empezar a subvertir las relaciones de subordinación femeninas. Es en sí misma un mensaje de reconocimiento e inclusión.

La participación de las víctimas, además, cumple con la función de enriquecer las comprensiones sobre los daños sufridos y las formas y procedimientos más adecuados para repararlos en los distintos contextos. Ahora, es importante entender que las visiones y demandas de las víctimas y sus organizaciones también tienen cargas emocionales fuertes. La noción de participación de las víctimas en el diseño e implementación de programas de reparaciones ha sido incorporada en ambos conjuntos de principios de Naciones Unidas sobre los derechos de las víctimas y en los instrumentos del Estado de Derecho para sociedades que han salido de un conflicto sobre reparaciones.

En la medida en que muchos programas de reparación son recomendados –cada vez con más detalle– por las comisiones de la verdad, es importante diseñar mecanismos y escenarios de participación de las mujeres víctimas en la formulación de dichas recomendaciones. La Comisión de la Verdad de Ecuador, por ejemplo, realizó una serie de talleres de consulta con las víctimas donde se sometió a su consideración una suerte de menú sobre las alternativas de reparación que estaba considerando la Comisión[19].

Ahora, como se mencionó arriba, en otros casos, los programas de reparación no se establecen como corolario de las recomendaciones de una comisión de la verdad, sino que responden a iniciativas del Ejecutivo o del parlamento y para ello se establecen competencias especiales dentro de instituciones que ya existen o se crean nuevas agencias encargadas especialmente del tema. El reto es entonces diseñar instancias y mecanismos de participación de las mujeres en la operación de dichas instituciones. En el caso de Colombia, por ejemplo, la ley 1448 de 2011 por la cual se establecen medidas de reparación integral a las víctimas del conflicto armado interno, dispuso la creación de una serie de comités para la participación de las víctimas, donde debe asegurarse la participación de delegadas mujeres. De acuerdo con la ley, las víctimas tienen además asiento en las Juntas Directivas del Comité Ejecutivo para la Asistencia y

[19] Ver el Informe Final de la Comisión de la Verdad de Ecuador.

Reparación a las Víctimas y de la nueva Unidad Administrativa Especial para la Restitución de Tierras[20].

Las nociones fundamentales para el diseño de un programa de reparaciones son las siguientes:

- Qué violaciones a los derechos humanos o daños causados por dichas violaciones dan lugar a reparación
- Quiénes son las personas beneficiarias
- Cuáles son los beneficios o medidas de reparación que se distribuyen

En primer lugar es importante notar que la definición de víctima en el derecho internacional de los derecho humanos es una bastante amplia:

> se entenderá por victima a toda persona que haya sufrido daños, individual o colectivamente, incluidas lesiones físicas o mentales, sufrimiento emocional, pérdidas económicas o menoscabo sustancial de sus derechos fundamentales, como consecuencia de acciones u omisiones que constituyan una violación manifiesta de las normas internacionales de derechos humanos o una violación grave del derecho internacional humanitario. Cuando corresponda, y en conformidad con el derecho interno, el término 'víctima' incluirá también a la familia inmediata o las personas a cargo de la víctima directa y a las personas que hayan sufrido daños al intervenir para prestar asistencia a víctimas en peligro o impedir su victimización.
>
> Una persona será considerada víctima con independencia de si el autor de la violación ha sido identificado, aprehendido, juzgado o condenado y de la relación familiar que pueda existir entre el autor y la víctima[21].

La decisión sobre qué violaciones –de todo el amplio espectro posible dentro de la definición de víctima del derecho internacional– dan lugar a reparaciones es, sin duda, una decisión política. Usualmente, esta decisión tiende a reflejar ciertas ideas preconcebidas sobre una escala de importancia de las violaciones a los derechos humanos, donde se tiende a privilegiar en principio las violaciones que comprometen el derecho a la vida. La decisión también refleja en ocasiones ciertas preocupaciones sobre el impacto fiscal del programa. Si se trata de subvertir –en vez de reproducir– las relaciones de subordinación entre hombres y mujeres, la decisión sobre qué violaciones califican para reparaciones debe ser

---

[20] DIAZ, C., y MARÍN, I., "Reparations in Colombia: advancing the women's rights agenda", en YARWOOD, L., (ed.), *Women and Transitional Justice*, cit.

[21] Principios y directrices básicos.

tomada con participación de las mujeres víctimas. Debe, además, tenerse explícitamente en cuenta el impacto de las violaciones en la vida de las mujeres y las niñas para efectos de la selección.

De la revisión comparada de varios programas de reparaciones adoptados en varios países y en distintos estadios de implementación se nota que todos los programas han incluido la desaparición forzada, la ejecución extrajudicial y la tortura como violaciones que dan lugar a la reparación. Es importante notar también cómo la violación sexual y otras formas de violencia sexual han ido ganando terreno en la formulación de los programas. Los programas más recientes (Sierra Leona, Timor del Este y Perú, por ejemplo) todos incluyen la violación sexual; el catálogo de las otras formas de violencia sexual se ha ido precisando también de acuerdo con las particularidades de cada conflicto. Este desarrollo puede verse como un indicador de que hay cierto aumento en el conocimiento de las formas de violencia contra las mujeres por parte de los distintos actores sociales que intervienen en las negociaciones de estos programas.

El desplazamiento forzado y el reclutamiento forzado[22] han sido identificados también por algunos programas administrativos de reparación como violaciones que dan lugar a ciertas formas de reparación. El desplazamiento forzado fue incluido en los casos de Chile, Suráfrica, Perú y Guatemala. La implementación de las medidas ha sido, sin embargo, bastante pobre. Desde la perspectiva de los derechos de las mujeres y del impacto de las violaciones en sus vidas, sin duda el desplazamiento forzado debe dar lugar a reparación, pues afecta desproporcionadamente a mujeres y niños con efectos devastadores en sus posibilidades de desarrollo. Dado el número de personas sometidas a desplazamiento forzado en los contextos de guerra civil, el desafío para efectos de reparaciones es grande.

En el caso de Colombia, por ejemplo, en un principio se consideró que las personas desplazadas no calificarían para efectos de reparaciones pues el tamaño de su universo (más de 3 millones de personas) era demasiado grande para considerar medidas de reparación económica individual. Sin embargo, debido a la presión de la sociedad civil y de las propias organizaciones de víctimas, las personas desplazadas fueron finalmente

---

[22] Sobre este tema ver APTEL, C., y LADISCH, V., *Through a new lens: a Child-sensitive Approach to Transitional Justice*, ICTJ, 2011.

incluidas para efectos del programa de reparación[23] y luego sus derechos fueron aún más detallados por la ley 1448 de 2011, donde se incluyó un programa ambicioso de restitución de toerras con un componente especial de restitución de tierras para mujeres víctimas[24]. Estos desarrollos fueron, en buena parte, un resultado de la insistente afirmación del derecho de las víctimas de desplazamiento forzado a la reparación y de la comprensión de la diferenciación de sus efectos en función del género

La incorporación de la agenda de justicia de género en la formulación de programas administrativos de reparaciones tiene que ver también con la comprensión de las distintas dimensiones de los daños producidos por las violaciones a los derechos humanos en la vida, la salud y las oportunidades de desarrollo de las mujeres[25]. En el caso de la violencia sexual, por ejemplo, es posible identificar tres formas distintas de daños: daños físicos, daños sicológicos y emocionales y daños materiales; estas distintas categorías de daño están inter-relacionadas y se refuerzan unas a otras. De hecho, Duggan y Jacobson argumentan que la violencia sexual y reproductiva produce una suerte de efecto dominó en la vida de las víctimas: cuando a los daños físicos, sicológicos y emocionales se suman ciertas comprensiones y significados sociales, culturales y religiosos sobre el rol de la mujer y la sexualidad, esto precipita daños adicionales como el estigma, el abandono, el aislamiento y el ostracismo por parte de compañeros, padres, familiares y comunidades[26]. A su vez, esto produce un impacto en la capacidad productiva de las mujeres y así en su sobrevivencia diaria. La violencia sexual y reproductiva se traduce entonces en mayor pobreza, desnutrición y enfermedades subsecuentes.

Si bien la lógica de los programas administrativos de reparaciones no es la evaluación individual de cada uno de los daños sufridos ni la de la compensación en proporción al daño, la comprensión de los daños contribuye, de una parte, a diseñar las medidas de reparación más adecuadas para las mujeres y, de otra, a priorizar la distribución de recursos en

---

[23] DIAZ, C., y MARÍN, I., "Reparations in Colombia: advancing the women's rights agenda", en YARWOOD, L., (ed.), *Women and Transitional Justice*, cit.

[24] Íbidem.

[25] RUBIO-MARÍN, R., "The Gender of Reparations in Transitional Societies" en RUBIO-MARÍN, R. (ed.), *The Gender of Reparations. Unsettling Sexual Hierarchies while Redressing Human Rights Violations,* cit.

[26] DUGGAN, C., y JACOBSON, R., "Reparation of Sexual and Reproductive Violence: Moving from Codification to Implementation", en RUBIO-MARÍN, R., (ed.), *The Gender of Reparations. Unsettling Sexual Hierarchies while Redressing Human Rights Violations,* cit.

contextos donde los universos de víctimas son muy grandes y los recursos muy escasos. De hecho, la perspectiva de los daños resulta muy útil cuando se trata de hacer ejercicios de priorización de víctimas para efectos de distribución de reparaciones, pues de consideraciones abstractas sobre la jerarquía de las graves violaciones a los derechos humanos, se pasa a reflexiones muy concretas sobre vulnerabilidad, necesidad y urgencia. Así, por ejemplo, la Comisión de Acogimiento, Verdad y Reconciliación de Timor del Este propuso priorizar a "los más vulnerables" entre quienes continúan sufriendo las consecuencias de las graves violaciones a los derechos humanos para efectos de la distribución de reparaciones. Entre ellos, la Comisión identificó a las víctimas de tortura, a las víctimas con discapacidades físicas y mentales, las víctimas de violencia sexual, las viudas y madres solteras, los niños y niñas afectados por el conflicto y las comunidades con una concentración alta de víctimas que hubieran sufrido graves violaciones a los derechos humanos a gran escala[27].

V. LA DEFINICIÓN DE LOS BENEFICIARIOS DE LAS REPARACIONES

La segunda gran decisión que debe tomarse en la formulación de un programa administrativo de reparaciones es quienes son los beneficiarios de las medidas, una vez se ha hecho la lista de violaciones que califican para reparación. Esta decisión es particularmente relevante cuando se trata de la distribución de la reparación entre los familiares de las víctimas de ejecución extrajudicial o asesinato y desaparición forzada. También es relevante para responder la pregunta sobre si los familiares de otras violaciones, como la tortura o la violencia sexual, deben recibir alguna forma de reparación material.

El impacto de las graves violaciones a los derechos humanos puede verse como una serie de círculos concéntricos: la violación afecta a la víctima directa, a su núcleo familiar más inmediato, a su familia más extendida y a la comunidad a la que pertenece. La definición política que se requiere tomar es entonces hasta dónde va a reconocerse el impacto de la violación, teniendo en cuenta la disponibilidad de recursos. La

[27] WANDITA, G., CAMPBELL-NELSON, K., y PEREIRA, M. L., "Learning to engender reparations in Timor Leste: Reaching out to Female victims" en RUBIO-MARÍN, R. (ed.), *What happened to the women? Gender and Reparations for Human Rights Violations*, cit.

aplicación de una perspectiva de género a esta cuestión produce algunos lineamientos para tener en cuenta.

En primer lugar, es importante considerar que en las sociedades con estructuras patriarcales donde los hombres suelen ser los proveedores de la familia y las mujeres las que tiene a su cargo el cuidado de los hijos, de los mayores y de quienes necesiten por sus condiciones especiales, las violaciones que van dirigidas directamente contra los hombres (ejecución extrajudicial, desaparición forzada, prisión ilegal y tortura) tienen un impacto devastador en la vida de las mujeres. Ellas, con poca educación y formación para ingresar a la vida laboral, enfrentan el reto triple de proveer para el sustento de ellas y sus hijos, y de quienes en contextos de guerra terminan también a su cargo (como los huérfanos, los heridos, enfermos y mutilados). Además de tener que lidiar con las autoridades del Estado para buscar a los desaparecidos o asistir a sus compañeros en prisión[28].

Una perspectiva sensible a la situación de las mujeres debe tener en cuenta las distintas formas de familia como aquellas conformadas cuando hay uniones de hecho y uniones de parejas del mismo sexo. Ya se ha generalizado en la formulación de programas de reparación incluir no sólo a las esposas bajo el rito dominante o ante la autoridad estatal, sino también a las parejas bajo cualquier otro rito y a las parejas de hecho. La Comisión de la Verdad de Ecuador, por ejemplo, recomendó la adopción de un programa administrativo de reparaciones que incluyera expresamente como beneficiarios a las parejas del mismo sexo de las víctimas de ejecución extrajudicial y desaparición forzada.

En segundo lugar, es necesario definir cómo se distribuyen los beneficios de reparación (típicamente sumas de dinero) entre los distintos familiares sobrevivientes, típicamente la compañera, los padres, los hijos y los hermanos. Aquí, la perspectiva de género invita a no reproducir costumbres o reglas legales ordinarias que privilegian a los hombres sobre las mujeres, por ejemplo en la distribución de herencias. Una aproximación que ha ganado terreno en la práctica de la formulación de los programas de reparación es distribuir porcentualmente las sumas de compensación económica entre los distintos familiares, en vez de adoptar esquemas de precedencia y exclusión propios de la distribución de herencia. Es de

[28] RUBIO-MARÍN, R., "The Gender of Reparations in Transitional Societies" en RUBIO-MARÍN, R. (ed.), *The Gender of Reparations. Unsettling Sexual Hierarchies while Redressing Human Rights Violations*, cit.

notar que en muchos casos, los programas administrativos no han considerado a los hermanos de la víctima directa como beneficiarios o sólo los han incluido en ausencia de todos los demás familiares.

En tercer lugar, una perspectiva sensible a los impactos en la vida de las mujeres invita a considerar el impacto de las violaciones en los familiares de las víctimas sobrevivientes, como en el caso de la violencia sexual y la tortura y prisión ilegal. Para el caso de la violencia sexual, varios de los programas administrativos de reparación han considerado a los hijos nacidos de la violación sexual como beneficiarios de reparaciones, además de las madres. Este ha sido el caso del Perú[29] y de Colombia[30].

En el caso de la tortura, la atención tendería a concentrarse en las víctimas directas –las personas torturadas. Sin embargo, como lo constató la Comisión sobre Prisión ilegal y Tortura de Chile (Comisión Retting), la prisión ilegal y tortura produjo no sólo consecuencias devastadoras para la víctima directa sino también para su núcleo familiar. Los propios sobrevivientes le explicaron a la Comisión que, debido al tiempo que permanecieron en prisión y a las consecuencias de los daños físicos y sicológicos en su vida personal y laboral, ellos no pudieron proveer económicamente para la educación superior de sus hijos. Con base en dichos hallazgos, la Comisión recomendó que se concedieran medidas de reparación en educación para los hijos de los sobrevivientes de tortura. El Gobierno acogió dicha recomendación y amplió el cubrimiento del programa de becas de educación superior para ese grupo de víctimas[31]. Sin duda esta alternativa es un desarrollo positivo de cara al reconocimiento del impacto de las violaciones en la familia; es de notar, sin embargo, que este tipo de medidas tiene un impacto fiscal importante que representa un reto para países con menor nivel de desarrollo e ingresos que el Estado Chileno.

VI. LA DEFINICIÓN DE LAS MEDIDAS DE REPARACIÓN

La tercera gran decisión que debe tomarse en la formulación de un programa administrativo de reparación es sobre las medidas y formas

---

[29] GUILLEROT, J., y MAGARRELL, L., *Reparaciones en la Transición Peruana. Memorias de un proceso inacabado*, cit.

[30] DIAZ, C., y MARÍN, I., "Reparations in Colombia: advancing the women's rights agenda", en YARWOOD, L., (ed.), *Women and Transitional Justice*, cit.

[31] CORREA, C., "Reparation Programs for Mass Violations of Human Rights: Lessons from Experiences in Argentina, Chile and Peru", cit.

de reparación que van a adoptarse. En el Derecho Internacional de los Derechos Humanos se han arraigado ya las categorías de restitución, rehabilitación, compensación y garantías de no repetición. Aquí no voy a hacer una revisión exhaustiva de los contenidos de cada una de las categorías ni de los desarrollos legales, jurisprudenciales o de la práctica de los programas administrativos de reparación. Mi intención es, más bien, identificar los puntos clave donde la perspectiva del potencial transformador de la reparación puede avanzar la agenda de la justicia de género.

El campo de la restitución de tierras, viviendas y bienes, en general, constituye una oportunidad para contribuir a subvertir las relaciones de subordinación y discriminación en que se encuentran las mujeres en muchos contextos. Como lo señalé arriba, dicha situación de discriminación y subordinación viene en algunos casos de las propias reglas del derecho. En algunos países, por ejemplo, persisten –sancionadas por el Derecho del Estado– las formas orales de tradición de la propiedad de varón a varón jefe de la familia. En otros casos, por varias razones, el Derecho del Estado no se aplica y la informalidad en la tradición de la propiedad hace que las mujeres en la práctica no sean titulares de los derechos sobre la tierra y las propiedades. A su regreso a dichos territorios, se verán entonces sin ningún título para hacerlo valer ante los familiares varones de sus compañeros desaparecidos o fallecidos. Los programas de restitución pueden entonces proponerse otorgar título de propiedad a las mujeres víctimas de desplazamiento. La ley de asistencia, atención y reparación integral a las víctimas del conflicto armado interno en Colombia (Ley 1448 de 2011), por ejemplo, incluyó un capítulo específico sobre la restitución de tierra a las mujeres víctimas. La ley adoptó una serie de provisiones para garantizar el acceso de las mujeres a los procedimientos de la restitución y para conceder títulos de propiedad a nombre de ambos, mujer y varón, aún cuando sólo haya sido el varón quien haya presentado la petición de restitución. La ley ordena, además, que se garantice la posesión de las tierras entregadas a beneficiarias mujeres[32].

La eliminación de inscripciones en registros criminales, judiciales y penitenciarios indebidamente creados también es una medida de reparación que se ha incluido dentro de la categoría de restitución, como restitución del buen nombre, de la dignidad. Esta medida es de gran importancia para las víctimas que han sido sometidas a prisión ilegal y/o a persecu-

[32] DIAZ, C., y MARÍN, I., "Reparations in Colombia: advancing the women's rights agenda", en YARWOOD, L., (ed.), *Women and Transitional Justice*, cit.

ción oficial y/o judicial. Como lo expresaron víctimas sobrevivientes a la Comisión de la Verdad de Ecuador, esta forma de restitución no solo es relevante para la recuperación de la dignidad y el buen nombre, sino que también tiene implicaciones para la vida profesional y laboral. En muchos casos, las víctimas que han sufrido este tipo de graves violaciones a sus derechos humanos no son sólo varones, sino también mujeres que han sido doblemente estigmatizadas por su actividad política, en tanto mujeres que han desafiado los estereotipos y la subordinación de género.

La rehabilitación de la salud física y sicológica es de trascendental importancia para las mujeres víctimas. No sólo para las víctimas de violencia sexual y reproductiva, sino también para las víctimas de tortura, las víctimas (indirectas) de desaparición forzada y ejecución extrajudicial, para las niñas y jóvenes víctimas de reclutamiento forzado y las víctimas de desplazamiento forzado. Las graves violaciones a los derechos humanos tienen consecuencias de muy distinto tipo en la salud física y sicológica de todas las víctimas. En contextos postconflicto y de transición política donde no existe un desarrollo de la infraestructura de salud –ésta suele ser especialmente débil en las zonas más afectadas por la guerra– y dónde no existen suficientes recursos humanos para prestar atención médica y sicológica, el reto es cómo lograr la rehabilitación de las víctimas. Un segundo desafío, ligado a éste es cómo diferenciar las prestaciones de reparación en salud de aquellas que ordinariamente debe ofrecer el Estado en virtud del derecho de todos sus ciudadanos a la salud.

El caso de Chile constituye un ejemplo interesante de la prestación de servicios médicos y de rehabilitación sicosocial como medidas de reparación[33]. Con base en una importante red de profesionales de la salud que ya prestaban sus servicios durante la dictadura a las víctimas sobrevivientes de tortura y a los familiares de las personas desaparecidas y ejecutadas, el Estado chileno creó el programa de Reparación y Atención Integral en Salud PRAIS, a través del cual se ofrecen medidas complementarias y adicionales a las prestaciones ordinarias del sistema de salud. El PRAIS cuenta con una suerte de ventanilla especial para las víctimas, donde personal de salud especialmente capacitado para trabajar con víctimas de graves violaciones a los derechos humanos las refiere

[33] CORREA, C., "Reparation Programs for Mass Violations of Human Rights: Lessons from Experiences in Argentina, Chile and Peru", cit. y LIRA, E., "The reparations policy for human rights violations in Chile", en DE GREIFF, P. (ed.), *The Handbook of Reparations*, cit.

para ciertos procedimientos al sistema ordinario de salud y para otros al sistema especial para las víctimas. El Estado chileno pudo montar este programa gracias a la disponibilidad de recursos humanos existentes en el país y al grado de cubrimiento y desarrollo de su sistema de salud. Desafortunadamente, esta es más bien una situación excepcional en contextos postconflicto.

En contextos como el de Perú, Colombia, Guatemala y Timor-Oriental, por ejemplo, los recursos humanos, técnicos y materiales para la rehabilitación física y sicológica de las víctimas son pocos y/o están distribuidos de manera que son muy escasos justamente en las zonas donde se concentran las víctimas. La pregunta es entonces cómo hacer para proveer servicios de rehabilitación a las víctimas. Una de las alternativas es considerar a las propias organizaciones de víctimas, a las organizaciones de mujeres y a las organizaciones comunitarias y de base como capital social importante para la rehabilitación. En muchos contextos, estas organizaciones prestan servicios de atención y de apoyo mutuo a las víctimas; su capacidad y cobertura puede aumentarse significativamente a través de la canalización de recursos del Estado.

Otra forma de reparación que tiene un importante potencial transformador es la reparación en educación. La educación es uno de los factores claves del empoderamiento de la persona y de la movilidad social. Arriba señalé casos específicos donde las violaciones graves a los derechos humanos tienen como consecuencia la interrupción en el ciclo educativo de las víctimas directas y sus familiares (prisión ilegal y tortura y desplazamiento forzado). En términos generales, la falta del proveedor de la familia tiene como consecuencia obvia la disminución radical de los recursos disponibles y su redistribución para el cubrimiento de las necesidades más básicas, sacrificando en muchos casos la educación de los niños y, especialmente, de las niñas. Pero además de los casos donde la interrupción del ciclo educativo y la posibilidad de acceder a educación técnica y superior son consecuencias directas de las violaciones, la reparación a través de educación tendría un sentido transformador para aquellas víctimas –en muchos casos mujeres (por ejemplo, víctimas de violencia sexual)– que aún antes de la ocurrencia de la violación tenían muy pocas posibilidades de acceder a educación media, técnica y superior.

Tal vez la forma más conocida de la reparación es la compensación en dinero. La gran mayoría de programas administrativos de reparación han distribuido o bien sumas únicas de dinero o sumas periódicas, como pensiones o una combinación de ambas. La literatura defiende la idea de las pensiones sobre las sumas únicas, porque las pensiones no tienden a verse como una suerte de valor equivalente a la persona muerta; las pensiones tienden más bien a trasmitir un mensaje de ayudar a la persona a tener una vida mejor en un periodo de tiempo largo. Además el esquema de pensiones permite diferir la inversión del Estado en reparaciones en un período largo de tiempo. En el caso de Chile, por ejemplo, las pensiones para víctimas sobrevivientes y familiares son vitalicias.

Ahora, en algunos contextos (Colombia y Ecuador, por ejemplo) se ha preferido no distribuir compensación económica en forma de pensiones, sino a través de sumas únicas de dinero por asuntos más bien prácticos que tienen que ver con los costos de administración y la debilidad de las instituciones del Estado a cargo del sistema pensional y con la desconfianza de las víctimas en un compromiso político de largo aliento. En el caso de Ecuador, por ejemplo, las víctimas consultadas por la Comisión de la Verdad prefirieron la distribución de sumas únicas de dinero argumentando que no era para nada claro que el gobierno siguiente fuera a mantener el compromiso político con las víctimas. La distribución de sumas de dinero, bien sea a través de sumas únicas o de pensiones, debe hacerse teniendo en cuenta las situaciones específicas de las mujeres que en ciertos contextos pueden dificultar el acceso efectivo al dinero, como, por ejemplo, el no contar con cuentas bancarias.

Las medidas específicas contempladas en el derecho internacional para los familiares de las personas sometidas a desaparición forzada son de gran importancia para las mujeres compañeras, madres e hijas de las víctimas. La búsqueda de las personas desaparecidas y/o de sus restos, el hallazgo, identificación y exhumación de acuerdo con las costumbres y ritos familiares y comunitarios contribuyen a la recuperación sicosocial de las víctimas y al trámite de los distintos asuntos legales que queda en el limbo con la desaparición forzada de una persona. La obtención de certificados oficiales de desaparición forzada, sin tener que seguir los procesos ordinarios de muerte presunta, también contribuyen a que las mujeres puedan disponer de los bienes de la persona desaparecida.

El derecho internacional de los derechos humanos ha desarrollado un catálogo comprehensivo de medidas de satisfacción, donde se incluyen las medidas que se suelen llamar también medidas de reparación simbólica. Las medidas de reparación simbólica pueden agruparse en cuatro categorías distintas: i) determinación y reconocimiento de responsabilidad; ii) disculpas públicas; iii) publicidad de decisiones judiciales; y iv) conmemoración. En términos de avanzar una agenda de justicia de género es importante pensar cómo las medidas de reparación simbólica contribuyen a construir y circular nuevos discursos públicos, a cómo leer lo que pasó, a definir quien son los héroes y los villanos. Así, el desafío es como contribuir a subvertir en vez de reproducir las relaciones opresivas y de subordinación de género. Para ello, debe asegurarse la participación de las organizaciones de mujeres víctimas y de quienes trabajan por los derechos de las mujeres en las instancias de definición de todas estas medidas de reparación simbólica.

Finalmente, un componente esencial de la reparación son las medidas de no repetición. El derecho internacional de los derechos humanos y especialmente la jurisprudencia del Sistema Interamericano han desarrollado un catálogo amplio y detallado de garantías de no repetición, donde se incluyen desde reformas legales y administrativas hasta campañas educativas. En contextos de justicia transicional este componente suele quedar a cargo de las Comisiones de Verdad, que en su capítulo de recomendaciones incluyen propuestas de reformas institucionales y otras garantías de no repetición en función de sus hallazgos. Este campo también ofrece una oportunidad interesante de transformación de las relaciones de poder en función del género.

Dichas reformas estructurales pueden incluir, por ejemplo, campañas educativas por distintos medios, incluidos los medios masivos de comunicación); reformas legales y administrativas para garantizar, por ejemplo, el acceso a la justicia de las mujeres, intentando superar algunas de las barreras históricas; reformas legales y administrativas para asegurar la investigación criminal y la judicialización de casos de violencia sexual y reproductiva. En el campo de las reformas legales también puede tenerse en cuenta las leyes sobre aborto, sobre herencia y propiedad, y en general, disposiciones para enfrentar la violencia contra mujeres y niñas.

Como dije arriba, tanto las Comisiones de Verdad como otras instancias en contextos de justicia transicional han avanzado significativamente en la formulación de recomendaciones para la adopción de programas administrativos de reparación. Sin embargo, el gran desafío sigue siendo su implementación. En varios casos, las recomendaciones están pendientes de ser traducidas en leyes o decretos y en muchos otros han sido implementadas sólo parcialmente (Guatemala, Perú, Sierra

Leona, por ejemplo). Una discusión sistemática sobre los problemas de implementación de los programas de reparación excede los propósitos de este trabajo. Sin embargo, quisiera dejar al menos planteados un par de asuntos problemáticos desde la perspectiva de los derechos de las mujeres, que deben ser tenidos en cuenta.

El procedimiento para acceder a un programa administrativo de reparación debe considerar los siguientes factores que suelen dificultar el acceso de las mujeres víctimas a las instancias y procedimientos del Estado: la falta de documentos que soporten la ocurrencia de los hechos victimizantes; la falta de documentación sobre los trámites judiciales y administrativos que se han seguido; la falta de información sobre sus derechos y cómo hacerlos efectivos; presiones formales e informales para no acudir a los mecanismos de justicia; estigma, ostracismo por parte de la familia y la comunidad; restricciones a la movilidad; temor a las represalias; y diferentes formas de analfabetismo.

En este contexto existen una serie de buenas prácticas que pueden considerarse:

Las organizaciones de víctimas y de base pueden considerarse como una plataforma clave para la circulación de información sobre los programas de reparación y para facilitar el acceso de las mujeres y las víctimas que viven en comunidades marginadas. En este sentido, es interesante el caso de Colombia, donde el formato para acceder al programa de reparación podía conseguirse libremente a través de múltiples oficinas públicas y a través del internet. Organizaciones de mujeres, de víctimas y otros grupos de base jugaron un papel importante en la distribución masiva de los formatos entre las víctimas, en prestarles soporte para diligenciarlos adecuadamente y en agrupar paquetes grandes de formularios y remitirlos a las autoridades competentes. Esta contribución de la sociedad civil fue decisiva para que en un período relativamente corto se hubiera podido registrar un número muy importante de personas. El caso de Colombia también ilustra cómo la falta de circulación de información puede impactar negativamente el acceso de ciertos grupos de víctimas a los programas de reparación: muchos niños y niñas víctimas de reclutamiento forzado se quedaron por fuera del programa de reparación, pues no hubo una campaña de difusión adecuada sobre los derechos de estas víctimas[34].

---

[34] APTEL, C., y LADISCH, V., *Through a new lens: a Child-sensitive Approach to Transitional Justice*, cit.

La distribución de los presupuestos disponibles y la formulación de indicadores de resultado con perspectiva de género pueden ser herramientas útiles para buscar que los programas beneficien efectivamente a las mujeres víctimas. En el caso de Timor-Oriental, por ejemplo, la Comisión de la Verdad recomendó que se consagrara la idea de equidad de género como un principio general en la implementación de las reparaciones, incluyendo la paridad de género en el presupuesto invertido. En el caso de Colombia, la recientemente creada Unidad para la Atención y Reparación Integral a las Víctimas (en virtud de la ley 1448 de 2011) y el Departamento Nacional de Planeación adoptaron una serie de indicadores de resultado para el Plan nacional de Atención y Reparación a las víctimas, entre ellos un conjunto de indicadores con enfoque de género como el de "planes individuales de reparación formulados para mujeres víctimas de violencia sexual en el marco del conflicto armado" y el "número de actos administrativos que dan respuesta a las solicitudes de restitución para mujeres/número de solicitudes de restitución para mujeres recibidas por la Unidad de Restitución de Tierras en las zonas micro-focalizadas".

BIBLIOGRAFÍA

APTEL, C., y LADISCH, V., *Through a new lens: a Child-sensitive Approach to Transitional Justice*, ICTJ, 2011.

DE GREIFF, P., 'Justice and Reparations' en DE GREIFF, P. (ed.), *The Handbook of Reparations*, Oxford University Press, Oxford, 2006.

DIAZ, C., y MARÍN, I., "Reparations in Colombia: advancing the women's rights agenda", en YARWOOD, L., (ed.), *Women and Transitional Justice*, Routledge, London, 2012.

CORREA, C., "Reparation Programs for Mass Violations of Human Rights: Lessons from Experiences in Argentina, Chile and Peru" en *Amnistia Política e Justiça de Transiçao*, published by the Ministry of Justice of Brazil, N° 3, January/June 2010.

DUGGAN, C., y JACOBSON, R., "Reparation of Sexual and Reproductive Violence: Moving from Codification to Implementation", en RUBIO-MARÍN, R., (ed.), *The Gender of Reparations. Unsettling Sexual Hierarchies while Redressing Human Rights Violations,* Cambridge University Press, Cambridge, 2009.

GUILLEROT, J., y MAGARRELL, L., *Reparaciones en la Transición Peruana. Memorias de un proceso inacabado*, Aprodeh, ICTJ y Oxfam, Lima, 2006.

GUEMBE, M. J., "Economic reparations for grave human rights violations: the Argentine experience" en DE GREIFF, P. (ed.), *The Handbook of Reparations*, Oxford University Press, Oxford, 2006.

KING, J., "Gender and Reparations in Sierra Leone: The wounds of war remain open" en RUBIO-MARÍN, R., (ed.), *What happened to the women? Gender and Reparations for Human Rights Violation,* Social Science Research Council, New York, 2006.

LIRA, E., "The reparations policy for human rights violations in Chile", en DE GREIFF, P. (ed.), *The Handbook of Reparations*, Oxford University Press, Oxford, 2006.

NESIAH, V. (et. al), *Truth Commissions and Gender: Principles, Policies and Procedures*, ICTJ, New York, 2006.

RUBIO-MARÍN, R., "Introduction. The gender of reparations: setting the agenda", en RUBIO-MARÍN, R. (ed.), *What happened to the women? Gender and Reparations for Human Rights Violations,* Social Science Research Council, New York, 2006.

- "The Gender of Reparations in Transitional Societies" en RUBIO-MARÍN, R. (ed.), *The Gender of Reparations. Unsettling Sexual Hierarchies while Redressing Human Rights Violations,* Cambridge University Press, Cambridge, 2009.

UPRIMNY, R., y SAFFÓN, M. P., "Reparaciones transformadoras, justicia distributiva y profundización democrática", en DÍAZ, C., SANCHEZ, N., C., y UPRINMY, R., , *Reparar en Colombia: los dilemas en contextos de pobreza, conflicto y exclusión*, DeJusticia e ICTJ, Bogotá, 2009.

URBAN-WALKER, M., "Gender and Violence in Focus: A Background for Gender Justice in Reparations" en RUBIO-MARÍN, R. (ed.), *The Gender of Reparations. Unsettling Sexual Hierarchies while Redressing Human Rights Violations,* Cambridge University Press, Cambridge, 2009.

VALENCIA-VILLA, A., "Memorias compartidas: las comisiones de la verdad de Paraguay y Ecuador" en BERISTAIN, C. M. (ed.) *Contribución de las políticas de verdad, justicia reparación a las democracias en América Latina,* Instituto Interamericano de Derechos Humanos, San José de Costa Rica, 2011.

WANDITA, G., CAMPBELL-NELSON, K., y PEREIRA, M. L., "Learning to engender reparations in Timor Leste: Reaching out to Female victims" en RUBIO-MARÍN, R. (ed.), *What happened to the women? Gender and Reparations for Human Rights Violations,* Social Science Research Council, New York, 2006.

EL DERECHO DE LOS PUEBLOS INDÍGENAS A LA REPARACIÓN POR INJUSTICIAS HISTÓRICAS: EL CASO DE GUATEMALA

FELIPE GÓMEZ ISA
Universidad de Deusto

INTRODUCCIÓN

Las injusticias históricas están cada vez más presentes en los debates y reflexiones sobre los derechos humanos y las teorías de la justicia. Estamos asistiendo a la emergencia de una concepción de la justicia que va más allá de la mera retribución al culpable, buscando la reparación y, si es posible, la reconciliación desde la perspectiva de las víctimas; estaríamos asistiendo a la progresiva instalación de una *justicia reparadora* o *restauradora*[1] que no se detiene exclusivamente en el análisis del presente, sino que también vuelve la vista hacia los abusos del pasado[2]. Los esfuerzos que se están llevando a cabo para reparar las injusticias del pasado "forman una parte importante de la búsqueda de la justicia en el

[1] STRANG, H., *Repair or Revenge. Victims and Restorative Justice*, Clarendon Press, Oxford, 2002. En la misma línea MANI, R., *Beyond Retribution, Seeking Justice in the Shadows of War*, Polity Press, Cambridge, 2002.

[2] Ver las interesantes reflexiones de Janna Thompson sobre *teorías diacrónicas de la justicia*, en THOMPSON, J., *Taking Responsibility for the Past: Reparation and Historical Injustice*, Polity Press, Cambridge, 2002, p. 149. En el mismo sentido Reyes Mate aboga por una *teoría anamnética* de la justicia, una justicia "en la que el recuerdo es reconocimiento de la significación del sufrimiento", lo que le lleva a afirmar que "... la justicia nunca descansará en una teoría satisfactoria, porque siempre habrá una injusticia olvidada", en MATE, R., *Memoria de Auschwitz. Actualidad moral y política*, Trotta, Madrid, 2003, pp. 30-32.

presente"[3]. Abusos pasados como el colonialismo, la esclavitud o la expropiación de territorios indígenas siguen dejando sentir sus efectos y, en gran medida, determinan las actuales desigualdades y discriminaciones de carácter estructural. Los pueblos indígenas de todos los continentes están reclamando cada vez con mayor insistencia su derecho a la reparación por los abusos e injusticias tanto del pasado como del presente.

Por otro lado, la actual situación de exclusión y marginación que afecta a los pueblos indígenas se ve exacerbada en contextos de conflicto armado. Los conflictos tienen consecuencias devastadoras para los diferentes grupos en situación de vulnerabilidad, siendo el caso de los pueblos indígenas especialmente preocupante, como los casos de Colombia, Guatemala, Nigeria o Filipinas, por citar tan solo algunos, se encargan de demostrar.

Este estudio pretende analizar el debate sobre el derecho a la reparación por injusticias históricas y su progresivo reconocimiento jurídico en relación con los pueblos indígenas. Finalmente, veremos cómo los escenarios de post-conflicto abren oportunidades que, si se saben aprovechar, pueden contribuir a transformar la situación de marginación y exclusión histórica que sufren los pueblos indígenas. En este sentido, el caso de los Acuerdos de Paz en Guatemala es emblemático, ya que la reparación por las injusticias históricas a los pueblos indígenas ha estado presente desde el primer momento como uno de los ejes fundamentales para la consecución de una paz duradera. Asimismo, este caso pone claramente de manifiesto las enormes dificultades que enfrentan este tipo de procesos.

I. EL DERECHO A LA REPARACIÓN POR LOS ABUSOS DEL PASADO

En los últimos años estamos asistiendo a un interesante proceso en el que el pasado y la historia se resisten a permanecer inmutables e inmunes a cualquier tipo de cuestionamiento o interpretación. Estaríamos siendo testigos de la aparición de una nueva "moralidad internacional"[4], tras la

[3] TORPEY, J., "Introduction: Politics and the Past", en TORPEY, J. (ed.), *Politics and the Past. On Repairing Historical Injustices*, Rowman & Littlefield Publishers, Maryland, 2003, p. 26.

[4] BARKAN, E., *The Guilt of Nations: Restitution and Negotiating Historical Injustices*, The John Hopkins University Press, Baltimore, 2000, p. ix.

caída del Muro de Berlín y el fin de las grandes utopías de transformación social, en la que el pasado vuelve a ser objeto de interpretación, ahora desde la mirada y la perspectiva de las víctimas[5]. La historia, sobre todo la historia oficial, se ha convertido en un escenario controvertido y desafiado por aquellos grupos que tradicionalmente han estado excluidos de esa narrativa políticamente correcta de la historia. Las mujeres[6], los pueblos indígenas, los afro-descendientes[7], los homosexuales y lesbianas..., y otros grupos sub-alternos[8], reclaman reconocimiento de su papel en la historia y reparación por los sufrimientos del pasado[9]. La historia ha sido utilizada en muchas ocasiones como un manto para cubrir, justificar y legitimar injusticias, dominaciones y abusos bajo eufemismos tales como "descubrimiento"[10], "evangelización", "misión sagrada de civilización"[11], "progreso", "desarrollo".... De lo que se trata en el fondo es de, dado que no se puede revertir la historia y evitar la muerte física y la exclusión y marginación de tantas víctimas, al menos tratar de evitar su "muerte hermenéutica, una falsa e injusta interpretación de la historia"[12]. Esta tarea

---

5 MARTINEZ DE BRINGAS, A., *Exclusión y Victimación. Los gritos de los derechos humanos en la globalización*, Instituto de Derechos Humanos Pedro Arrupe y Diputación Foral de Guipúzcoa-Alberdania, Zarautz, 2004.

6 Hay todo un movimiento historiográfico que busca reinterpretar la historia sobre la base del papel desempeñado por las mujeres, un papel que ha estado excluido en la mayoría de las ocasiones. Ver SCOTT, J., *Gender and the Politics of History*, Columbia University Press, New York, 1988.

7 MOSQUERA, C. y BARCELOS, L.C. (eds.), *Afro-reparaciones: Memorias de la Esclavitud y Justicia Reparativa para negros, afrocolombianos y raizales*, Universidad Nacional de Colombia, Bogotá, 2007.

8 El término "subalterno" fue acuñado por Antonio Gramsci, pero ha sido desarrollado de una manera muy interesante por el colectivo de los denominados Estudios Subalternos. Ver al respecto SPIVAK, G.C., "Subaltern Studies: Deconstructing Historiography", en GUHA, R. and SPIVAK, G.C. (eds.), *Subaltern Studies*, Oxford University Press, New Delhi, 1985.

9 GABORIT, M., "Memoria histórica: revertir la historia desde las víctimas", en GOMEZ ISA, F. (Director), *El derecho a la memoria*, Instituto de Derechos Humanos Pedro Arrupe-Diputación de Guipúzcoa, Alberdania, Zarauz, 2006, pp. 195-224.

10 Ver las interesantes reflexiones de Todorov en el marco de la Conquista española de América, TODOROV, T., *La Conquista de América: el problema del otro*, Siglo XXI, México, 1987.

11 Este es un término que se ha utilizado hasta bien entrado el siglo XX en el marco de la creación de la primera Organización Internacional en sentido moderno, la Sociedad de Naciones. Ver al respecto el artículo 22 del Pacto de la Sociedad de Naciones (1919).

12 MARTINEZ, F., "Preguntas desde la otra orilla: ¿es la solidaridad opcional u obligatoria?", en MATE, R. (ed.), *Responsabilidad Histórica. Preguntas del nuevo al viejo mundo*, Anthropos, Barcelona, 2007, p. 155.

es una auténtica "batalla hermenéutica"[13] que busca dotar de sentido y visibilizar aquellas narrativas de la historia que han quedado fuera de los imaginarios colectivos y de los mitos fundadores de muchas naciones.

Un primer argumento para defender la pertinencia de reconocer un derecho a la reparación por las injusticias del pasado es que está en juego la propia credibilidad del sistema internacional de protección de los derechos humanos. El discurso sobre las reparaciones por las injusticias del pasado pretende afirmar de una manera radical la universalidad de los derechos humanos tanto en el espacio como en el tiempo. Los derechos humanos se deben aplicar tanto en el presente, *prospectivamente*, como en relación con acontecimientos del pasado, *retrospectivamente*. En el caso de África, algo que puede ser aplicado perfectamente a la situación en la que se encuentran los pueblos indígenas, el desafío de los derechos humanos no se puede abordar de manera creíble y sincera sin tener en cuenta "los devastadores efectos del racismo y la discriminación racial que derivan de la esclavitud y la colonización"[14]. Como ha señalado de una manera muy acertada George Ulrich, "para proteger la credibilidad de los derechos humanos universales, los herederos de los privilegios en el Norte y en otros lugares tienen que demostrar una mayor apertura a la condena de los crímenes perpetrados contra el Sur (y poblaciones marginalizadas en otros sitios)... y comiencen a rectificar desigualdades en la distribución global de los privilegios a través de generaciones"[15].

El principal obstáculo al que se enfrenta este intento de aplicar retrospectivamente los estándares actuales de derechos humanos es el principio de irretroactividad y el riesgo de afectar a la seguridad jurídica[16]. Muchas de las injusticias del pasado no estaban prohibidas cuando tuvieron lugar[17], lo que plantea el dilema de la pertinencia de aplicar a esas injusticias

[13] MATE, R.: "¿Existe una responsabilidad histórica?, en MATE, R. (ed.), *Responsabilidad Histórica. Preguntas del nuevo al viejo mundo*, cit., p. 369.

[14] THIPANYANE, T., "Current Claims, Regional Experiences, Pressing Problems: Identification of the Salient Issues and Pressing Problems in an African Post-Colonial Perspective", en ULRICH, G. Y BOSERUP, L.K. (eds.), *Reparations: Redressing Past Wrongs*, Kluwer Law International, The Hague-London-New York, 2003, p. 35.

[15] ULRICH, G., "Introduction: Human Rights with a view to History", en ULRICH, G. and BOSERUP, L.K. (eds.), *Reparations: Redressing Past Wrongs*, cit., p. 6.

[16] SOIFER, A., "Redress, Progress and the Benchmark Problem", *Boston College Law Review*, Vol. 40, 1998, pp. 525 y ss.

[17] En el caso de los pueblos indígenas, muchas de las demandas actuales de reparación se basan en la violación de tratados internacionales que las Potencias coloniales firmaron

las normas del presente. A pesar del evidente peso del argumento de la irretroactividad, dicho principio "no cubriría las violaciones más graves de los derechos humanos y del derecho humanitario; sería difícil defender una postura en virtud de la cual actos de genocidio, deportación en masa o la privación de los medios básicos de subsistencia quedaran fuera de todo escrutinio jurídico sobre la base del dudoso argumento de que esas conductas eran *legales* cuando se llevaron a cabo"[18].

Una vía para sortear el problema de la irretroactividad es que, como vamos a ver a continuación, los efectos indeseados de las injusticias históricas subsisten todavía hoy. Si bien los hechos históricos se deben juzgar de acuerdo a las leyes en vigor en su momento, "los efectos que persistan pueden ser enjuiciados de acuerdo con estándares más recientes"[19]. Otra forma de afirmar la aplicabilidad de las normas actuales que protegen los derechos humanos a acontecimientos del pasado es cuestionar radicalmente la legitimidad del Derecho Internacional de la época, un Derecho modelado según las necesidades y los intereses de los perpetradores. Las naciones europeas que se beneficiaron del expolio a los pueblos indígenas y del colonialismo durante siglos utilizaron el Derecho Internacional como una herramienta funcional para sus intereses expansionistas. En concreto, la noción de *terra nullius*[20] sirvió para justificar la ocupación y expropiación de las tierras indígenas tanto en América como en África. Dada la carencia de legitimidad de dicho Derecho, "las tecnicidades jurídicas no deberían usarse para denegar justicia a las víctimas de hechos condenables"[21]. Además, no debemos perder de vista que la formulación de responsabilidades no sólo tiene lugar desde el terreno jurídico, sino

con ellos durante el siglo XIX, como es el caso de los tratados firmados por Estados Unidos, Canadá o Nueva Zelanda.

[18] FRANCIONI, F., "Reparation for Indigenous Peoples: Is International Law Ready to Ensure Redress for Historical Injustices?", en LENZERINI, F. (ed.), *Reparations for Indigenous Peoples. International&Comparative Perspectives*, Oxford University Press, Oxford, 2008, p. 43.

[19] SHELTON, D., "The World of Atonement: Reparations for Historical Injustices", *Netherlands International Law Review*, 2003, p. 310.

[20] La ocupación efectiva y el control *de facto* sobre el territorio eran suficientes para la adquisición de derechos soberanos sobre esos territorios, en CASSESE, A., *International Law*, Oxford University Press, Oxford, 2005 (2nd edition), p. 28.

[21] THIPANYANE, T., "Current Claims, Regional Experiences, Pressing Problems: Identification of the Salient Issues and Pressing Problems in an African Post-Colonial Perspective", en ULRICH, G. Y BOSERUP, L.K. (eds.), *Reparations: Redressing Past Wrongs*, cit., p. 48.

que también cabe el establecimiento de responsabilidades de naturaleza política y moral por las injusticias históricas[22]. Como vamos a ver con posterioridad, la reparación es un proceso integral de naturaleza fundamentalmente política, en el que los obstáculos jurídicos, que, evidentemente, los hay, se pueden resolver en la arena política. La experiencia de los diversos procesos de reparaciones en los últimos años nos enseña que aquellas demandas sin una firme base legal "se pueden resolver mediante procesos políticos"[23]. Tenemos que reconocer que los Gobiernos y los Parlamentos están en mucha mejor disposición que los Tribunales para proceder a la reparación de las injusticias históricas, aunque estos últimos, sin ninguna duda, también pueden desempeñar un papel importante[24].

Otro argumento que se esgrime para defender el derecho a la reparación por injusticias históricas es que los efectos negativos de los errores históricos persisten y explican, en mayor o menor medida, las actuales exclusiones y desigualdades a las que se enfrentan determinados colectivos como los afro-descendientes o los pueblos indígenas[25]. El Comité de las Naciones Unidas para la Eliminación de la Discriminación Racial se ha referido a que "en muchas regiones del mundo se ha discriminado y sigue discriminándose a los pueblos indígenas, y se les ha privado de sus derechos humanos...; los colonizadores, las empresas comerciales y las empresas de Estado les han arrebatado sus tierras y sus recursos".

---

[22] ULRICH, G.: "The Moral Case for Reparations: Three Theses about Reparations for Past Wrongs", en ULRICH, G. Y BOSERUP, L.K. (eds.), *Reparations: Redressing Past Wrongs,* cit., p. 373.

[23] SHELTON, D., "The World of Atonement: Reparations for Historical Injustices", cit., p. 324.

[24] Ver al respecto el relevante papel desempeñado por los juicios de Nuremberg tanto desde el punto de vista de las víctimas del Holocausto como desde la óptica de la evolución del Derecho Internacional, en DOUGLAS, L., *The Memory of Judgement. Making Law and History in the Trials of the Holocaust*, Yale University Press, New Haven, 2001; BLOXHAM, D., *Genocide on Trial. War Crimes and the Formation of Holocaust History and Memory*, Oxford University Press, Oxford, 2001; OSIEL, M., *Mass Atrocity, Collective Memory and the Law*, Transaction Publishers, New Brunswick, 1997.

[25] La otra cara de la moneda de este argumento es que determinados Estados, compañías privadas e individuos se enriquecieron injustamente a expensas de las víctimas de los abusos del pasado. Las disparidades económicas creadas entonces han continuado creciendo e incrementándose a través de generaciones. Ello supone que quienes se enriquecieron injustamente "deberían devolver la riqueza acumulada a favor de aquéllos que sufrieron privación y de sus descendientes", SHELTON, D., "The World of Atonement: Reparations for Historical Injustices", cit., p. 305.

Por todo ello, prosigue el Comité, "la conservación de su cultura y de su identidad histórica se ha visto y sigue viéndose amenazada"[26]. Los pueblos indígenas se encuentran entre las poblaciones con mayores índices de pobreza y más bajas posibilidades de desarrollo[27]. Ante esta situación de continua discriminación, "difícilmente podrán superarse las secuelas sin el debido reconocimiento y la justa reparación para las víctimas o sus descendientes"[28].

Ahora bien, uno de los principales problemas a los que se enfrenta este argumento es que es difícil probar un nexo causal directo entre los abusos del pasado y las exclusiones del presente y, sobre todo, cuantificar materialmente el daño[29]. Tenemos que asumir que no podemos conocer a ciencia cierta qué hubiera pasado en África o cuál sería actualmente la situación de los afro-descendientes o de los pueblos indígenas si no hubiera habido esclavitud, colonialismo y neo-colonialismo[30]; nos tenemos que mover necesariamente en el terreno de la especulación, especialmente cuando de lo que se trata es de reparar los impactos socioeconómicos de las injusticias del pasado. De todas formas, a pesar de las dificultades que acabamos de resaltar, no debemos perder de vista que hay precedentes de reparaciones de carácter económico, como ponen de manifiesto, entre otros, los casos de las víctimas del Holocausto[31], los menores indígenas

---

[26] *Recomendación general nº 23 relativa a los derechos de los pueblos indígenas*, A/52/18, Anexo V, 1997, para. 3.

[27] Un reciente estudio elaborado por el Banco Mundial demuestra de una manera que no deja lugar a dudas que los niveles de ingreso, al igual que los indicadores de desarrollo humano como la educación y las condiciones de salud, de los pueblos indígenas en América Latina "han quedado sistemáticamente a la zaga en relación con los del resto de la población", en HALL, G. y PATRINOS, H.A., *Pueblos Indígenas, pobreza y desarrollo humano en América Latina: 1994-2004*, The World Bank, Washington, D.C., 2005.

[28] CLAVERO, B., *El orden de los poderes. Historias constituyentes de la Trinidad Constitucional*, Trotta, Madrid, 2007, p. 293.

[29] JABBOUR, G., *Some personal thoughts on Reparations and People of African Descent*, E/CN.4/2003/WG.20/WP.1, 28 January 2003, pp. 2 y 3. Un intento de calcular las reparaciones de tipo económico por la esclavitud figura en CONLEY, D., "Calculating Slavery Reparations. Theory, Numbers and Implications", en TORPEY, J. (ed.), *Politics and the Past. On Repairing Historical Injustices*, cit., pp. 117-125.

[30] HOWARD-HASSMANN, R.E., "Moral Integrity and Reparations to Africa", en ULRICH, G. and BOSERUP, L.K. (Eds.): *Reparations: Redressing Past Wrongs*, cit., pp. 344 y ss.

[31] KRIEBAUM, U., "Restitution Claims for Massive Violations of Human Rights During the Nazi Regime. The Austrian Case", en ULRICH, G. and BOSERUP, L.K. (Eds.): *Reparations: Redressing Past Wrongs*, cit., pp. 165-210.

que fueron separados forzosamente de sus familias por el Gobierno canadiense[32], las *comfort women* utilizadas por el Ejército japonés durante la Segunda Guerra Mundial[33] o algunos grupos de *native Americans* a los cuales el Gobierno norteamericano ha restituido pequeñas porciones de sus tierras ancestrales o ha compensado económicamente por el despojo[34]. Lo cierto es que estos ejemplos de reparaciones de carácter económico están empujando a otros grupos a tratar de emularlos, concretando sus demandas de reparación en compensaciones de tipo económico.

Otro problema con el que se encuentran las reparaciones económicas por injusticias históricas es el de la determinación de los *legítimos representantes*[35], es decir, a quién podemos considerar como heredera de las antiguas víctimas y, en consecuencia, reconocerle el derecho a reclamar compensación por los abusos del pasado. Debemos reconocer que a medida que pasa el tiempo es mucho más difícil proceder a dicha determinación, ya que el vínculo entre las víctimas y sus descendientes se va difuminando progresivamente. En el caso de privación de tierras o propiedades, como es el caso de las demandas de reparación por parte de la mayor parte de los pueblos indígenas, puede ser más fácil el identificar a los herederos, ya que los títulos de propiedad pasan de generación en generación. Aquí el obstáculo fundamental es que nos encontramos con derechos en conflicto entre aquéllos que reclaman su derecho a la reparación por las privaciones de tierras de que fueron objeto sus ancestros y aquéllos que actualmente ocupan dichas tierras, sobre todo cuando los actuales propietarios no fueron quienes procedieron al despojo. En estos casos, habrá que tratar de buscar formas imaginativas para responder a las diferentes legitimidades en conflicto[36]. Aquí es donde tenemos que pro-

---

[32] Ver el acuerdo de compensación al que llegaron el Gobierno de Canadá y la Asamblea de First Nations de Canadá en noviembre de 2005, http://www.irsr-rqpi.gc.ca/english/questions.html.

[33] PARKER, K. and CHEW, J.F., "Compensation for Japan's World War II War-Rape Victims", *Hastings International and Comparative Law Review*, Vol. 17, 1994, pp. 498-510.

[34] NEWTON, N.J., "Indian Claims for Reparations, Compensation and Restitution in the United States Legal System", en BROOKS, R.L (Ed.): *When Sorry isn't Enough. The Controversy over Apologies and Reparations for Human Injustice*, New York University Press, New York, 1999, pp. 261-269.

[35] ULRICH, G., "The Moral Case for Reparations: Three Theses about Reparations for Past Wrongs", en ULRICH, G. and BOSERUP, L.K. (eds.), *Reparations: Redressing Past Wrongs*, cit., pp. 375 y ss.

[36] THOMPSON, J., *Taking Responsibility for the Past. Reparation and Historical Injustice*, cit., p. xvi.

ceder a un examen muy cuidadoso de las diferentes formas de reparación que cabe poner en marcha, como vamos a ver en el siguiente apartado.

Uno de los impactos de las injusticias históricas tiene que ver con la autoestima y las percepciones subjetivas de los descendientes de colectivos que sufrieron directamente los abusos en el pasado, como ocurre con los pueblos indígenas[37]. El daño y el trauma también se pueden transmitir trans-generacionalmente[38], como ha sido analizado en el caso del impacto en las siguientes generaciones del Holocausto y las diferentes persecuciones a las que se han enfrentado los judíos a lo largo de la historia[39]. Ahora bien, debemos reconocer que a pesar de que el impacto de esta transmisión generacional del trauma es algo ampliamente aceptado, es difícil de medir, ya que incorpora elementos de carácter subjetivo y varía sustancialmente entre unos individuos y otros y entre unas comunidades y otras[40]. Ello impide que podamos generalizar al respecto, debiendo analizar cada caso particular a la luz de las circunstancias que le rodean, para así poder proceder a la elaboración de políticas de reparación. Además, desde algunas instancias se insiste en que recrearse excesivamente en las injusticias del pasado puede generar una especie de psicología de la victimación, un cultivo de un victimismo que impide que determinados grupos se libren de esa pesada carga y puedan afrontar el futuro sin resen-

---

[37] GOMEZ, N., "Indigenous Peoples and Psychosocial Reparation: The Experience with Latin American Indigenous Communities", en LENZERINI, F. (ed.), *Reparations for Indigenous Peoples,* cit., pp. 143-159.

[38] DANIELI, Y. (ed.), *International Handbook of Multigenerational Legacies of Trauma*, Plenum Press, New York, 1998; ANTZE, P. Y LAMBEK, M. (eds.), *Tense Past: Cultural Essays in Trauma and Memory*, Routledge, London, 1996; DAVIDOVITCH, N. y ALBERSTEIN, M., "Trauma y Memoria. Entre la experiencia individual y colectiva", en MEDINA DOMENECH, R.; MOLINA RUEDA, B. y GARCIA-MIGUEL, M. (eds.), *Memoria y Reconstrucción de la Paz*, Los Libros de la Catarata, Madrid, 2008, pp. 41-58.

[39] Francisco Ferrándiz se ha referido a una "memoria traumática" en el caso de los descendientes de las víctimas de la Guerra Civil española y el Franquismo. Entre los legados de las guerras y los conflictos violentos, sostiene, se encuentran "generaciones traumatizadas, sostenidas en las desapariciones, en las represalias, en la interrupción o imposibilidad del duelo, en la experiencia de huérfanos, exiliados o mutilados, o en la creación e imposición de versiones oficiales de los eventos históricos que silencian las voces de distintos tipos de colectivos que generalmente agrupamos bajo la ambigua y a veces problemática denominación de *víctimas*", FERRANDIZ, F., "Exhumaciones y políticas de la memoria en la España contemporánea", en GOMEZ ISA, F. (Director), *El derecho a la memoria*, cit., p. 549.

[40] MARRUS, M., "Official Apologies and the Quest for Historical Justice", *Journal of Human Rights*, Vol. 6, 2007, p. 92.

timiento. Cuando una comunidad basa su identidad fundamentalmente en su condición de víctima, "ello puede dar lugar a ciclos recurrentes de violencia y convertir a víctimas en victimarios"[41], como demuestran los dramáticos ejemplos de los Balcanes o Ruanda, donde los agravios históricos han sido una de las fuentes permanentes para el mantenimiento de odios ancestrales[42] y la justificación de sangrientos conflictos[43].

1. La reparación como proceso integral

En primer lugar, debemos subrayar que la reparación "no es una panacea"[44] que va a solucionar todos los problemas relacionados con el pasado a los que se enfrenta una determinada sociedad; un proceso de reparaciones no puede pretender cambiar la historia. Además, ciertas secuelas de graves violaciones de derechos humanos son "irreparables"[45], tanto en su dimensión individual como colectiva; en ocasiones, las heridas y secuelas son de tal naturaleza que a lo máximo a que se puede aspirar es a que las víctimas aprendan a vivir con ese dolor, ya que una total recuperación no es algo a lo que se pueda aspirar realistamente[46].

Ello convierte a todo lo relacionado con las reparaciones en un asunto muy espinoso, ya que todo proceso de reparaciones va a tener que acostumbrarse a convivir con "demandas insatisfechas de los sobrevivientes

---

[41] SHELTON, D., "The World of Atonement: Reparations for Historical Injustices", cit, p. 308.

[42] Todorov nos alerta sobre los abusos y manipulaciones de la memoria como instrumento para mantener vivos odios profundamente enraizados entre comunidades, TODOROV, T., *Los abusos de la memoria*, Paidós, Barcelona, 2000.

[43] VOLKAN, V., *Bloodlines. From ethnic pride to ethnic terrorism*, Westview, Colorado, 1997.

[44] BARKAN, E.: "Legal Settlements as a Form of Cultural Politics: A Moral and Historical Framework for the Right to Reparations", en ULRICH, G. and BOSERUP, L.K. (Eds.): *Reparations.., op. cit.*, p. 407.

[45] HAMBER, B., "Repairing the Irreparable: Dealing with double-binds of making reparations for crimes of the past", Paper presented to the African Studies Association of the UK, London, 14-16 September 1998, en http://www.incore.ulst.ac.uk/publications/conference/thepast/repair.html.

[46] ANTZE, P. Y LAMBEK, M. (eds.): *Tense Past: Cultural Essays in Trauma and Memory*, cit.

durante mucho tiempo"[47], como los casos de los pueblos indígenas o los afro-descendientes, entre otros muchos, se encargan de corroborar.

Esta reflexión nos conduce a la necesidad de enfocar las reparaciones como un *proceso* y no sólo como un momento concreto en el que se llevan a cabo determinados actos simbólicos y se entregan a las víctimas algunos beneficios económicos y otro tipo de ayudas. Lo importante no son solamente los objetos que pretenden la reparación de las víctimas sino "los procesos que tienen lugar alrededor de esos objetos"[48]. Es por ello que las medidas simbólicas de reparación, muchas de ellas relacionadas con políticas de memoria, son tan importantes tanto para las víctimas individuales como para el conjunto de la sociedad; la reparación no es un fenómeno exclusivamente económico o material, sino que necesita de todo un conjunto de medidas que tienden a modificar el imaginario político y social en el que se tienen que insertar las víctimas. En el fondo, nos encontramos ante un proceso político que busca la reconstitución de la comunidad política[49], un nuevo equilibrio en la sociedad en el que las víctimas de la historia sean reconocidas en su condición de víctimas y pasen a ocupar un nuevo papel en el espacio político y social[50]. Este es uno de los elementos cruciales que se tiene que poner en juego en las reparaciones a los pueblos indígenas por las injusticias históricas. En el fondo, se trata de fomentar políticas de *reconocimiento*[51] de la igual dignidad de los pueblos indígenas que posibiliten la reconstitución de la

---

[47] HAMBER, B. y WILSON, R.: "Symbolic Closure through Memory, Reparation and Revenge in Post-Conflict Societies", *Journal of Human Rights*, Vol. 1, nº 1, 2002, p. 5.

[48] HAMBER, B., "The Dilemmas of Reparations: In Search of a Process Driven Approach", en DE FEYTER, K.; PARMENTIER, S; BOSSUYT, M. and LEMMENS, P. (dds.), *Out of the Ashes. Reparation for Victims of Gross and Systematic Human Rights Violations*, Intersentia, Antwerpen-Oxford, 2005, p. 142.

[49] MARTIN BERISTAIN, C. y PAEZ ROVIRA, D., *Violencia, apoyo a las víctimas y reconstrucción social*, Editorial Fundamentos, Madrid, 2000. En este libro se realiza un análisis comparativo interesante de diferentes procesos de transición y cómo se ha abordado el proceso de reparaciones en países como Chile, Argentina, Guatemala, Sudáfrica o Irlanda del Norte.

[50] BROOKS, R.L., "African American Redress Movement: the Quest for Atonement", en ULRICH, G. and BOSERUP, L.K. (Eds.), *Reparations: Redressing Past Wrongs*, cit., p. 17.

[51] TAYLOR, CH., "The Politics of Recognition", en GOLDBERG, D.T. (ed.), *Multiculturalism: A critical reader*, Blackwell, Oxford, 1994, pp. 75-106; ALVAREZ MOLINERO, N., "From the theory of discovery to the theory of recognition of indigenous rights: conventional international law in search of homeopathy", en MECKLED-GARCIA,

nación y la comunidad política desde una óptica inclusiva y abierta a la multiculturalidad.

2. Formas de reparación

Fruto del creciente interés por el asunto de las reparaciones en los últimos años, en diciembre de 2005, tras largos años de discusiones y negociaciones, la Asamblea General de las Naciones Unidas aprobó los *Principios y Directrices básicos sobre el derecho de las víctimas de violaciones de las normas internacionales de derechos humanos y del derecho internacional humanitario a interponer recursos y obtener reparaciones*[52]. Aunque estos principios están pensados fundamentalmente para reparaciones por violaciones contemporáneas de los derechos humanos, también pueden ser utilizados como una útil hoja de ruta para desarrollar un adecuado programa de reparaciones por injusticias históricas.

Estos Principios no conciben la reparación como algo separado, sino como un proceso enmarcado en políticas de verdad y de justicia[53]; la reparación se concibe como un complemento a iniciativas para establecer la verdad y la justicia históricas. Por otro lado, los Principios mencionan diferentes medidas de reparación a las que pueden acudir los Estados a la hora de diseñar sus programas de reparación. En este sentido, los Estados pueden acudir, en función de las circunstancias particulares de cada caso y de cada país, a las siguientes formas de reparación: la *restitución*, la *indemnización*, la *rehabilitación*, la *satisfacción* y las *garantías de no repetición*. Ahora bien, no nos encontramos ante una lista *numerus clausus*, sino que los Estados pueden decidir, si las circunstancias se lo exigen,

S. y ÇALI, B. (eds.), *The Legalization of Human Rights. Multidisciplinary perspectives on human rights and human rights law*, Routledge, London, 2006, pp. 165-180.

52 Resolución 60/147, de 16 de diciembre de 2005. Un análisis pormenorizado del proceso de elaboración de estos Principios y de los principales aspectos de su contenido figuran en SHELTON, D., "The United Nations Principles and Guidelines on Reparations: Context and Contents", en DE FEYTER, K.; PARMENTIER, S; BOSSUYT, M. y LEMMENS, P. (eds.), *Out of the Ashes. Reparation for Victims of Gross and Systematic Human Rights Violations*, cit., pp. 11-33.

53 GOMEZ ISA, F., "El derecho de las víctimas a la reparación por violaciones graves y sistemáticas de los derechos humanos", en GOMEZ ISA, F. (Director), *El derecho a la memoria*, cit., pp. 37 y ss.

alguna otra forma de reparación individual y social[54]. La *flexibilidad* y la *adaptabilidad* son dos criterios importantes que los Estados tienen que poner en juego cuando están diseñando un programa de reparaciones, ya que cada situación exigirá un programa de reparaciones específico, adecuado a las características étnicas, culturales, lingüísticas... de cada sociedad[55]. Este extremo ha sido destacado en varias ocasiones por la Corte Interamericana de Derechos Humanos. En el caso de la *Masacre Plan de Sánchez vs. Guatemala*, la Corte tuvo muy presente la dimensión cultural a la hora de ordenar las reparaciones tanto a las personas individuales como a las comunidades indígenas afectadas. Los jueces reconocieron que "con la muerte de las mujeres y los ancianos, transmisores orales de la cultura maya achí, sus conocimientos no pudieron ser transmitidos a las nuevas generaciones, lo que ha producido en la actualidad un vacío cultural... Sólo desde la perspectiva colectiva, fundada en la comprensión de los elementos socio-culturales característicos del pueblo maya como son su cosmovisión, espiritualidad y estructura social comunitaria, y en el reconocimiento de la magnitud de los actos genocidas cometidos en su contra, pueden determinarse las medidas de reparación..."[56].

A continuación vamos a hacer un repaso a las diferentes formas de reparación mencionadas por los Principios y Directrices, que suponen un elenco bastante completo de las medidas de reparación de las que pueden hacer uso los Estados. En primer lugar, el principio 19 alude a la *restitución* "siempre que sea posible", ya que ello supone "devolver a la víctima a la situación anterior a la violación", algo que, en muchas ocasiones, es simplemente imposible. Entre las medidas de restitución los Principios mencionan "el restablecimiento de la libertad, el disfrute de los derechos humanos, la identidad, la vida familiar y la ciudadanía, el regreso a su lugar de residencia, la reintegración en su empleo y la devolución de sus bienes". Como ya hemos señalado, en la medida de lo posible, la

---

54 *Informe de la 2ª Reunión Consultiva sobre los Principios y Directrices Básicos sobre el derecho de las víctimas de violaciones de las normas internacionales de derechos humanos y del Derecho Internacional Humanitario a interponer recursos y reparaciones (Ginebra, 20, 21 y 23 de octubre de 2003)*, E/CN.4/2004/57, 10 de noviembre de 2003, p. 12.

55 TOMUSCHAT, C., "Individual reparation Claims in Instances of Grave Human Rights Violations: the Position under General International Law", en RANDELZHOFER, A. y TOMUSCHAT, C. (eds.), *State Responsibility and the Individual. Reparation in Instances of Grave Violations of Human Rights*, Martinus Nijhoff Publishers, The Hague, 1999, p. 25.

56 *Caso Masacre Plan de Sánchez vs. Guatemala, Reparaciones*, Sentencia de 19 de noviembre de 2004, Serie C, nº 116, paras. 49.12 y 90 a).

restitución pretende devolver a la víctima a la situación anterior, algo que estará siempre en función de las circunstancias particulares de cada caso. La restitución es una de las formas de reparación más propicias para los pueblos indígenas en casos en los que sus reclamaciones se centran en el despojo de sus tierras ancestrales[57], aunque, como ya hemos señalado, es una de las medidas más complejas y controvertidas, ya que entran en conflicto con los derechos de las personas que ahora ocupan de buena fe esos territorios.

En segundo lugar, los Principios mencionan la *indemnización*[58], que es una de las formas clásicas y más frecuentes de reparación. La indemnización se tiene que conceder "de forma apropiada y proporcional a la gravedad de la violación y a las circunstancias de cada caso, por todos los perjuicios económicamente evaluables que sean consecuencia de (las) violaciones...". Entre los perjuicios que los Principios consideran como susceptibles de ser indemnizados se incluyen los siguientes: "el daño físico o mental; la pérdida de oportunidades, en particular las de empleo, educación y prestaciones sociales; los daños materiales y la pérdida de ingresos, incluido el lucro cesante; los perjuicios morales; o los gastos de asistencia jurídica o de expertos, medicamentos y servicios médicos y servicios psicológicos y sociales". Como podemos comprobar, una amplia gama de perjuicios económicos pueden ser susceptibles de indemnización en un programa de reparaciones, aunque en el caso de las reparaciones históricas esta cuestión se torna tremendamente compleja a causa del tiempo transcurrido. El determinar si cabe indemnizar por injusticias históricas y, en caso de respuesta positiva, concretar el monto económico de dicha reparación y sus destinatarios, es uno de los asuntos técnicamente más complejos y políticamente más controvertidos a los que nos enfrentamos[59], como se demostró en la Conferencia Mundial contra el Racismo celebrada en Durban en 2001 que analizaremos con posterioridad.

---

57 TOLEDO LLANCAQUEO, V., "Políticas indígenas y derechos territoriales en América Latina: 1990-2004, ¿las fronteras indígenas de la globalización?", en DÁVALOS, P. (comp.), *Pueblos indígenas, Estado y democracia*, CLACSO, Buenos Aires, 2005, pp. 67-102.

58 Principio 20.

59 THIPANYANE, T., "Current Claims, Regional Experiences, Pressing Problems: Identification of the Salient Issues and Pressing Problems in an African Post-Colonial Perspective", en ULRICH, G. Y BOSERUP, L.K. (eds.), *Reparations: Redressing Past Wrongs*, cit., p. 50.

La *rehabilitación* es la tercera forma de reparación a la que se hace referencia en los Principios[60], incluyendo "la atención médica y psicológica, así como servicios jurídicos y sociales". La rehabilitación es especialmente adecuada cuando las violaciones de derechos humanos han dejado secuelas importantes tanto físicas como psicológicas. Esta es una forma de reparación que parece especialmente indicada para el caso de las injusticias históricas sufridas por los pueblos indígenas que, como hemos señalado anteriormente, explican en gran parte su situación actual de postración y marginación. En este sentido, políticas de *acción positiva* a favor de estos grupos se pueden concebir perfectamente como medidas de reparación por los abusos del pasado.

La cuarta forma de reparación es la *satisfacción*. Nos encontramos ante uno de los elementos más importantes en todo proceso de reparación, ya que aborda las cuestiones simbólicas que tienen que ver con el imaginario colectivo[61] y con la memoria histórica. Entre las medidas que pretenden la satisfacción se encuentran "la revelación pública y completa de la verdad...; la búsqueda de las personas desaparecidas...; una declaración oficial o decisión judicial que restablezca la dignidad, la reputación y los derechos de la víctima...; una disculpa pública...; conmemoraciones y homenajes a las víctimas...", en fin, todo un catálogo de medidas que se pueden utilizar para elaborar una adecuada política de memoria como parte integrante del programa de reparaciones. Debemos reconocer que la satisfacción se tiene que convertir en una de las formas esenciales de reparación de las injusticias históricas sufridas por los pueblos indígenas[62]. Una medida de satisfacción específica que se está poniendo en marcha en relación con las demandas indígenas de reparación es la petición de disculpas por los errores y abusos del pasado[63]. A pesar de

---

[60] Principio 21.

[61] Determinados prejuicios e imágenes distorsionadas de los indígenas están profundamente arraigadas en las sociedades contemporáneas. La propia categoría de "indio" es una categoría construida que tiene consecuencias para la delimitación de grupos sociales, HERNÁNDEZ DIAZ, J., "La construcción de la categoría "indio" en el discurso antropológico", en HERNÁNDEZ DIAZ, J. (coord.), *Las imágenes del indio en Oaxaca*, Instituto Oaxaqueño de las Culturas-UABJO, Oaxaca, 1998, pp. 11-30.

[62] FLORESCANO, E., *Memoria indígena*, Taurus, México, 1999.

[63] Recientemente, en febrero de 2008, el Primer Ministro australiano, Kevin Ruud, pidió públicamente disculpas a los pueblos indígenas de Australia en un discurso pronunciado en el Parlamento y televisado a todo el país por la política de separación de niñas y niños aborígenes de sus familias seguida durante gran parte del siglo XX. Este reconocimiento se concibe como un "primer paso" en el proceso de reparación de las injusticias históricas sufridas por los

que hay muy pocos estudios acerca de la efectividad y el impacto real de las disculpas como forma de reparación de injusticias históricas, lo cierto es que estamos asistiendo a una auténtica avalancha de disculpas en los últimos años[64], teniendo muchas de ellas a los pueblos indígenas como destinatarios principales. Las disculpas se tienen que concebir como parte del proceso de reparación más que como una solución definitiva, es decir, tienen que ir acompañadas de todo un conjunto de actuaciones complementarias si realmente quieren ser vistas como sinceras y con unas mínimas dosis de credibilidad[65]. En este sentido, Michael Marrus se ha referido a cuatro elementos que tienen que estar presentes en toda disculpa por agravios históricos: un reconocimiento de la injusticia y del daño causado; la aceptación de responsabilidad por la comisión de la injusticia; una expresión de rechazo y remordimiento y, finalmente, un compromiso, implícito o explícito, de reparación y de no repetición de la injusticia[66].

La última forma de reparación a la que aluden los Principios son las *garantías de no repetición*[67], todo aquel conjunto de medidas que lo que pretenden es prevenir que las injusticias que han tenido lugar vuelvan a ocurrir en el futuro. Entre las medidas que los Estados pueden poner en marcha con este carácter preventivo se encuentran las siguientes: "... la educación, de modo prioritario y permanente, de todos los sectores de la sociedad respecto de los derechos humanos y del derecho internacional humanitario y la capacitación en esta materia de los funcionarios encargados de hacer cumplir la ley...; la revisión y reforma de las leyes que contribuyan a las violaciones manifiestas de las normas internacionales de derechos humanos y a las violaciones graves del derecho humanitario o las permitan". La verdad es que la educación, la sensibilización y la presencia en los medios de comunicación de aspectos

---

pueblos indígenas en territorio australiano. Ver *Apology to Australia's Indigenous Peoples*, House of Representatives, Parliament House, Canberra, 13 February 2008.

64 BROOKS, R.L., "The Age of Apology", en BROOKS, R.L (ed.): *When Sorry isn't Enough. The Controversy over Apologies and Reparations for Human Injustice*, cit., pp. 3 y ss.

65 COICAUD, J-M. y JONSSON, J.: "Elements of a Road Map for a Politics of Apology", en GIBNEY, M.; HOWARD-HASSMANN, R.E.; COICAUD, J-M. Y STEINER, N. (eds.): *The Age of Apology. Facing up to the Past*, University of Pennsylvania Press, Philadelphia, 2008, pp. 77 y ss.

66 MARRUS, M., "Official Apologies and the Quest for Historical Justice", cit., pp. 79 y 80.

67 Principio 23.

relacionados con las injusticias históricas[68] es algo esencial si queremos acabar con los prejuicios, estereotipos e imaginarios que sirvieron de base para los abusos del pasado y siguen alimentando las injusticias y discriminaciones del presente[69]. A este respecto, la enseñanza de la historia se convierte en una herramienta fundamental para transmitir a las futuras generaciones una visión incluyente y no distorsionada de la misma que sea compartida por las diferentes comunidades. Asimismo, son necesarios cambios en las normas jurídicas que permitieron las injusticias y discriminaciones históricas y que han llegado hasta el presente. En este sentido, debemos reconocer que en los últimos años se ha producido una auténtica revolución jurídica tendente al reconocimiento de la identidad y de los derechos indígenas, que ha llevado a que las propias Constituciones de muchos países, sobre todo en el hemisferio americano, se hayan modificado para dar entrada a dicho reconocimiento[70]. Esto ha sido calificado por Bartolomé Clavero como una forma de "reparación constitucional" que se tiene que concebir no como "un pago que se liquida"[71], sino como parte de un proceso de reparación de las injusticias históricas mucho más amplio.

Finalmente, otro de los elementos que debe estar presente en todo proceso de reparaciones es la *participación de las propias víctimas*. Son ellas las que han experimentado el sufrimiento y las que mejor conocen sus necesidades y sus prioridades en materia de reparación. El participar en el diseño del programa de reparaciones otorga a las víctimas la sensación de que se les reconoce, de que se les tiene en cuenta, lo que

---

68 La educación de las actuales y de las futuras generaciones sobre determinados acontecimientos del pasado es un elemento fundamental que contribuye a la conformación de la memoria. Un ejemplo de ello es la *Task Force for International Cooperation on Holocaust Education, Remembrance and Research*, un grupo de representantes gubernamentales y de la sociedad civil que lo que pretende es avanzar en la educación, la conmemoración y la investigación sobre un hecho de tanta magnitud como fue el Holocausto, en http://taskforce.ushmm.org.

69 BARKAN, E.: "Legal Settlements as a Form of Cultural Politics: A Moral and Historical Framework for the Right to Reparations", cit., p. 422.

70 APARICIO, M., *Los pueblos indígenas y el Estado. El reconocimiento constitucional de los derechos indígenas en América Latina*, CEDECS Editorial, Barcelona, 2002; CLAVERO, B., "Derechos Indígenas y Constituciones Latinoamericanas", en BERRAONDO, M. (Coord.), *Pueblos Indígenas y Derechos Humanos*, Universidad de Deusto, Bilbao, 2006, pp. 313-338.

71 CLAVERO, B.: *El orden de los poderes. Historias constituyentes de la Trinidad Constitucional*, cit., p. 298.

contribuye a generar un sentimiento de apropiación (de *ownership*) del proceso[72]. Ello es algo esencial cuando lo que está en juego es la autoestima de las víctimas, víctimas que han sufrido mucho y cuya recuperación psicológica descansa en buena parte en ese sentimiento de reconocimiento público y de participación[73]. Ahora bien, la negociación en torno a un programa de reparaciones no se puede llevar a cabo con todas las víctimas, algo materialmente imposible cuando el alcance de la victimación es amplio. La participación de las víctimas necesita de un cierto grado de organización y estructuración, lo que normalmente vendrá de la mano de la creación de asociaciones de víctimas para representar sus intereses o de organizaciones de la sociedad civil ya existentes[74]. Son estas asociaciones los interlocutores legítimos, aunque no los únicos, ante los responsables políticos a la hora de diseñar el programa concreto de reparación[75] y de participar en su puesta en marcha.

---

[72] VANDEGINSTE, S., "Reparation for gross and systematic human rights violations: the interaction between the national and international level, against the background of the Rwandan and South African experience", en *Expert Seminar on Reparation for Victims of Gross and Systematic Human Rights Violations in the Context of Political Transitions*, Universiteit Antwerpen-Katholieke Universiteit Leuven, Leuven, 2002, p. 33.

[73] MINOW, M.. *Between Vengeance and Forgiveness. Facing History after Genocide and Mass Violence*, Beacon Press, Boston, 1999, pp. 91 y ss.

[74] ROMBOUTS, H., *Victim Organisations and the Politics of Reparation: A Case Study on Rwanda*, Intersentia, Antwerp-Oxford, 2004, pp. 59 y ss.

[75] José Zalaquett ha señalado que, aunque las asociaciones de víctimas y los familiares de las víctimas tienen que ser oídos, en último término la responsabilidad de aprobar un programa de reparaciones le corresponde al conjunto de la sociedad mediante sus representantes elegidos democráticamente, en ZALAQUETT, J., "Confronting Human Rights Violations Committed by Former Governments: Principles Applicable and Political Constraints", en KRITZ, N. J. (ed.), *Transitional Justice: How Emerging Democracies Reckon with Former Regimes*, United States Institute of Peace Press, Washington D.C., 1995, vol. 1: General Considerations, p. 9. Una prevención contra un cierto cultivo excesivo de la cultura de las víctimas, que puede acabar degenerando en *victimismo*, ha sido planteada por Javier Marías, para quien "no por ser víctimas tienen siempre razón ni la tienen en todo; ni tan siquiera serlo las convierte en buenas personas", en MARIAS, J.: "Sufrir no da razón", *EL PAIS SEMANAL*, 2005. De todas formas, se ha instalado entre nosotros una tendencia que hace que "el cuestionamiento de las demandas de las víctimas se considere por muchos como inaceptable o, al menos, políticamente incorrecta", una tendencia que debemos tener en cuenta a la hora de abordar un proceso de reparaciones, en FERUDI, F., "New Britain-a nation of victims", *Social Science and Modern Society*, Vol. 35, 1988, p. 84.

II. EL PROGRESIVO RECONOCIMIENTO DEL DERECHO A LA REPARACIÓN DE LOS PUEBLOS INDÍGENAS POR INJUSTICIAS HISTÓRICAS

A pesar del evidente peso moral y político de las reivindicaciones de los pueblos indígenas por las injusticias de las que han sido objeto a lo largo de la historia, debemos *reconocer* que el reconocimiento de un derecho a la reparación por dichas injusticias está todavía en una fase muy embrionaria y se enfrenta a serias dificultades tanto de orden teórico como práctico, como acabamos de comprobar. Sin embargo, la celebración de la Conferencia de Durban sobre el Racismo y la Xenofobia en 2001 ha abierto la puerta a un nuevo escenario en el que dichas demandas se están instalando progresivamente en las agendas tanto políticas como jurídicas de Gobiernos y de organismos internacionales, como lo corrobora la reciente aprobación en septiembre de 2007 de la Declaración de las Naciones Unidas sobre los derechos de los pueblos indígenas[76].

Como sabemos, el primer tratado internacional relativo a los pueblos indígenas fue el Convenio 107 de la Organización Internacional del Trabajo (OIT) sobre Poblaciones Indígenas y Tribales, aprobado en 1957. Dada la vocación asimilacionista de este Convenio y el contexto en el que fue aprobado, resultaba evidente que las inquietudes por las injusticias históricas no estuvieran presentes y no se recogieran en el texto del mismo. Para adaptar estas normas a la nueva situación en la que se encuentran los pueblos indígenas, la Conferencia General de la OIT aprobó en 1989 el Convenio 169 sobre Pueblos Indígenas y Tribales[77]. Este Convenio tampoco reconoce abiertamente el derecho a la reparación por las injusticias históricas, aunque ya aparecen algunas concesiones a dicho enfoque. En el Preámbulo de este Convenio se constata que "en muchas partes del mundo esos pueblos no pueden gozar de los derechos humanos fundamentales en el mismo grado que el resto de la población de los Estados en que viven y que sus leyes, valores, costumbres y perspectivas han sufrido a menudo una erosión". Como podemos comprobar, hay una referencia muy vaga y muy tenue a la "erosión" que han sufrido las leyes, valores, costumbres y perspectivas de los pueblos indígenas a

---

[76] Resolución 61/295 de la Asamblea General, 13 de septiembre de 2007.

[77] Un análisis pormenorizado de los orígenes del Convenio y de sus principales contenidos en RODRÍGUEZ-PIÑERO, L., *Indigenous Peoples, Postcolonialism and International Law: The ILO Regime (1919-1989)*, Oxford University Press, Oxford, 2006.

lo largo de la historia. En la parte sustantiva del Convenio se hace referencia a la reparación por violaciones que sufran los pueblos indígenas a su derecho al disfrute de sus recursos naturales[78] y de las tierras que ocupan actualmente[79], es decir, no son disposiciones que puedan ser aplicables a las injusticias históricas que hemos venido analizando a lo largo de este estudio.

1. El proceso de Durban

Esta situación va a comenzar a cambiar dramáticamente con la convocatoria de la Conferencia Mundial contra el Racismo, la Discriminación Racial, la Xenofobia y las Formas Conexas de Intolerancia que se iba a celebrar en Durban, Sudáfrica, en septiembre de 2001. Desde los mismos inicios de la convocatoria y de los trabajos preparatorios de la Conferencia, la cuestión de las reparaciones por las injusticias históricas fue uno de los ejes centrales de un encendido debate, sobre todo cuando se pretendía otorgar un componente económico a dicha reparación en forma de compensación global por los abusos del pasado[80]. De hecho, Estados Unidos amenazó con no participar en la Conferencia si se seguía insistiendo en la cuestión de la indemnización[81]. En la Conferencia Regional de las Américas celebrada en Santiago de Chile para preparar la Conferencia de Durban se insistió en condenar las injusticias cometidas contra los pueblos indígenas y los afro-descendientes, y en subrayar que

[78] El artículo 15.2 dispone una "indemnización equitativa" por cualquier daño que puedan sufrir como resultado de actividades de prospección o explotación de los recursos existentes en sus tierras cuando el Estado tenga derechos sobre esos recursos.

[79] El artículo 16.1, por su parte, establece el derecho de los pueblos indígenas a no ser trasladados de las tierras que ocupan. Cuando, excepcionalmente, ello tenga que producirse, sólo deberá efectuarse "con su consentimiento" (artículo 16.2). Siempre que sea posible, "estos pueblos deberán tener el derecho de regresar a sus tierras tradicionales..." (artículo 16.3). Si dicho retorno no es posible, dichos pueblos deberán recibir "tierras cuya calidad y cuyo estatuto jurídico sean por lo menos iguales a los de las tierras que ocupaban anteriormente, y que les permitan subvenir a sus necesidades y garantizar su desarrollo futuro". De todas maneras, si los pueblos prefieren recibir una indemnización en dinero o en especie, "deberá concedérseles dicha indemnización, con las garantías apropiadas" (artículo 16.4).

[80] CHAKMA, S., "The Issue of Compensation for Colonialism and Slavery at the World Conference Against Racism: A Fine Balance Between Rhetoric and Legality", en ULRICH, G. and BOSERUP, L.K. (eds.), *Reparations: Redressing Past Wrongs*, cit., p. 60.

[81] GOMEZ DEL PRADO, J.L., "La Conferencia Mundial contra el Racismo, Durban, Sudáfrica 2001", *Cuadernos Deusto de Derechos Humanos*, nº 16, 2002, p. 18.

la conquista, el colonialismo y la esclavitud fueron una fuente de racismo, cuyos efectos persisten "y son fuente de discriminación sistémica que continúa afectando a amplios sectores de la población"[82]. Pero sin ningún género de duda el aspecto más polémico de esta Conferencia Regional fue la referencia a la reparación de carácter material. El Proyecto de Declaración reconoce que

> "la esclavitud secular y otras formas de servidumbre de que fueron objeto las personas de origen africano y sus descendientes y los pueblos indígenas... fueron moralmente censurables y en algunos casos constituyeron delitos según el derecho nacional y que, si se produjesen hoy día, serían delitos de derecho internacional... (E)stas prácticas han causado a estos pueblos daños considerables y duraderos de carácter económico, político y cultural, y que actualmente la justicia exige que se hagan importantes esfuerzos nacionales e internacionales para reparar el daño. Dicha reparación debería traducirse en políticas, programas y medidas que deberían adoptar los Estados que se beneficiaron materialmente de esas prácticas y que deben tener por finalidad corregir los daños económicos, culturales y políticos infligidos a las comunidades y pueblos afectados"[83].

La verdad es que este párrafo da pasos muy significativos para afirmar el derecho de los pueblos indígenas y afro-descendientes a una reparación de carácter económico por las injusticias del pasado exigible a las antiguas Potencias coloniales. Buena muestra del carácter controvertido de este párrafo es que tanto Estados Unidos como Canadá no estuvieron de acuerdo en que se incluyera en el Proyecto de Declaración.

La Conferencia Regional de África, celebrada en Dakar, enfatizó la necesidad de "voluntad política para reconocer y asumir la responsabilidad de las injusticias históricas y sus formas y repercusiones contemporáneas"[84]. Asimismo, la Conferencia Regional reafirmó

---

[82] "Proyecto de Declaración y Plan de Acción", *Informe de la Conferencia Regional de las Américas*, Santiago de Chile, 5 a 7 de diciembre de 2000, A/CONF.189/PC.2/7, 24 de abril de 2001, para. 3.

[83] *Ibidem.*, para. 70.

[84] "Declaración y Recomendaciones para un Programa de Acción", en *Informe sobre la Conferencia Regional de África (Dakar, 22 a 24 de enero de 2001)*, A/CONF.189/PC.2/8, 27

> "*enérgicamente* que los Estados que aplicaron políticas racistas o llevaron a cabo actos de discriminación racial tales como la esclavitud y el colonialismo deben asumir sus responsabilidades morales, económicas, políticas y jurídicas... y proporcionar adecuada indemnización a las comunidades y las personas que, individual o colectivamente, son víctimas de tales políticas o actos racistas, sin tener en cuenta cuándo o por quién fueron cometidos"[85] (la cursiva es mía).

Además, en el apartado de recomendaciones para un programa de acción, la Conferencia proponía "el establecimiento de un plan internacional de indemnización para las víctimas del comercio de esclavos..." y un "fondo de compensación para el desarrollo destinado a proporcionar recursos para el proceso de desarrollo de los países afectados por el colonialismo"[86]. El plan internacional de indemnización y el fondo de compensación no se van a nutrir sólo de contribuciones gubernamentales, sino también de "contribuciones privadas provenientes en particular de los elementos del sector privado que se han beneficiado, directa o indirectamente, de las políticas o los actos racistas trasnacionales"[87]. Finalmente, la Conferencia Regional de Dakar se pronunció como forma colectiva de compensación a favor de "mejores políticas, programas y medidas que han de adoptar los Estados que se benefician materialmente de esas prácticas con objeto de rectificar, mediante la acción afirmativa, el daño económico, cultural y político que se ha infligido a las comunidades y los pueblos afectados en la plena aplicación de su derecho al desarrollo"[88]. Como vemos claramente, la Conferencia Regional celebrada en África fue mucho más ambiciosa a la hora de solicitar medidas concretas de reparación económica por los errores del pasado, vinculando además dichas medidas a acciones afirmativas y al ejercicio del derecho al desarrollo por parte de los pueblos que se vieron perjudicados por dichos errores.

de marzo de 2001, para. 16. A favor de la compensación también se pronunció la Conferencia Regional celebrada en Asia, en *Informe de la Conferencia Regional de Asia, (Teherán, 19 a 21 de febrero de 2001)*, A/CONF.189/PC.2/9, 10 de abril de 2001, para. 50.

85 *Ibidem*., para. 20.

86 *Ibidem*., paras. 2 y 3.

87 *Ibidem*., para. 6.

88 *Ibidem*., para. 5.

Muy poco antes de la celebración de la Conferencia de Durban, y como preparación para ella, la Subcomisión de Promoción y Protección de los Derechos Humanos de las Naciones Unidas también se refirió a la cuestión de la reparación de las injusticias históricas. En primer lugar, la Subcomisión consideró que no se puede pretender luchar contra el racismo, la discriminación racial y las violaciones de derechos humanos "sin tener en cuenta las profundas heridas del pasado". Por ello, la "*responsabilidad histórica* de las Potencias implicadas con respecto a los pueblos que han colonizado o reducido a la esclavitud debe ser objeto de un reconocimiento formal y solemne y de reparaciones" (la cursiva es mía). Finalmente, la Subcomisión da un paso más, y trata de concretar algunos de los aspectos materiales que se deberían incluir en una adecuada política de reparación. En este sentido,

> "el reconocimiento formal y solemne de esta responsabilidad histórica... debe incluir un aspecto concreto y material tal como la rehabilitación de los pueblos afectados en su dignidad, la cooperación activa en el desarrollo no limitada a las medidas actuales de asistencia al desarrollo, la anulación de la deuda, la aplicación del impuesto de Tobin, la transmisión de tecnologías en beneficio de los pueblos afectados y la restitución progresiva de los bienes culturales acompañada de medios que permitan asegurar su protección efectiva"[89].

Como es fácil imaginar, el tema de las reparaciones se convirtió, junto con la cuestión palestina, en uno de los temas centrales y más controvertidos de la Conferencia de Durban[90]. Por un lado, un grupo de países formado por la Unión Europea, Estados Unidos, Canadá, Australia, Nueva Zelanda y Japón mostraba sus serias reticencias a reconocer su responsabilidad histórica y, sobre todo, proceder a una compensación de carácter global por ella. Por el otro, los países africanos, latinoamericanos y asiáticos seguían insistiendo en la pertinencia de dicha reparación

[89] Resolución de la Subcomisión de Derechos Humanos 2001/1, 6 de agosto de 2001. Esta resolución fue aprobada por unanimidad.

[90] GOMEZ DEL PRADO, J.L.: "La Conferencia Mundial contra el Racismo, Durban, Sudáfrica 2001", cit., p. 16.

material por razones de justicia[91]. El Ministro de Asuntos Exteriores de Alemania, Joschka Fischer, realizó un gesto significativo en los mismos inicios de la Conferencia, al asumir públicamente la responsabilidad por los errores del pasado. En su discurso, se refirió a que "se debía empezar esta Conferencia con el pasado. En muchas partes del mundo el dolor sobre las persistentes consecuencias de la esclavitud y la explotación colonial continúa vigente. El admitir la culpa, el asumir la responsabilidad y enfrentar las obligaciones históricas... puede por lo menos devolver a las víctimas y a sus descendientes la dignidad que les fue robada". Al final, este tema se abordó de manera inteligente en Durban, ya que tenía en su seno el potencial de hacer descarrilar la Conferencia, como ocurrió con el problema palestino[92]. La Declaración de Durban está llena de una retórica que satisface al bloque africano y a algunos otros países, pero, en cambio, no establece una responsabilidad netamente clara de los antiguos Estados coloniales en materia de reparaciones[93]. Por ello mismo, por esta ambigüedad calculada que figura en la Declaración Final de la Conferencia y por la enorme controversia antes, durante e, incluso, después de la Conferencia[94], algunos la han calificado como un auténtico fracaso[95], mientras que para otros ha supuesto un "catalizador crucial"[96] que ha facilitado el comenzar a discutir de una manera relativamente razonable entre las partes involucradas sobre un tema tan espinoso y conflictivo como el de las reparaciones por injusticias históricas. En este sentido, la incapacidad de Durban para adoptar una solución omni-

---

[91] Ver al respecto SHELTON, D.: "Reparations for Indigenous Peoples: The Present Value of Past Wrongs", en LENZERINI, F. (ed.): *Reparations for Indigenous Peoples,* cit.

[92] Como sabemos, en mitad de la Conferencia, el 3 de septiembre de 2001, las delegaciones de Estados Unidos e Israel decidieron retirarse de la misma, alegando las acusaciones de Estado "racista" a Israel, algo que consideraban inaceptable. Para las delegaciones árabes, Estados Unidos utilizó esa razón como excusa para no verse obligado a abordar públicamente la cuestión de las indemnizaciones por la esclavitud.

[93] CHAKMA, S., "The Issue of Compensation for Colonialism and Slavery at the World Conference Against Racism: A Fine Balance Between Rhetoric and Legality, cit., p. 59.

[94] Tras la clausura de la Conferencia siguieron las discusiones y las controversias. Tal es así que hasta el 18 de enero de 2002 no se contó con el texto definitivo de la Declaración y Programa de Acción de Durban.

[95] CAMPONOVO, C.N.: "Disaster in Durban: The United Nations World Conference against Racism, Racial Discrimination, Xenophobia, and Related Intolerance", *George Washington International Law Review*, Vol. 34, 2003, p. 659.

[96] BARKAN, E., "Legal Settlements as a Form of Cultural Politics: A Moral and Historical Framework for the Right to Reparations", cit., p. 420.

comprensiva "no se debería ver como un fracaso, se trata de un proceso que necesita incorporar las perspectivas de ambos lados, sin forzar una única solución"[97] a un problema tan complejo y de tanta envergadura. Hay que abordar las reparaciones como un proceso y, desde este punto de vista, Durban ha significado un paso importante en este proceso. La propia Mary Robinson, Alta Comisionada de las Naciones Unidas para los Derechos Humanos al momento de la celebración de la Conferencia, señaló en su discurso de clausura que el texto que se había aprobado sobre las injusticias del pasado era "histórico", aunque, reconocía, no era más que el "comienzo" de un largo proceso[98].

En primer lugar, la Declaración de Durban reconoce que "la esclavitud y la trata de esclavos... fueron tragedias atroces en la historia de la humanidad... y constituyen, y siempre deberían haber constituido, un crimen de lesa humanidad...; los pueblos indígenas fueron víctimas de esos actos y continúan siéndolo de sus consecuencias"[99]. Asimismo, se reconoce que "... los pueblos indígenas fueron víctimas del colonialismo y continúan siéndolo de sus consecuencias... Lamentamos que los efectos y la persistencia de esas estructuras y prácticas se cuenten entre factores que contribuyen a desigualdades sociales y económicas duraderas en muchas partes del mundo de hoy"[100]. Además de constatar que "los pueblos indígenas han sido víctimas de discriminación durante siglos..."[101], la Declaración de Durban pone de relieve "la relación especial que tienen los pueblos indígenas con la tierra como base de su existencia espiritual, física y cultural", alentando a los Estados a que, "siempre que sea posible, velen por que los pueblos indígenas puedan mantener la propiedad de sus tierras y de los recursos naturales a que tienen derecho conforme a la legislación interna"[102].

Sin duda el elemento más importante en la Declaración de Durban en lo que a nosotros nos concierne es que contiene un capítulo consagrado

---

[97] *Ibidem.*, p. 422.

[98] Citado en GOMEZ DEL PRADO, J.L., "La Conferencia Mundial contra el Racismo, Durban, Sudáfrica 2001", cit., p. 69.

[99] *Report of the World Conference against Racism, Racial Discrimination, Xenophobia, and Related Intolerance*, Durban, 31 August-8 September 2001, A/CONF.189/12, 18 January 2002, para. 13.

[100] *Ibidem.*, para. 14.

[101] *Ibidem.*, para. 39.

[102] *Ibidem.*, para. 43.

íntegramente a la cuestión de la reparación[103], algo que, como nos podemos imaginar, fue resultado de un tira y afloja constante durante toda la Conferencia. La Declaración comienza subrayando la relevancia que revisten la verdad histórica y la memoria de las víctimas para la reconciliación internacional. A este respecto, se subraya "la importancia y la necesidad de enseñar los hechos y la verdad de la historia de la humanidad... así como... las causas, la naturaleza y las consecuencias del racismo..., a fin de llegar a conocer de manera amplia y objetiva las tragedias del pasado"[104]. En la misma línea, la Declaración hace un llamamiento a los Estados interesados "para que honren la memoria de las víctimas de pasadas tragedias"[105]. En este sentido, la Conferencia reconoce y agradece que "algunos han tomado la iniciativa de lamentar lo sucedido, expresar remordimiento o pedir perdón, y hace un llamamiento a quienes todavía no hayan contribuido a restablecer la dignidad de las víctimas para que encuentren la manera adecuada de hacerlo..."[106]. En lo concerniente a la reparación de índole económica, la Declaración, en un lenguaje medido y calculado milimétricamente, observa que "algunos Estados han tomado la iniciativa de pedir perdón y han pagado una indemnización... por las graves y masivas violaciones perpetradas"[107], reconociendo la "*obligación moral* que tienen todos los Estados interesados" (la cursiva es mía). Como consecuencia de esta obligación moral, la Conferencia hace un llamamiento a esos Estados interesados a fin de que adopten medidas adecuadas y eficaces para hacer cesar e invertir las consecuencias duraderas"[108] del racismo y de las injusticias históricas. Finalmente, la Declaración reafirma "enérgicamente... que es requisito ineludible de justicia que se dé acceso a la justicia a las víctimas de violaciones de los derechos humanos resultantes del racismo, la discriminación racial, la xenofobia y las formas conexas de intolerancia..., incluso el derecho a pedir y recibir justa y adecuada indemnización o satisfacción por los daños sufridos..., de acuerdo con lo consagrado en numerosos instrumentos internacionales y regionales de derechos humanos..."[109].

[103] El capítulo se titula "Establecimiento de recursos y medidas eficaces de reparación, resarcimiento, indemnización y de otra índole a nivel nacional, regional e internacional".

[104] *Ibidem.*, para. 98.

[105] *Ibidem.*, para. 99.

[106] *Ibidem.*, para. 101.

[107] *Ibidem.*, para. 100.

[108] *Ibidem.*, para. 102.

[109] *Ibidem.*, para. 104.

Como podemos comprobar, la Declaración de Durban da pasos muy significativos en cuanto al reconocimiento de la responsabilidad por las injusticias históricas y la necesidad de su adecuada y efectiva reparación. Desde el punto de vista programático hay avances considerables, aunque, como era de esperar, en el ámbito de las reparaciones de carácter material los avances son mucho más tímidos y modestos de lo que algunas delegaciones y algunos movimientos sociales hubieran querido. En este punto, debemos ser conscientes de que Durban no supone más que un nuevo hito en un proceso largo y complicado de asunción de los abusos del pasado y de la obligación de su progresiva reparación. Como ha señalado con mucho tino Suhas Chakma, "el desafío es encontrar un equilibrio entre el reconocimiento del espectro de los errores históricos y mantener un sentido claro de lo que realmente se puede conseguir"[110].

2. La Declaración de las Naciones Unidas sobre los derechos de los pueblos indígenas

Otro hito en este proceso de reconocimiento progresivo de la obligación de reparar a los pueblos indígenas por las injusticias históricas sufridas es la Declaración de las Naciones Unidas sobre los derechos de los pueblos indígenas aprobada en 2007 tras un largo proceso de negociación en el que han tenido una destacada participación los propios pueblos indígenas. La misma aprobación de esta Declaración es interpretada por algunos como muestra del compromiso con el pasado y con la reparación de un proceso de explotación y dominio que todavía no ha concluido[111]. Pero lo más importante de todo es que en el texto de la propia Declaración se da entrada explícitamente a la cuestión de las injusticias históricas. En el preámbulo de esta Declaración la Asamblea General de las Naciones Unidas se declara

> "*preocupada* por el hecho de que los pueblos indígenas hayan sufrido injusticias históricas como resultado, entre otras cosas, de la colonización y enajenación de sus tierras,

[110] CHAKMA, S.: "The Issue of Compensation for Colonialism…", *op. cit.*, p. 71.

[111] CONCHA MALO, F.M., "Lucha por la dignidad y los derechos humanos individuales y colectivos de los pueblos de América Latina", en MATE, R. (Ed.): *Responsabilidad Histórica. Preguntas del nuevo al viejo mundo,* cit., pp. 321 y ss.

territorios y recursos, lo que les ha impedido ejercer, en particular, su derecho al desarrollo de conformidad con sus propias necesidades e intereses"[112].

Además de la preocupación expresada por la Asamblea General por las injusticias históricas, hay otro elemento que podemos destacar de este pronunciamiento tan clarividente. Como podemos observar, se establece un nexo causal entre la colonización y la enajenación de tierras, territorios y recursos que sufrieron los pueblos indígenas en el pasado y la incapacidad para ejercer de manera efectiva su derecho al desarrollo, algo que sigue dejando sentir sus consecuencias en el momento presente.

En el texto sustantivo de la Declaración vamos a encontrar un significativo número de artículos referidos al derecho a la reparación de los pueblos indígenas, algunos de ellos con claros vínculos con el pasado y con injusticias de carácter histórico. En este sentido, el artículo 11 reconoce el derecho de los pueblos indígenas "a practicar y revitalizar sus tradiciones y costumbres culturales", lo que incluye el derecho "a mantener, proteger y desarrollar las manifestaciones *pasadas*, presentes y futuras de sus culturas, como lugares arqueológicos e históricos, utensilios, diseños, ceremonias..." (la cursiva es nuestra). En ocasiones, la garantía de este derecho va a suponer un proceso de restitución de bienes y objetos que les fueron privados a los pueblos indígenas en el pasado. Como dispone el párrafo 2 del artículo 11, "los Estados proporcionarán reparación por medio de mecanismos eficaces, que podrán incluir la restitución,... respecto de los bienes culturales, intelectuales, religiosos y espirituales de que hayan sido privados sin su consentimiento libre, previo e informado o en violación de sus leyes, tradiciones y costumbres". El artículo 12, por su parte, se refiere a la "repatriación de objetos de culto y de restos humanos" por parte de los Estados que los posean[113].

El artículo 20 de la Declaración reconoce que "los pueblos indígenas desposeídos de sus medios de subsistencia y desarrollo tienen derecho a

---

[112] Párrafo 6 del preámbulo.

[113] Ver al respecto la *US Native American Grave Protection and Repatriation Act* aprobada en 1990 , que permite la restitución a los pueblos indígenas de Estados Unidos de restos humanos y objetos culturales y ceremoniales que fueron apropiados para fines de investigación o su muestra en museos tanto públicos como privados. Sobre este tema, VRDOLJAK, A.F., *International Law, Museums and the Return of Cultural Objects*, Cambridge University Press, Cambridge, 2006.

una reparación justa y equitativa". A pesar de que en esta disposición no se aclara si se refiere o no a las privaciones sufridas en el pasado por los pueblos indígenas, se podría argumentar que las injusticias del pasado explican en gran parte las exclusiones del presente y, por lo tanto, convertirían a los pueblos indígenas en acreedores de dicha reparación. En la misma línea, el artículo 28.1 establece que

> "los pueblos indígenas tienen derecho a la reparación, por medios que pueden incluir la restitución o, cuando ello no sea posible, una indemnización justa, imparcial y equitativa, por las tierras, los territorios y los recursos que tradicionalmente hayan poseído u ocupado o utilizado de otra forma y que hayan sido confiscados, tomados, ocupados, utilizados o dañados sin su consentimiento libre, previo e informado".

El párrafo 2 de este artículo detalla mucho más las modalidades de reparación que son pertinentes ante privaciones de tierras, territorios y recursos indígenas. Así, "salvo que los pueblos interesados hayan convenido libremente en otra cosa, la indemnización consistirá en tierras, territorios y recursos de igual calidad, extensión y condición jurídica o en una indemnización monetaria u otra reparación adecuada". En lo que se refiere a proyectos de desarrollo que afecten a tierras, territorios y otros recursos indígenas, el artículo 32.2 de la Declaración exige el "consentimiento libre e informado" de los pueblos indígenas antes de su aprobación por parte del Estado, sobre todo cuando el proyecto suponga "la utilización o la explotación de recursos minerales, hídricos o de otro tipo". En este contexto, el párrafo 3 del artículo 32 dispone que "los Estados establecerán mecanismos eficaces para la reparación justa y equitativa por esas actividades, y se adoptarán medidas adecuadas para mitigar las consecuencias nocivas de orden ambiental, económico, social, cultural o espiritual".

Otra disposición importante desde el punto de vista de la reparación a la que tienen derecho los pueblos indígenas es el artículo 15 de la Declaración, que tiene que ver con la educación y los medios de comunicación. Como vimos en su momento, una de las garantías de no repetición de los abusos del pasado es el incorporar en el sistema educativo y en los medios de comunicación social aspectos relacionados con las culturas y las cosmovisiones indígenas. En este sentido, el artículo 15.1 señala que "los pueblos indígenas tienen derecho a que la dignidad y diversidad de sus culturas, tradiciones, historias y aspiraciones queden debidamente reflejadas en la educación pública y los medios de información públicos". Para reforzar este derecho, "los Estados adoptarán medidas eficaces, en consulta y cooperación con los pueblos indígenas interesados, para combatir los prejuicios y eliminar la discriminación y promover la tolerancia, la comprensión y las buenas relaciones entre los pueblos indígenas y todos los demás sectores de la sociedad".

Como vemos, el derecho a la reparación de los pueblos indígenas, incluyendo algunas disposiciones clave para tratar de asegurar la reparación por injusticias históricas, está muy presente en la Declaración sobre los derechos de los pueblos indígenas, a diferencia de otros instrumentos internacionales de protección de los derechos indígenas a los que hemos hecho referencia con anterioridad.

III. LA REPARACIÓN POR INJUSTICIAS HISTÓRICAS EN SITUACIONES DE POST-CONFLICTO: EL CASO DE GUATEMALA

Los intentos de resolver un conflicto pueden abrir espacios interesantes para abordar determinados abusos históricos que han sufrido, y siguen sufriendo, los pueblos indígenas. En ocasiones, son esas injusticias históricas las que están en la base y alimentan los mismos conflictos. La negociación de acuerdos de paz que ponen fin a un conflicto es un momento propicio para tratar de abordar las exclusiones estructurales que sufren determinados colectivos en situación de vulnerabilidad como los pueblos indígenas, pudiendo convertirse, si hay voluntad y espacio político para ello, en herramientas de transformación social.

Guatemala ha sido un país azotado por un brutal conflicto armado interno que duró más de 40 años y que comenzó su proceso de resolución con los diversos acuerdos de paz que se suscribieron desde enero de 1994 hasta diciembre de 1996[114]. Los pueblos indígenas, objeto de discriminación histórica en el país centroamericano, estuvieron en el centro del conflicto, constituyendo más de un 80% del total de víctimas

---

[114] MOLKENTIN, G., *Los difíciles senderos de la paz en Guatemala*, FLACSO, Guatemala, 2001.

del conflicto[115], lo que puede considerarse como un auténtico genocidio[116]. Desde los inicios del proceso de paz las organizaciones indígenas vieron dicho proceso como una oportunidad para tratar de revertir su situación de postración y exclusión históricas. Tenían claro que los acuerdos de paz debían recoger un apartado dedicado al esclarecimiento histórico, a la reparación de las injusticias históricas y al reconocimiento de los derechos de los pueblos indígenas. Fruto, entre otras cosas, de la presión de estas organizaciones y de otros movimientos sociales y políticos de Guatemala[117], se firmaron dos acuerdos que han sido clave en el proceso de esclarecer los abusos del pasado en Guatemala y reparar a las víctimas, en particular a los pueblos indígenas. El primero de ellos es el *Acuerdo sobre el establecimiento de la Comisión para el Esclarecimiento Histórico de las violaciones a los derechos humanos y los hechos de violencia que han causado sufrimientos a la población guatemalteca*, firmado en Oslo el 23 de junio de 1994. Este Acuerdo dio lugar a la creación de la Comisión para el Esclarecimiento Histórico, cuyo informe publicado en 1999 supone un intento de desentrañar los abusos del pasado en Guatemala y de tratar de repararlos en la medida de lo posible. Como señaló la propia Comisión, una de sus pretensiones era "ofrecer elementos objetivos de juicio de carácter histórico de la violencia en la sociedad guatemalteca"[118]. El segundo acuerdo, el *Acuerdo sobre Identidad y derechos de los pueblos indígenas*, se firmó en México D.F el 31 de marzo de 1995, constituyendo un programa muy completo de reconocimiento de las principales demandas indígenas[119]. Vamos a analizar a continuación

---

[115] COMISION PARA EL ESCLARECIMIENTO HISTORICO: *Informe de la Comisión para el Esclarecimiento Histórico. Guatemala: Memoria del Silencio*, Naciones Unidas, Guatemala, 1999.

[116] GOMEZ ISA, F. (coord..), *Racismo y Genocidio en Guatemala*, Gakoa, Donostia, 2000.

[117] No olvidemos que en 1998, por iniciativa de la sociedad civil, se había publicado un magnífico informe para la recuperación de la memoria de las víctimas del conflicto armado guatemalteco. Este informe arrojó luz sobre los trasfondos históricos del conflicto y sobre los procesos de victimación. Ver al respecto OFICINA DE DERECHOS HUMANOS DEL ARZOBISPADO DE GUATEMALA: *Guatemala Nunca Más. Impactos de la Violencia*, ODHAG, Guatemala, 1998, 4 volúmenes.

[118] COMISION PARA EL ESCLARECIMIENTO HISTORICO: *op. cit*, "Introducción", para. 1.

[119] BERRAONDO, M., "Pueblos indígenas de Guatemala frente a la cooperación internacional", en INSTITUTO DE DERECHOS HUMANOS: *Guatemala: 10 años de la firma de los Acuerdos de Paz*, Universidad de Deusto, Bilbao, 2006, pp. 111 y ss.

las disposiciones más relevantes de dichos Acuerdos en lo concerniente a la reparación y el reconocimiento de derechos a los pueblos indígenas.

Ambos compromisos parten del reconocimiento de la opresión histórica que han sufrido determinados grupos en Guatemala, particularmente los indígenas, como uno de los elementos clave para poder explicar el conflicto. El informe de la Comisión para el Esclarecimiento Histórico constata la existencia de "relaciones asimétricas" a lo largo de la historia guatemalteca como base para el surgimiento de diferentes conflictos. En concreto, "la concentración de poder económico y político, el carácter racista y discriminatorio de la sociedad frente a la mayoría de la población que es indígena, y la exclusión económica y social de grandes sectores empobrecidos..." se convirtieron en el caldo de cultivo idóneo para la emergencia del conflicto y para la posterior legitimación de la violencia. En la misma línea, el Acuerdo sobre Identidad y derechos de los pueblos indígenas comienza con un preámbulo en el que se afirma rotundamente que el tema de la identidad y los derechos de los pueblos indígenas constituye "un punto fundamental y de trascendencia histórica para el presente y futuro de Guatemala". Es decir, se es consciente de que la resolución del contencioso histórico con los pueblos indígenas es uno de los elementos centrales para una resolución efectiva del conflicto. El preámbulo también realiza un reconocimiento explícito de la discriminación y explotación que han sufrido los pueblos indígenas a lo largo de la historia y de que dicha realidad histórica "ha afectado y sigue afectando profundamente a dichos pueblos, negándoles el pleno ejercicio de sus derechos y participación política, y entorpeciendo la configuración de una unidad nacional que refleje... la rica fisonomía plural de Guatemala". Finalmente, se subraya que sólo será posible desarraigar esa opresión y discriminación "si se reconocen en todos sus aspectos la identidad y los derechos de los pueblos que la han habitado y la habitan". Como podemos comprobar, el Acuerdo parte de un reconocimiento sin ambages de la realidad histórica de discriminación y opresión de que han sido objeto los pueblos indígenas en Guatemala. Además, contiene todo un capítulo dedicado a la "lucha contra la discriminación" (capítulo II). Una de las premisas básicas es que "para superar la discriminación histórica hacia los pueblos indígenas se requiere el concurso de todos los ciudadanos en la transformación de mentalidades, actitudes y comportamientos". Se es plenamente consciente de que "dicha transformación comienza por un reconocimiento claro por todos los guatemaltecos de la realidad de la discriminación racial, así como de la imperiosa necesidad de superarla para lograr una verdadera convivencia pacífica".

El informe de la Comisión para el Esclarecimiento Histórico, por su parte, establece un programa bastante ambicioso de reparaciones basado en la verdad, la justicia, la reparación y el perdón como "los pilares de la consolidación de la paz y la reconciliación nacional". Para ello, recomienda al Estado guatemalteco la creación de un *Programa Nacional de Reparación*. Este Programa se tiene que encargar de promover medidas de restitución material a las víctimas, en particular en relación con la tierra, uno de los elementos clave en relación con los pueblos indígenas pero, asimismo, uno de los aspectos más espinosos y complicados en cualquier proceso de reparación de injusticias históricas y de resolución de un conflicto. En este mismo sentido, el Acuerdo sobre Identidad y derechos de los pueblos indígenas contiene un apartado dedicado a los derechos relativos a la tierra de los pueblos indígenas. En este punto, el Acuerdo parte una vez más del reconocimiento de la "situación de particular vulnerabilidad de las comunidades indígenas, que han sido históricamente las víctimas de despojo de tierras". Ante esta situación, "el Gobierno se compromete a instituir procedimientos para solucionar las reivindicaciones de tierras comunales formuladas por las comunidades, y para restituir o compensar dichas tierras". Por otra parte, el Gobierno también se compromete en el Acuerdo a la adquisición de tierras para el desarrollo de las comunidades indígenas.

El Programa Nacional de Reparación también debe contemplar medidas de indemnización económica de los daños acarreados por las graves violaciones a los derechos humanos y al Derecho Internacional Humanitario que ocurrieron en el marco del conflicto armado. Asimismo, se tienen que diseñar todo un conjunto de medidas de rehabilitación y reparación psicosocial y, finalmente, medidas de satisfacción y dignificación individual que incluyan acciones de reparación moral y simbólica.

En esta última línea, una medida importante de reparación que recomienda la Comisión para el Esclarecimiento Histórico tiene que ver con la recuperación y preservación de la memoria de las víctimas. Las instituciones públicas, comenzando por el Presidente de la República, y la guerrilla de la Unidad Revolucionaria Nacional Guatemalteca (URNG), deben reconocer los hechos del pasado, pedir perdón por ellos y asumir las responsabilidades que se deriven de ello. El Estado tiene la obligación de impulsar políticas de memoria que devuelvan la dignidad a las víctimas y tengan en cuenta el carácter multicultural de la nación guatemalteca. En este sentido, conmemoraciones, homenajes, construcción de monumentos en memoria de las víctimas, creación de cementerios comunales acordes con las formas de memoria colectiva maya... pueden contribuir a ello, como señala el informe.

Asimismo, tanto el Acuerdo sobre Identidad y derechos de los pueblos indígenas como el informe de la Comisión para el Esclarecimiento Histórico contemplan un amplio programa de garantías de no repetición en relación con los pueblos indígenas. Lo que se pretende es evitar que las injusticias que han tenido lugar se reproduzcan de nuevo. Como subraya el informe de la Comisión,

> "habida cuenta de que las relaciones entre el Estado y los pueblos indígenas de Guatemala... se han dado en condiciones de racismo, desigualdad y exclusión, y que estas condiciones constituyeron una de las causas históricas del enfrentamiento armado, se hacen necesarias medidas para garantizar la protección de los derechos individuales y colectivos de los indígenas, respetar la multiculturalidad y promover las relaciones interculturales".

En este sentido, destacan la adopción de todo un conjunto de cambios legislativos y la ratificación de tratados internacionales que promueven los derechos de los pueblos indígenas por parte del Estado de Guatemala. Un aspecto muy relevante de las garantías de no repetición tiene que ver con la difusión y enseñanza de los contenidos del informe de la Comisión para el Esclarecimiento Histórico. Así, el propio informe prevé que "en los currículos de educación primaria, secundaria y universitaria se incluya la enseñanza de las causas, el desarrollo y las consecuencias del enfrentamiento armado, así como del contenido de los Acuerdos de Paz". Otro aspecto clave es la reforma del sistema educativo, para que sea mucho más sensible a la realidad indígena del país. Es éste uno de los apartados del Acuerdo sobre Identidad más interesantes, ya que se reconoce que "el sistema educativo es uno de los vehículos más importantes para la transmisión y desarrollo de los valores y conocimientos culturales". El objetivo fundamental de la reforma educativa debe ser el "responder a la diversidad cultural y lingüística de Guatemala, reconociendo y fortaleciendo la identidad cultural indígena, los valores y sistemas educativos mayas y de los demás pueblos indígenas..., e incluyendo dentro de las currícula nacionales las concepciones educativas indígenas". Para ello, una medida esencial será "ampliar e impulsar la educación bilingüe intercultural y valorizar el estudio y conocimiento de los idiomas indígenas a todos los niveles de la educación". Un último aspecto, entre otros muchos, que pretende saldar la deuda histórica con los pueblos indígenas es "facilitar el acceso de los indígenas a la educación formal y no formal", debiendo fortalecer para que ello sea una realidad el sistema de becas para los estudiantes indígenas, que tradicionalmente han tenido muy difícil el acceso al sistema educativo.

Finalmente, otro elemento clave para evitar la repetición de injusticias de carácter histórico son los medios de comunicación, que son quienes acaban transmitiendo imágenes y mensajes sobre la realidad indígena que van calando en los imaginarios tanto individuales como colectivos. En este punto, el Acuerdo sobre Identidad establece como objetivo la "erradicación de cualquier forma de discriminación" en los medios de comunicación, contribuyendo así a que todos los guatemaltecos se apropien de su patrimonio pluricultural. Para ello, el Gobierno tratará de "favorecer el más amplio acceso a los medios de comunicación" por parte de los diferentes pueblos indígenas y la difusión en sus propias lenguas del patrimonio cultural indígena.

Como podemos comprobar, las medidas de reparación establecidas tanto en el informe de la Comisión para el Esclarecimiento Histórico como en el Acuerdo sobre Identidad y derechos de los pueblos indígenas constituyen un conjunto bastante completo, integral y omnicomprensivo que, si se implementan adecuadamente, pueden poner los cimientos para una transformación social que abra las puertas a una auténtica reconciliación.

Para dar respuesta a este desafío de reparación integral, el Gobierno y grupos de relevantes de la sociedad civil, con un particular protagonismo de los grupos de víctimas y de las organizaciones indígenas, abrieron un proceso de diálogo que culminó con la aprobación de un *Programa Nacional de Resarcimiento* (PNR, National Reparations Programme) mediante el Decreto 258-2003, aprobado el 7 de mayo de 2003. A pesar de las esperanzas suscitadas por este Programa, los progresos han sido muy limitados y muy lentos, como señala el International Center on Transitional Justice (ICTJ)[120], una organización que llevó a cabo labores

[120] http://www.ictj.org/es/where/region2/518.html.

de asesoría durante el complejo proceso de discusión en torno al PNR. Las principales críticas que se han vertido respecto del proceso de reparaciones tienen que ver con una excesiva burocracia y muchos retrasos en la implementación de las medidas de reparación, continuos cambios institucionales que han impedido dotarle de un cierto ritmo al proceso de reparaciones, así como una focalización casi exclusiva en las medidas de reparación económica, olvidando la necesidad de una reparación integral a las víctimas. Todo ello ha llevado a concluir que este Programa se está distanciando ampliamente de lo establecido en las recomendaciones de la Comisión para el Esclarecimiento Histórico[121], en particular en lo concerniente a la reparación a los pueblos indígenas[122].

Desgraciadamente, la realidad del país nos demuestra una vez más la enorme distancia existente entre los acuerdos plasmados en un papel y la implementación práctica de dichos acuerdos. Si bien se han producido algunos cambios significativos en el país, no podemos afirmar que las secuelas del conflicto estén todavía superadas y que la situación que viven los pueblos indígenas se haya modificado sustancialmente.

Se han dado algunos pasos importantes en el conocimiento de la historia de opresión y exclusión que han sufrido los pueblos indígenas en Guatemala así como en el reconocimiento público de dicha opresión por parte del Estado. Nadie puede negar ahora que los pueblos indígenas han sido un grupo históricamente excluido del imaginario colectivo guatemalteco, lo que, en parte, ayuda a explicar el sangriento conflicto armado que ha vivido Guatemala y la estigmatización sufrida por las comunidades mayas en el marco de dicho conflicto. Otros avances han tenido lugar en el ámbito de la educación, un espacio en el que también los pueblos indígenas se habían visto históricamente marginados. El sistema educativo guatemalteco es hoy relativamente sensible a la realidad indígena del país y se han llevado a cabo ambiciosos programas en el campo de la promoción de la educación intercultural bilingüe. En cambio, los medios de comunicación siguen siendo muy reacios a prestar la debida atención a la realidad multicultural del país, algo que condiciona las percepciones

---

[121] INFORME DEL PROCURADOR DE LOS DERECHOS HUMANOS: *Aspectos sustantivos de la política de reparaciones ejecutada por el Programa Nacional de Resarcimiento*, Guatemala, octubre de 2006, p. 60, en http://www.pdh.org.gt/files/inf_especiales/PNRConsolidado.pdf.

[122] COMISION INTERAMERICANA DE DERECHOS HUMANOS: *Justicia e inclusión social: los desafíos de la democracia en Guatemala*, OEA/Ser.L/V/II.118, Doc. 5 rev.1, 29 de diciembre de 2003, pp. 12 y 13.

de la opinión pública al respecto. Finalmente, uno de los elementos clave a la hora de calibrar el impacto de los Acuerdos de Paz es la situación de pobreza y marginación socioeconómica a la que se siguen enfrentando los pueblos indígenas. Sin avances mucho más visibles en este terreno la credibilidad de todo el proceso de paz puede estar en cuestión.

IV. CONCLUSIONES

El debate y la reflexión sobre los abusos del pasado ha hecho que se haya ido reconociendo progresivamente el derecho de los pueblos indígenas a la reparación por injusticias históricas. Su situación de exclusión y marginación histórica se ve incrementada en situaciones de conflicto armado, lo cual aumenta alarmantemente su vulnerabilidad. Ahora bien, en el momento de resolver los conflictos se abren algunas ventanas de oportunidad que, si se saben aprovechar estratégicamente, pueden posibilitar nuevos escenarios de transformación social, equidad y reconocimiento en favor de los pueblos indígenas. El caso de Guatemala es emblemático en este sentido, logrando sus pueblos indígenas altas cotas de reconocimiento y políticas de transformación en el marco de los Acuerdos de Paz que pusieron fin a un virulento conflicto armado. Sin embargo, la distancia entre la retórica y la realidad sigue siendo demasiado elevada más de 10 años después de la firma de dichos acuerdos. Como Brown y Caumartin subrayan respecto de la falta de avances en el afrontamiento de las desigualdades horizontales en Guatemala, "a pesar de los discursos oficiales que asumen el multiculturalismo, la cuestión de la diversidad étnica y la situación de los pueblos indígenas en la sociedad siguen siendo muy controvertidas. Muy pocos en Guatemala parecen dispuestos a dar la bienvenida a políticas de carácter socioeconómico que se dirijan específicamente a los pueblos indígenas"[123].

Como hemos comprobado, los Acuerdos de Paz han contribuido a abrir cauces de participación y de reconocimiento para los pueblos indígenas, pero la voluntad política imprescindible para abordar las causas estructurales de la discriminación contra ellos es algo mucho más difícil de conseguir y, sobre todo, de articular en la práctica. Tanto la sociedad

[123] BROWN, G.K. y CAUMARTIN, C.: "Horizontal Inequalities in Post-Conflict Reconstruction: Guatemala and Nepal", in ORÉ AGUILAR, G y GÓMEZ ISA, F. (eds.), *Rethinking Transitions. Equality and Social Justice in Societies Emerging From Conflict*, Intersentia, Antwerp-Cambridge, 2011, p. 113.

guatemalteca como la comunidad internacional deben ser conscientes que el tratar de resolver las injusticias históricas es uno de los mejores antídotos contra el resurgimiento del conflicto y la violencia.

BIBLIOGRAFÍA

ALVAREZ MOLINERO, N., "From the theory of discovery to the theory of recognition of indigenous rights: conventional international law in search of homeopathy", en MECKLED-GARCIA, S. y ÇALI, B. (eds.), *The Legalization of Human Rights. Multidisciplinary perspectives on human rights and human rights law*, Routledge, London, 2006, pp. 165-180.

ANTZE, P. Y LAMBEK, M. (eds.), *Tense Past: Cultural Essays in Trauma and Memory*, Routledge, London, 1996.

APARICIO, M., *Los pueblos indígenas y el Estado. El reconocimiento constitucional de los derechos indígenas en América Latina*, CEDECS Editorial, Barcelona, 2002.

BARKAN, E., *The Guilt of Nations: Restitution and Negotiating Historical Injustices*, The John Hopkins University Press, Baltimore, 2000.

- BARKAN, E.: "Legal Settlements as a Form of Cultural Politics: A Moral and Historical Framework for the Right to Reparations", en ULRICH, G. and BOSERUP, L.K. (Eds.): *Reparations: Redressing Past Wrongs*, Kluwer Law International, The Hague-London-New York, 2003.

BERRAONDO, M., "Pueblos indígenas de Guatemala frente a la cooperación internacional", en INSTITUTO DE DERECHOS HUMANOS: *Guatemala: 10 años de la firma de los Acuerdos de Paz*, Universidad de Deusto, Bilbao, 2006.

BLOXHAM, D.: *Genocide on Trial. War Crimes and the Formation of Holocaust History and Memory*, Oxford University Press, Oxford, 2001.

BROOKS, R.L., "African American Redress Movement: the Quest for Atonement", en ULRICH, G. and BOSERUP, L.K. (Eds.): *Reparations: Redressing Past Wrongs*, Kluwer Law International, The Hague-London-New York, 2003.

- "The Age of Apology", en BROOKS, R.L (ed.): *When Sorry isn't Enough. The Controversy over Apologies and Reparations for Human Injustice*, New York University Press, New York, 1999.

BROWN, G.K. y CAUMARTIN, C.: "Horizontal Inequalities in Post-Conflict Reconstruction: Guatemala and Nepal", in ORÉ AGUILAR, G y GÓMEZ

ISA, F. (eds.), *Rethinking Transitions. Equality and Social Justice in Societies Emerging From Conflict*, Intersentia, Antwerp-Cambridge, 2011.

CAMPONOVO, C.N.: "Disaster in Durban: The United Nations World Conference against Racism, Racial Discrimination, Xenophobia, and Related Intolerance", *George Washington International Law Review*, Vol. 34, 2003.

CONCHA MALO, F.M., "Lucha por la dignidad y los derechos humanos individuales y colectivos de los pueblos de América Latina", en MATE, R. (ed.), *Responsabilidad Histórica. Preguntas del nuevo al viejo mundo*, Anthropos, Barcelona, 2007.

CASSESE, A., *International Law*, Oxford University Press, Oxford, 2005 (2nd edition).

CHAKMA, S., "The Issue of Compensation for Colonialism and Slavery at the World Conference Against Racism: A Fine Balance Between Rhetoric and Legality", en ULRICH, G. and BOSERUP, L.K. (Eds.): *Reparations: Redressing Past Wrongs*, Kluwer Law International, The Hague-London-New York, 2003.

CLAVERO, B., *El orden de los poderes. Historias constituyentes de la Trinidad Constitucional*, Trotta, Madrid, 2007.

- "Derechos Indígenas y Constituciones Latinoamericanas", en BERRAONDO, M. (Coord.), *Pueblos Indígenas y Derechos Humanos*, Universidad de Deusto, Bilbao, 2006, pp. 313-338.

COICAUD, J-M. y JONSSON, J.: "Elements of a Road Map for a Politics of Apology", en GIBNEY, M.; HOWARD-HASSMANN, R.E.; COICAUD, J-M. Y STEINER, N. (eds.): *The Age of Apology. Facing up to the Past*, University of Pennsylvania Press, Philadelphia, 2008.

CONLEY, D., "Calculating Slavery Reparations. Theory, Numbers and Implications", en TORPEY, J. (ed.), *Politics and the Past. On Repairing Historical Injustices*, Rowman & Littlefield Publishers, Maryland, 2003.

DANIELI, Y. (ed.), *International Handbook of Multigenerational Legacies of Trauma*, Plenum Press, New York, 1998.

DAVIDOVITCH, N. y ALBERSTEIN, M., "Trauma y Memoria. Entre la experiencia individual y colectiva", en MEDINA DOMENECH, R.; MOLINA RUEDA, B. y GARCIA-MIGUEL, M. (eds.), *Memoria y Reconstrucción de la Paz*, Los Libros de la Catarata, Madrid, 2008, pp. 41-58.

DOUGLAS, L., *The Memory of Judgement. Making Law and History in the Trials of the Holocaust*, Yale University Press, New Haven, 2001.

FERRANDIZ, F., "Exhumaciones y políticas de la memoria en la España contemporánea", en GOMEZ ISA, F. (Director), *El derecho a la memoria*, , Instituto de Derechos Humanos Pedro Arrupe-Diputación de Guipúzcoa, Alberdania, Zarauz, 2006.

FERUDI, F., "New Britain-a nation of victims", *Social Science and Modern Society*, Vol. 35, 1988.

FLORESCANO, E., *Memoria indígena*, Taurus, México, 1999.

FRANCIONI, F., "Reparation for Indigenous Peoples: Is International Law Ready to Ensure Redress for Historical Injustices?", en LENZERINI, F. (ed.): *Reparations for Indigenous Peoples. International&Comparative Perspectives*, Oxford University Press, Oxford, 2008.

GABORIT, M., "Memoria histórica: revertir la historia desde las víctimas" en GOMEZ ISA, F. (Director), *El derecho a la memoria*, Instituto de Derechos Humanos Pedro Arrupe-Diputación de Guipúzcoa, Alberdania, Zarauz, 2006.

GOMEZ, N., "Indigenous Peoples and Psychosocial Reparation: The Experience with Latin American Indigenous Communities", en LENZERINI, F. (ed.): *Reparations for Indigenous Peoples. International&Comparative Perspectives*, Oxford University Press, Oxford, 2008.

GOMEZ DEL PRADO, J.L., "La Conferencia Mundial contra el Racismo, Durban, Sudáfrica 2001", *Cuadernos Deusto de Derechos Humanos*, nº 16, 2002.

GOMEZ ISA, F. (coord..), *Racismo y Genocidio en Guatemala*, Gakoa, Donostia, 2000.

- "El derecho de las víctimas a la reparación por violaciones graves y sistemáticas de los derechos humanos", en GOMEZ ISA, F. (Director), *El derecho a la memoria*, , Instituto de Derechos Humanos Pedro Arrupe-Diputación de Guipúzcoa, Alberdania, Zarauz, 2006.

HALL, G. y PATRINOS, H.A., *Pueblos Indígenas, pobreza y desarrollo humano en América Latina: 1994-2004*, The World Bank, Washington, D.C., 2005.

HAMBER, B., "Repairing the Irreparable: Dealing with double-binds of making reparations for crimes of the past", Paper presented to the African Studies Association of the UK, London, 14-16 September 1998, en http://www.incore.ulst.ac.uk/publications/conference/thepast/repair.html.

- "The Dilemmas of Reparations: In Search of a Process Driven Approach", en DE FEYTER, K.; PARMENTIER, S; BOSSUYT, M. y LEMMENS, P. (eds.), *Out of the Ashes. Reparation for Victims of Gross and Systematic Human Rights Violations*, Intersentia, Antwerpen-Oxford, 2005.

HAMBER, B. y WILSON, R.: "Symbolic Closure through Memory, Reparation and Revenge in Post-Conflict Societies", *Journal of Human Rights*, Vol. 1, nº 1, 2002.

HERNÁNDEZ DIAZ, J., "La construcción de la categoría "indio" en el discurso antropológico", en HERNÁNDEZ DIAZ, J. (coord.), *Las imágenes del indio en Oaxaca*, Instituto Oaxaqueño de las Culturas-UABJO, Oaxaca, 1998.

HOWARD-HASSMANN, R.E., "Moral Integrity and Reparations to Africa", en ULRICH, G. and BOSERUP, L.K. (Eds.): *Reparations: Redressing Past Wrongs*, Kluwer Law International, The Hague-London-New York, 2003.

KRIEBAUM, U., "Restitution Claims for Massive Violations of Human Rights During the Nazi Regime. The Austrian Case", en ULRICH, G. and BOSERUP, L.K. (eds.): *Reparations: Redressing Past Wrongs*, Kluwer Law International, The Hague-London-New York, 2003.

MANI, R., *Beyond Retribution, Seeking Justice in the Shadows of War*, Polity Press, Cambridge, 2002.

MARRUS, M., "Official Apologies and the Quest for Historical Justice", *Journal of Human Rights*, Vol. 6, 2007.

MARTIN BERISTAIN, C. y PAEZ ROVIRA, D., *Violencia, apoyo a las víctimas y reconstrucción social*, Editorial Fundamentos, Madrid, 2000.

MARTINEZ, F., "Preguntas desde la otra orilla: ¿es la solidaridad opcional u obligatoria?", en MATE, R. (ed.), *Responsabilidad Histórica. Preguntas del nuevo al viejo mundo*, Anthropos, Barcelona, 2007.

MARTINEZ DE BRINGAS, A., *Exclusión y Victimación. Los gritos de los derechos humanos en la globalización*, Instituto de Derechos Humanos Pedro Arrupe y Diputación Foral de Guipúzcoa-Alberdania, Zarautz, 2004.

MATE, R., *Memoria de Auschwitz. Actualidad moral y política*, Trotta, Madrid, 2003.

- "¿Existe una responsabilidad histórica?, en MATE, R. (ed.), *Responsabilidad Histórica. Preguntas del nuevo al viejo mundo*, Anthropos, Barcelona, 2007.

MINOW, M.. *Between Vengeance and Forgiveness. Facing History after Genocide and Mass Violence*, Beacon Press, Boston, 1999.

MOLKENTIN, G., *Los difíciles senderos de la paz en Guatemala*, FLACSO, Guatemala, 2001.

MOSQUERA, C. y BARCELOS, L.C. (eds.), *Afro-reparaciones: Memorias de la Esclavitud y Justicia Reparativa para negros, afrocolombianos y raizales*, Universidad Nacional de Colombia, Bogotá, 2007.

NEWTON, N.J., "Indian Claims for Reparations, Compensation and Restitution in the United States Legal System", en BROOKS, R.L (ed.): *When Sorry isn't Enough. The Controversy over Apologies and Reparations for Human Injustice*, New York University Press, New York, 1999.

OSIEL, M., *Mass Atrocity, Collective Memory and the Law*, Transaction Publishers, New Brunswick, 1997.

PARKER, K. and CHEW, J.F., "Compensation for Japan's World War II War-Rape Victims", *Hastings International and Comparative Law Review*, Vol. 17, 1994, pp. 498-510.

RODRÍGUEZ-PIÑERO, L., *Indigenous Peoples, Postcolonialism and International Law: The ILO Regime (1919-1989),* Oxford University Press, Oxford, 2006.

ROMBOUTS, H., *Victim Organisations and the Politics of Reparation: A Case Study on Rwanda*, Intersentia, Antwerp-Oxford, 2004.

SHELTON, D., "The World of Atonement: Reparations for Historical Injustices", *Netherlands International Law Review*, 2003.

- "The United Nations Principles and Guidelines on Reparations: Context and Contents", en DE FEYTER, K.; PARMENTIER, S; BOSSUYT, M. Y LEMMENS, P. (eds.), *Out of the Ashes. Reparation for Victims of Gross and Systematic Human Rights Violations*, Intersentia, Antwerpen-Oxford, 2005, pp. 11-33.

- "Reparations for Indigenous Peoples: The Present Value of Past Wrongs", en LENZERINI, F. (ed.): *Reparations for Indigenous Peoples, International& Comparative Perspectives*, Oxford University Press, Oxford, 2008.

SCOTT, J., *Gender and the Politics of History*, Columbia University Press, New York, 1988.

SOIFER, A., "Redress, Progress and the Benchmark Problem", *Boston College Law Review*, Vol. 40, 1998, pp. 525 y ss.

SPIVAK, G.C., "Subaltern Studies: Deconstructing Historiography", en GUHA, R. and SPIVAK, G.C. (eds.), *Subaltern Studies*, Oxford University Press, New Delhi, 1985.

STRANG, H., *Repair or Revenge. Victims and Restorative Justice*, Clarendon Press, Oxford, 2002.

TAYLOR, CH., "The Politics of Recognition", en GOLDBERG, D.T. (ed.), *Multiculturalism: A critical reader*, Blackwell, Oxford, 1994, pp. 75-106.

THIPANYANE, T., "Current Claims, Regional Experiences, Pressing Problems: Identification of the Salient Issues and Pressing Problems in an African Post-Colonial Perspective", en ULRICH, G. Y BOSERUP, L.K. (eds.), *Reparations: Redressing Past Wrongs,* Kluwer Law International, The Hague-London-New York, 2003.

THOMPSON, J., *Taking Responsibility for the Past: Reparation and Historical Injustice*, Polity Press, Cambridge, 2002.

TODOROV, T., *La Conquista de América: el problema del otro*, Siglo XXI, México, 1987.

- *Los abusos de la memoria*, Paidós, Barcelona, 2000.

TOLEDO LLANCAQUEO, V., "Políticas indígenas y derechos territoriales en América Latina: 1990-2004, ¿las fronteras indígenas de la globalización?", en DÁVALOS, P. (comp.), *Pueblos indígenas, Estado y democracia*, CLACSO, Buenos Aires, 2005, pp. 67-102.

TOMUSCHAT, C., "Individual reparation Claims in Instances of Grave Human Rights Violations: the Position under General International Law", en RANDELZHOFER, A. y TOMUSCHAT, C. (eds.), *State Responsibility and the Individual. Reparation in Instances of Grave Violations of Human Rights*, Martinus Nijhoff Publishers, The Hague, 1999.

TORPEY, J., "Introduction: Politics and the Past", en TORPEY, J. (ed.), *Politics and the Past. On Repairing Historical Injustices*, Rowman & Littlefield Publishers, Maryland, 2003.

ULRICH, G., "Introduction: Human Rights with a view to History", en ULRICH, G. Y BOSERUP, L.K. (eds.), *Reparations: Redressing Past Wrongs,* Kluwer Law International, The Hague-London-New York, 2003.

- "The Moral Case for Reparations: Three Theses about Reparations for Past Wrongs", en ULRICH, G. Y BOSERUP, L.K. (eds.), *Reparations: Redressing Past Wrongs,* Kluwer Law International, The Hague-London-New York, 2003.

VANDEGINSTE, S., "Reparation for gross and systematic human rights violations: the interaction between the national and international level, against the background of the Rwandan and South African experience", en *Expert Seminar on Reparation for Victims of Gross and Systematic Human Rights Violations in the Context of Political Transitions*, Universiteit Antwerpen-Katholieke Universiteit Leuven, Leuven, 2002.

VOLKAN, V., *Bloodlines. From ethnic pride to ethnic terrorism*, Westview, Colorado, 1997.

VRDOLJAK, A.F., *International Law, Museums and the Return of Cultural Objects*, Cambridge University Press, Cambridge, 2006.

ZALAQUETT, J., "Confronting Human Rights Violations Committed by Former Governments: Principles Applicable and Political Constraints", en KRITZ, N. J. (ed.), *Transitional Justice: How Emerging Democracies Reckon with Former Regimes*, United States Institute of Peace Press, Washington D.C., 1995, vol. 1: General Considerations

COLECCIÓN DEBATES
Instituto Bartolomé de las Casas
(Universidad Carlos III de Madrid)

1. Una discusión sobre derechos colectivos. *Ansuátegui Roig, F. J.*
2. Los derechos de las personas con discapacidad. *Campoy Cervera, I. (editor)*
3. Desafíos actuales a los derechos humanos: la violencia de género, la inmigración y los medios de comunicación. *Rodríguez Palop, Mª E., Campoy Cervera, I., Rey Pérez, J. L. (editores)*
4. Una discusión sobre la universalidad de los derechos humanos y la inmigración. *Campoy Cervera, I. (editor)*
5. Desafíos actuales a los derechos humanos: reflexiones sobre el derecho a la paz. *Campoy Cervera, I. (editor)*
6. Educación en derechos humanos: la asignatura pendiente. *Ribotta, S. (editora)*
7. Igualdad, no discriminación y discapacidad: una visión integradora de las realidades españolas y argentina. *Campoy Cervera, I., Palacios, A. (editores)*
8. Los derechos de los niños: perspectivas sociales, políticas, jurídicas y filosóficas. *Campoy Cervera, I. (editor)*
9. Una discusión sobre la gestión de la diversidad cultural. *Pérez de la Fuente, O. (editor)*
10. La lucha por la igualdad efectiva de mujeres y hombres. Reflexiones y aportaciones de la Ley de Igualdad 3/2007, de 22 de marzo. *Bengoechea Gil, Mª A. (editora)*
11. Los derechos humanos: la utopía de los excluidos. *Ramiro Avilés, M. A., Cuenca Gómez, P. (editores)*
12. Desafíos actuales a los derechos humanos: el derecho al medio ambiente y sus implicaciones. *Rey Pérez, J. L., Rodríguez Palop, Mª E., Campoy Cervera, I. (editores)*
13. Los derechos sociales en el siglo XXI. Un desafío clave para el derecho y la justicia. *Ribotta, S., Rossetti, A. (editores)*
14. Mujeres: luchando por la igualdad reivindicando la diferencia. *Pérez de la Fuente, O. (editor)*

COLECCIÓN DEBATES

Instituto Bartolomé de las Casas *(Continuación)*

15. Una discusión sobre identidad, minorías y solidaridad. *Pérez de la Fuente, O., Oliva Martínez, J. D. (editores)*
16. Tópicos contemporáneos de derechos políticos fundamentales. I Seminario Internacional del Observatorio Judicial Electoral. *Ríos Vega, L. E. (coordinador)*
17. Libertad ideológica y objeción de conciencia. Pluralismo y valores en Derecho y Educación. *Garrido Gómez, Mª I., Barranco Avilés, Mª C. (editoras)*
18. Situaciones de dependencia, discapacidad y derechos. Una mirada a la Ley 39/2006, de Promoción de la Autonomía Personal y Atención a las Personas en Situación de Dependencia desde la Convención Internacional de los Derechos de las Personas con Discapacidad. *Barranco Avilés, Mª C. (coordinadora)*
19. Desafíos actuales a los Derechos Humanos: la renta básica y el futuro del Estado social. *Rodríguez Palop, Mª E., Campoy Cervera, I., Rey Pérez, J. L. (editores)*
20. Estudios sobre los derechos de las personas sordas. *Cuenca Gómez, P. (editora)*
21. Una discusión sobre inmigración y proyecto intercultural. *Pérez de la Fuente, O. (editor)*
22. VIH y accesibilidad en tiempos de crisis. *Ramiro Avilés, M. A. (editor)*
23. Terrorismo, justicia transicional y grupos vulnerables. *Dorado Porras, J. (editor)*

Made in the USA
Middletown, DE
04 November 2026

36535949R00129